COLECCIÓN FÚTBOL

# FÚTBOL INFANTIL

Por

*Endré Benedek*

WITHDRAWN

5ª Edición

**EDITORIAL
PAIDOTRIBO**

**España**

Editorial Paidotribo
Les Guixeres
C/ de la Energía,19-21
08915 Badalona (España)
Tel.: 00 34 93 323 33 11
Fax: 00 34 93 453 50 33
www.paidotribo.com
paidotribo@paidotribo.com

**Argentina**

Editorial Paidotribo Argentina
Adolfo Alsina, 1537
1088 Buenos Aires (Argentina)
Tel.: (541) 1 43836454
Fax: (541) 1 43836454
www.paidotribo.com.ar
paidotribo.argentina@paidotribo.com

**México**

Editorial Paidotribo México
Pestalozzi, 843
Col. Del Valle
03020 México D.F.
Tel.: (525) 5 55 23 96 70
Fax: (525) 5 55 23 96 70
www.paidotribo.com.mx
paidotribo.mexico@paidotribo.com

Título original de la obra: Fussballtraining mit Kindern

Traducción: Wolker D. Falkenhain Karcher

Director de colección y revisior técnico: Manuel Fernández Pombo

Diseño de cubierta: Rafael Soria

© 2006, Endré Benedek

Editorial Paidotribo
Les Guixeres
C/ de la Energía, 19-21
08915 Badalona (España)
Tel.: 93 323 33 11 – Fax: 93 453 50 33
http://www.paidotribo.com
paidotribo@paidotribo.com

Quinta edición:
ISBN: 84-8019-139-2
Fotocomposición: Editor Service, S.L.
Diagonal, 299 – 08013 Barcelona
Impreso en España por A & M Gràfic

# ÍNDICE

# CAPÍTULO 4: TÁCTICA DE EQUIPO (TÁCTICA COLECTIVA), 131

## CAPÍTULO 5: LA CONDICIÓN FÍSICA, 307

## CAPÍTULO 6: MÉTODOS, PRINCIPIOS E INDICACIONES PARA EL ENTRENAMIENTO DE BASE, 351

# Explicación de los dibujos

trayectoria del balón (a ras del suelo) o tiro a puerta

trayectoria de un balón aéreo, balón levantado, lanzamiento o tiro a puerta por el aire (cabezazo a puerta)

trayecto del jugador sin balón

trayecto del jugador con balón

posición de partida del atacante

posición de partida del defensa

# INTRODUCCIÓN

Jugar con el balón es el juego que más les gusta a los niños incluso hoy en día, porque corresponde al afán de movimiento, a su afán lúdico. Muchas veces uno se enfrenta a la opinión de que el cambio de las condiciones de vida habría cambiado también a los niños y que los juegos que implican mucho movimiento habrían retrocedido frente a otros. Pero también hoy en día a los niños les gusta jugar al fútbol, ya que para ellos es el "querido juego de siempre". Pero de lo que se trata es de procurarles las condiciones para que puedan entregarse a él como su pasatiempo preferido. Donde se dan mejor estas condiciones en primer lugar es en el colegio. El siguiente paso es llevarlos a un club o asociación deportiva. En esto puede colaborar todo el mundo.

Los padres pueden promover el juego en casa, por ejemplo, a través de la organización de partidos en su barrio o bien ayudando en los campeonatos escolares. Los pedagogos –y en primer término los profesores de educación física– pueden contribuir despertando los intereses por el fútbol, tanto en las clases como en la selección de alumnos o como entrenadores de un club. La labor educativa y de entrenamiento de un entrenador que se ocupa del entrenamiento juvenil solamente puede ser eficaz si mantiene estrechas relaciones con la escuela y con los padres. Las relaciones mutuas y constructivas entre la escuela, los padres y el club, o bien entre padres, pedagogos y entrenadores es imprescindible tanto en el fútbol no organizado como en el fútbol escolar de los niños así como en el trabajo en los clubes.

Este libro se ocupa de la primera fase de la formación de base y del entrenamiento con niños de 4 a 14 años. Esta etapa se caracteriza por el desarrollo ontogénico de los niños. Comprende la edad preescolar (de 4 a 6 años), la edad escolar temprana (de 7 a 9 años), la mejor edad de aprendizaje motor (de 10 a 13 años) así como la fase de pubescencia. En mi libro quiero dar indicaciones, explicar principios y métodos que faciliten el empleo útil de la multitud de formas de ejercicios y juegos ofrecidos, teniendo en cuenta las peculiaridades típicas de estas edades. Sin embargo, las fases de desarrollo descritas en el libro no pueden ser aplicadas esquemáticamente. Únicamente muestran las características generales y típicas de cada edad: cuándo los niños pueden y deben adquirir cada una de las habilidades y destrezas técnico-tácticas, ya que entre las distintas categorías de edad se abren grandes diferencias individuales en el nivel de destrezas, que son determinadas tanto por la edad cronológica como por la biológica.

La tarea del profesor de educación física o entrenador es la de seleccionar y adaptar los métodos generales y ejercicios a los niños de su equipo, en función de la edad que tienen, y de emplearlos de forma flexible. Con todo ello siempre hay que tener en cuenta que los más dotados y hábiles aprenden más rápidamente, mostrando los progresos más claramente, o sea alcanzan un nivel de rendimiento más alto. En mi libro quiero dar indicaciones para la educación y formación de base a los padres, a los pedagogos y a los entrenadores que se sienten ligados al fútbol o que entrenan equipos infantiles.

Se sabe que el déficit en movimiento y el descontento influyen negativamente en el desarrollo psíquico y físico del niño. La educación física al aire libre y en un grupo que comparte la misma afición, luchar unos contra otros, el placer del juego y sobre todo el afán de esforzarse pueden fomentar el desarrollo psíquico y físico del niño. El fútbol como juego deportivo contiene estas posibilidades. Entonces, ¡venga, al aire libre! Los parques, las calles, los patios, los espacios libres más grandes o más pequeños y las instalaciones deportivas esperan a los niños. También, todavía hoy en día, el balón que rueda y que bota ofrece experiencias alegres, pero hay que quererlo.

# CAPÍTULO 1

# EL JUEGO DE FÚTBOL EN LA INFANCIA TEMPRANA

## LA ACTIVIDAD DEPORTIVA DE LOS NIÑOS

El desarrollo social de las últimas décadas influye en todos los ámbitos de la vida, también en la cultura física y el deporte y, conforme a eso, en el fútbol. Si nos ocupamos del fútbol infantil de la época actual no debemos descuidar las nuevas condiciones de vida, las pretensiones de la sociedad, de la escuela y de la familia, así como la mayor oferta de tiempo libre.

La revolución científico-técnica ha traído consigo grandes cambios. La fuerza creativa del hombre cambia el mundo. El volumen y la intensidad del trabajo corporal disminuyen permanentemente. Al mismo tiempo se exige cada vez más la componente intelectual de la personalidad, el umbral de carga psicológica se eleva.

Por consiguiente, disminuyen las exigencias sobre el aparato cardiocirculatorio y el aparato locomotor. El sistema nervioso es sobrecargado unilateralmente.

Se puede escoger entre cada vez más posibilidades de utilizar sus ratos libres de una manera provechosa (teatro, libros, conciertos, estudio de idiomas, aprendizaje de un instrumento, viajes, seminarios, hacer arte, televisión, radio, clubes recreativos etc.). También los cambios en el reparto del trabajo en las familias influyó en la organización de las actividades recreativas. La responsabilidad social del mantenimiento de la salud y la prevención de enfermedades fueron reconocidas mundialmente, así como el valor que para la salud ofrece el ejercicio físico regular y razonable.

El deporte, además, no es solamente una manera de ocupar su tiempo libre de forma atractiva, sino también un medio importante para la formación de la personalidad. Las exigencias escolares que plantean a nuestros hijos los diseños curriculares en cuanto a cantidad y contenido aumentan. Los múltiples estímulos ambientales, junto con una mayor transmisión de conocimientos e información, sobrecargan el sistema nervioso; siendo especialmente este sobreflujo de estímulos el que fomenta el estrés. De ahí, que puede desarrollarse el sentimiento de no reunir siempre la suficiente cantidad de energía para un esfuerzo físico, y hay niños que prefieren una ocupación pasiva. Sin embargo, un niño que pasa la mayor parte del día en el colegio, la guardería, el internado o llevando a cabo otras exigencias escolares, necesita mucho más la actividad lúdica, una carga física que le da frescura corporal y mental disolviendo sus tensiones. Una excelente posibilidad la ofrece también el fútbol, muy popular y practicado en Hungría.

## LA POPULARIDAD DEL FÚTBOL

Al hombre –tanto al niño como al mayor– le gusta jugar. Los juegos más interesantes y variados son al mismo tiempo muy exigentes respecto a las capacidades intelectuales y físicas. Este deseo lo satisfacen en buena medida los juegos colectivos con balones.

El balón como aparato lúdico se conoce ya desde hace mucho tiempo; los pueblos de la antigüedad, pero también los chinos, los egipcios y los romanos y más tarde nosotros, los húngaros. Se golpeó el balón de una manera u otra con las piernas. Primero se jugó con balones rellenados de pelos de animales y en la época moderna se utilizaron balones provistos de vejigas. Muchos gráficos, imágenes y dibujos de este tiempo se han mantenido intactos e informan sobre el juego con el balón. Antiguamente, la manera más corriente de jugar al balón era moverlo con manos y pies en plazas y calles, incluso de un pueblo a otro, para alcanzar una determinada meta (en la mayoría de los casos puertas de iglesias).

Se sabe que el juego deportivo fútbol empezó su conquista triunfal a mediados del último siglo desde Inglaterra. Condición previa era la determinación de sus reglas de juego que permitieron la utilización de la mano sólo al portero y en el saque de banda.

El fútbol se extendió muy rápidamente no sólo en Inglaterra sino también en la Europa occidental y más tarde en la Europa del Este. En Hungría empezó a imponerse poco a poco al comienzo de este siglo, haciéndose popular a través del deporte escolar y adquiriendo también su sitio en los clubes. La federación húngara de fútbol se fundó en 1901 y ya en el mismo año se celebró el primer campeonato nacional. El fútbol húngaro conoce malos tiempos, pero también grandiosos éxitos: En 1938 la selección húngara obtuvo en el mundial de Italia la medalla de plata. Resultados sensacionales logró el "equipo de oro" que alcanzó fama mundial en los años cincuenta. Ganó como primer equipo en la cuna del fútbol al equipo inglés que no había perdido en casa durante más de 90 años. Los húngaros vencieron en este "Partido del Siglo" al equipo inglés con superioridad: 6 a 3. Este éxito no era ninguna casualidad, ya que medio año más tarde los húngaros vencieron también en Hungría con un juego brillante al equipo inglés con 7 goles a 1. Un punto culminante en la serie de victorias conseguidas durante 4 años iba a ser la copa del mundo en Berna, pero Hungría, de nuevo, sólo ganó la medalla de plata. No obstante, en los círculos del fútbol se consideró al equipo húngaro como el mejor del mundo. "Los húngaros revolucionaron el fútbol, todo el mundo quería aprender de ellos, y había cosas que aprender." Mucha gente en el mundo conocía la alineación del "equipo de oro". Vale la pena recordar los nombres de aquellos que dieron tanta fama al fútbol húngaro: Grosics, Buzánsky, Lóránt, Lantos, Bozsik, Zakariás, Budai, Kocsis, Hidegkúti, Puskás, Czibor y el fraguador de la victoria Gusztáv Sepes. Una causa –y quizá la más importante– de la popularidad del juego, que fascina a tantos millones, es la simplicidad de sus reglas. Además de eso, hay que mencionar las pocas condiciones materiales necesarias. Para jugar al fútbol se necesitan solamente un campo más o menos grande y un balón. Las porterías se pueden marcar con cualquier objeto; y si hay algunos jugadores, ya puede empezar el juego. El juego y sus formas de jugarlo pueden ser determinados según el tamaño del campo y el número de jugadores. Las reglas pueden ser variadas según las capacidades, la meta a la que se aspira y las respectivas condiciones de juego. Así, el juego del fútbol gusta incluso a niños en la edad preescolar y a principiantes. El interés ya se despierta jugándolo sólo como pasatiempo. El juego colectivo da alegría, pero también el sentimiento de estar participando en el éxito.

Habilidosos y menos habilidosos pueden jugar juntos eficazmente en un equipo. Algunos con su buen dominio del balón, otros con su resistencia, otros con sus capacidades tácticas, su creatividad, y otros con su buen tiro o su velocidad, obtienen el reconocimiento de sus compañeros de juego.

El duelo directo e indirecto, el juego contra un adversario incitan al niño a la lucha. Los compañeros de juego consideran muchas veces como el mejor al que subordina el lucimiento personal a la victoria del equipo.

Los juegos con balones, en general, son atractivos para los niños. El fútbol es tan popular entre los deportes colectivos, porque es interesante la tarea de manejar y transmitir el balón con los pies, con la cabeza y con el cuerpo; de ahí que se da un gran número de posibilidades de resolución con respecto a la tácticas individual y colectiva suponiendo creatividad y riqueza de ideas.

Para que el fútbol húngaro alcance otra vez fama mundial, correspondiente a su vieja reputación, es necesario que tantos niños como sea posible lleguen a conocer y amar ese bonito juego. Si lo juegan y ejercen con alegría, sano afán de moverse y con la pasión de los viejos tiempos, nacerán nuevos talentos que tanto se necesitan.

## ÁMBITOS DEL FÚTBOL DE CANTERA

Para conseguir éxitos en el fútbol de masas y en el desarrollo de la cantera, tenemos que encontrar aquellos métodos, competencias, y posibilidades que favorezcan la promoción de jóvenes futbolistas. El fútbol de cantera tiene distintos ámbitos con metas y tareas diferentes hallándose, sin embargo, interrelacionados. Las influencias del entorno y las posibilidades con carácter condicional para una actividad futbolística desempeñan un papel importante en el acercamiento de las jóvenes generaciones al deporte fútbol y en el desarrollo de las capacidades de juego y rendimiento.

### El juego del fútbol en calles y plazas

Quien quiera jugar al fútbol encuentra posibilidades independientemente de su edad. Los niños buscan muchas veces una pared, un vallado o un muro, y ya empiezan. Si hay un compañero, ya puede comenzar la competición. Jugar contra una pared, una portería o tirar a dos porterías pequeñas, incluso un uno contra uno con dos porterías pequeñas son posibles. Si los niños están familia-rizados con el balón y si en el barrio se encuentra un grupo mayor, eso se convierte en la mayoría de los casos en un juego regular. Este grupo de amigos se plantea rápidamente nuevas apetencias: no sólo quieren jugar entre sí, sino también contra otro equipo. A eso se prestan muchos torneos en plazas y calles.

Aunque los niños arreglan entre sí los retos, es bueno si padres aficionados les ayudan con sus capacidades y experiencias organi-zativas. Pero esta tarea puede ser asumida también por organiza-ciones juveniles o clubes deportivos, o bien por responsables de educación física y deportes de la provincia, que desarrollan sus ac-tividades en el barrio. Con su ayuda se pueden organizar pequeños campeonatos provinciales o locales con carácter de torneo o de li-ga. En esta organización también hay que ocuparse de árbitros que dominen las reglas de juego y dirijan los partidos, que pueden ser, por ejemplo, jugadores de fútbol activos, padres o también herma-nos mayores de los jóvenes jugadores.

**El fútbol escolar**

Una primera familiarización con el balón tiene lugar, por regla general, ya en la edad preescolar, o bien en la guardería o jugando en casa. Pero la oportunidad más esencial para conocer el fútbol en la infancia temprana la ofrece el deporte escolar.

## *OBJETIVOS Y TAREAS PARA EL GRUPO DE EDAD COMPRENDIDA ENTRE 6 Y 10 AÑOS*

El objetivo más sustancial durante esta edad consiste en ense-ñar a los niños los elementos fundamentales del fútbol y en motivar-les para el juego. Esto se consigue sobre todo por medio de los jue-gos reducidos. En ellos pueden participar todos los alumnos, la cla-se entera. El carácter de entrenamiento no es importante en esta edad, sino el juego en sí. Según las peculiaridades típicas de esta edad, se recomienda dividir la clase en grupos más pequeños. Así los niños experimentan más rápidamente sentimientos de éxito. Son profesoras las que llevan los niños de estas edades. Este libro les da la posibilidad de familiarizarse con los problemas teóricos y prácticos del entrenamiento de fútbol para que estén en condiciones de transmitir a los niños los elementos fundamentales de la técnica y las reglas más importantes del juego. Sin embargo, recomendamos a nuestras entusiasmadas profesoras que busquen el apoyo de padres, profesores de educación física o monitores apropiados. La secuencia de una clase de educación física con el objetivo de impartir contenidos básicos de fútbol podría ser la siguiente:

– Calentamiento mediante trote y carreras suaves en círculo etc.
– Ejercicios gimnásticos con especial atención al estiramiento de la musculatura de las extremidades inferiores.
– Relevos con y sin balón.
– Ejercicios de pases y recepción del balón por parejas.
– Concursos de tiros de precisión.
– Partidillo de 2:2 con porterías (con y sin portero).

En la parte preparatoria de la clase se emplea la enseñanza masiva. En la parte principal, la clase es dividida en grupos. Todos los grupos practican, o los mismos ejercicios, o se asigna a cada grupo tareas distintas, lo cual quiere decir que un grupo practica el lanzamiento y la recepción del balón, otro ya juega a dos porterías, mientras un tercer grupo lleva a cabo el concurso de tiros de precisión. Se recomienda la consolidación de los fundamentos futbolísticos, impartidos en las clases de educación física, en las actividades deportivas extraescolares. En cada clase hay padres que alguna vez han jugado al fútbol o que por lo menos son aficionados al fútbol; de ahí que están dispuestos a apoyar la actividad deportiva de nuestros pequeños a través de la organización de campeonatos o desempeñar el papel de árbitros. Sin embargo, los pilares principales de la actividad deportiva extraescolar que es el fútbol de nuestros hijos deberían ser los clubes deportivos que harían bien en encargar a sus monitores de cantera la organización de torneos, liguillas o incluso llevar el equipo de la clase (equipo del centro escolar). Resulta que así, antes o después, los más dotados de la actividad deportiva podrán pasar a un club.

## OBJETIVOS Y TAREAS PARA EL GRUPO DE EDAD COMPRENDIDA ENTRE 10 Y 14 AÑOS

De los niños de esta edad se ocupan en los colegios en la mayoría de los casos los profesores de educación física. Pero también hay que tener en cuenta que entre ellos sólo hay unos pocos que han cursado la especialidad de fútbol y naturalmente muchos de los que trabajan en este grupo de edad son profesoras. La secuencia de una clase de educación física con el objetivo de perfeccionar las técnicas básicas de fútbol podría ser la siguiente:

– Calentamiento con balón por parejas.
– Práctica de determinados elementos de las técnicas básicas.
– Relevos y otros concursos con el objetivo de aplicar las habilidades técnicas ya aprendidas.
– Formación de los comportamientos tácticos básicos por medio de ejercicios combinados con y sin cambios de posición o ejercicios de marcaje y desmarque.
– Partido a dos porterías con y sin resolución de problemas.

    También en la actividad extraescolar de formación futbolística se trata de dar la mayor importancia posible al juego. Este grupo de edad se deja fácilmente motivar para un entrenamiento regular si se logra una organización continua de partidos de campeonato.

    El interés común de todos los responsables del desarrollo del deporte fútbol tiene que ser el deseo de que cada niño hasta los 14 años tenga la posibilidad de familiarizarse con el fútbol por medio de una multitud de oportunidades para practicar activamente el juego. Por eso hay que fijarse en la necesidad de ampliar cada vez más el número de niños que juegan al fútbol y de ofrecer a los principiantes de cualquier edad siempre la oportunidad de dar buenos resultados en el juego, aun cuando el nivel de juego del propio equipo sea debilitado temporalmente.

    No se debe olvidar el fútbol femenino. En algunos países se impone cada vez más; el número de equipos femeninos crece continuamente. También en nuestro país, en Hungría, se ha empezado con la organización de partidos de fútbol femenino en campos reglamentarios y reducidos. Las chicas aprenden los elementos básicos del fútbol tan bien como las que entrenan otros deportes colectivos y en los que la participación de niñas y mujeres ya es corriente. El deporte escolar tanto como la actividad deportiva extraescolar, "el fútbol en la calle", ofrecen una multitud de oportunidades para incluir a las chicas interesadas en el fútbol. En los clubes la situación ya es un poco más difícil, ya que ahí no existen las condiciones previas necesarias (campos de juego, material, organización de campeonatos). De todos modos, las chicas pueden ejercer nuestro deporte en la edad de la enseñanza general básica de idéntica manera que los chicos y deberían aprovechar cualquier oportunidad para jugar con chicos de la misma edad. Eso se puede recomendar sin escrúpulos por lo menos hasta los 10 años de edad.

## El fútbol de cantera en los clubes y escuelas deportivas

Mientras que el objetivo en el colegio o bien en el deporte de recreo "desorganizado" es el juego en sí, el amor al deporte, la educación para una vida sana, el aprovechamiento racional del ocio y el aprendizaje de experiencias motrices básicas, los jóvenes en los clubes y escuelas deportivas tienen tareas más específicas. El objetivo de este ámbito de formación se caracteriza por la ambición en el rendimiento y el perfeccionamiento del nivel futbolístico. La admisión de niños y jóvenes en un club depende de las condiciones de entrenamiento y competición (canchas, vestuarios, balones, vestimenta deportiva etc.), la presencia de un entrenador calificado y de un delegado de equipo.

El trabajo en el club es una actividad deportiva continua, dirigida a la consolidación y desarrollo de las cualidades físicas, así como una formación técnico-táctica correspondiente a las exigencias del deporte en cuestión. Los resultados de esta actividad no se pueden medir preferentemente con victorias, goles y clasificaciones. El criterio tiene que ser el objetivo pedagógico y formacional correspondiente a la etapa de formación, la edad y el nivel individual de rendimiento.

Para los que participan en las competiciones organizadas, el fútbol no es solamente un deporte en sí o un "simple juego con balón", sino que tiene también como objetivo el progreso y el mantenimiento de un nivel de rendimiento planificados para un determinado período de tiempo.

Para poder aumentar sistemáticamente el rendimiento de los jugadores o sea de un equipo, el entrenador tiene que poseer una alta calificación técnica y pedagógica. En el entrenamiento de cantera se imparten por un lado enseñanzas teóricas y formación práctica en el interés de la mejora de rendimiento y, por otro lado, como componente orgánico de este proceso, naturalmente también el desarrollo y la educación de la personalidad, sin los cuales no se consigue esta mejora.

## LA ENSEÑANZA TEÓRICA

El fútbol ha cambiado, cambia permanentemente y sigue evolucionando. En los comienzos se descubrieron cada vez más elementos técnicos, y en el curso del tiempo cambiaron también las reglas. Luego siguió la evolución de los sistemas de juego. Se trató de compensar la superioridad de los atacantes con distintas variantes de defensa, hasta que se formó un equilibrio entre atacantes y defensas.

Las últimas décadas dieron sobre todo un fundamental desarrollo de los sistemas y métodos de entrenamiento y de la manera de jugar de los mejores equipos del mundo. Las características del fútbol moderno, sus tendencias de evolución, tienen que influir constantemente en la instrucción teórica de los más jóvenes. La mejor manera de derivarlas es en los momentos culminantes del fútbol mundial, los campeonatos mundiales, los campeonatos europeos, así como otros torneos internacionales. De no tomar en consideración estos factores en el entrenamiento de cantera se llegaría al estancamiento. Por ejemplo, si se practica la formación técnica sólo como fin absoluto, puede que estos jugadores destaquen sobre otros, pero también podría suceder que esto pronto impidiera su futura evolución, ya que sus habilidades técnicas unilaterales no corresponderían a lo que son las exigencias del juego moderno.

Desde nuestro punto de vista, hay que tener en cuenta las siguientes tendencias de desarrollo de los factores básicos de rendimiento:

### Técnica de fútbol

En general se trata de enseñar una técnica "rápida", una técnica que rápidamente da resultados óptimos desde el punto de vista del espacio y del tiempo. Por ejemplo, el tiro a puerta o la recepción o sea el control del balón, hay que realizarlos con el menor número posible de toques, con poco tiempo de preparación, a una velocidad alta y tan precisamente como sea posible; en cuanto a la conducción del balón, o sea el dribling, lo esencial es proteger el balón; después de haber ganado un duelo por el balón y también a continuación de un control hay que encontrar enseguida el enlace óptimo con el juego; el golpe de cabeza acelera la velocidad de la jugada.

## Táctica de fútbol

De gran importancia para la velocidad es el juego sin balón; un factor determinante del juego rápido es el cambio de ritmo; el juego con posiciones fijas pertenece al pasado; sistemas y concepciones de juego variables se realizan solamente con jugadores polivalentes, que pueden ser alineados según la táctica o correspondiente situación de juego en cualquier posición. La evolución de la técnica y táctica así como la multitud de concepciones de tácticas colectivas requieren una alta madurez táctica, lo que supone creatividad en cada jugador; habilitar los jugadores para ello es tarea del entrenador, del monitor.

## Condición física

La preparación física y psíquica es la condición previa para la aplicación y performance técnico-tácticas en el juego. En este deporte rápido y lleno de lucha, que es el fútbol, altos niveles de rendimiento solamente pueden ser conseguidos por jugadores polivalentes de mucha resistencia que son capaces de aguantar el ritmo de juego fijado hasta el último minuto. En ello, la velocidad juega un papel destacado; es la protagonista del fútbol moderno, siendo el punto esencial la velocidad gestual. Cuanta más anticipación mental y motriz tenga el jugador o bien el equipo, tanto más éxito tendrá. El juego rápido requiere también oportunismo. Se juega al fútbol para meter goles, todo lo demás en el campo está subordinado a este objetivo; en el juego rápido, acentuado por la lucha y entrega, casi no queda tiempo para finezas técnicas, trucos, fintas superfluas, una conducción del balón poco práctica; sencillamente, hay que jugar con velocidad y de una manera oportunista. El aumento de la dureza en el duelo es inmenso. El fútbol, hoy en día, no solamente es un juego, sino sobre todo un juego de lucha. Juego y lucha forman una unidad. Destacar más uno u otro componente inhibe el fútbol en su evolución. Hay que considerar todos estos factores en la formación teórica y práctica de nuestros jugadores de cantera, tomando en cuenta sus capacidades mentales condicionadas por la edad. Lo importante es que los niños entiendan qué y por qué hacer esto o aquello, y que son compañeros en el entrenamiento aspirando a altos rendimientos.

## Educación

La formación de las capacidades y destrezas técnico-tácticas, así como una buena condición física no bastan para poder mejorar el rendimiento. Hacen falta también cualidades morales y de vigor bien pronunciadas que al fin y al cabo posibilitan la aplicación exhaustiva del saber y saber hacer así como la movilización de las energías necesarias.

En el fútbol de cantera hay que dar especial importancia a una educación, que no está orientada tanto a la mejora de la capacidad máxima de rendimiento, sino en primer lugar al desarrollo de la personalidad. Por eso, entrenadores que se ocupan de jóvenes jugadores, los monitores, tienen que realizar a fondo una extensa labor pedagógica. ¡Esto requiere en todo caso una preparación adecuada! Mientras la formación se efectúa, en primer lugar, en el entrenamiento, los menores están expuestos desde el punto de vista pedagógico a influencias diversas. La colaboración entre familia, colegio y club cobra una importancia decisiva en una eficaz labor educativa; la actividad futbolística tiene que estar sintonizada con la vida de la familia y del colegio.

Para una eficaz labor educativa, la personalidad del entrenador, o sea monitor, es esencial. Es importante que posea una alta cualificación profesional y pedagógica, puesto que ha tomado a su cargo una gran responsabilidad en la formación de la personalidad del niño en desarrollo que se le ha confiado. Tiene que ser un ejemplo en su actividad como entrenador y también en su comportamiento. Es indispensable que conozca las particularidades típicas de cada edad, que haga su trabajo con entusiasmo, que motive a los niños y finalmente que su comportamiento se base en el sentido de la responsabilidad, para que los niños siempre reconozcan el ejemplo en él.

Durante el entrenamiento los jugadores están expuestos a influencias negativas y positivas. Por eso, el instructor tiene que aspirar también durante el curso del entrenamiento a formar las cualidades morales: a fomentar el desarrollo de las cualidades positivas y a influenciar en la imposición de modos de comportamiento negativos, encarrilarlos en el buen camino. Es tarea del entrenador poner los actos emocionales de sus jugadores al servicio del objetivo pedagógico. Especialmente las competiciones y los partidos ofrecen numerosos puntos de arranque para conocer a los niños. Pero el juego conscientemente llevado es al mismo tiempo también apropiado para formar su personalidad y carácter.

La actividad deportiva orientada al éxito requiere un trabajo continuo, consecuente y tenaz. Altas cargas físicas y psíquicas son las características de una actividad deportiva eficaz y precisan un alto grado de fuerza de voluntad. El fútbol no es solamente un juego, sino, como ya se ha mencionado, un juego de lucha. Por eso requiere también fuerza de voluntad, autosuperación, dureza en los duelos y motivación para el éxito.

El fútbol es un juego de equipo que para asegurar el éxito supone un grado máximo de capacidad de comunicación y cooperación. Si se conciencia a los jugadores con respecto a eso, se puede desarrollar el sentido colectivo, el compañerismo, la ayuda mutua y la subordinación de los intereses personales a la colectividad. Los deportistas son responsables uno del otro. Así se desarrolla también la formalidad. El entrenamiento colectivo, el rendimiento en la competición producen en los niños no solamente el respeto de sus propios compañeros, sino también el respeto del adversario. El individuo es formado por el equipo. Tiene una función instructiva de la personalidad, que influye tanto en cualidades positivas como negativas del carácter, y necesita la mano del entrenador que la dirige.

Las actividades de juego y entrenamiento se efectúan respetando las reglas de juego. Si se educa a los jugadores desde su infancia a cumplir con las reglas honradamente, el juego para ellos gana en interés y se llena de contenido. Si las reglas no se respetan, el juego pierde en valor educativo. Cumplir conscientemente con las reglas requiere autodisciplina y autodominio, para cuya formación el proceso de entrenamiento así como el juego en sí ofrecen puntos de arranque en abundancia. Autoestimando su propio rendimiento, los jóvenes jugadores necesitan una ayuda; primero tienen que darse cuenta de sus capacidades y de cada situación para asimilar psicológicamente mejor tanto victorias como derrotas u otras experiencias de fracaso.

Aunque el juego tiene reglas fijas, ofrece, sin embargo, la suficiente libertad para actuar activamente, pensar autónomamente y encontrar resoluciones de problemas de juego originales. El juego educa a la creatividad, a la percepción rápida de una jugada y a una adecuada, inmediata y práctica ejecución (resolución de la situación de juego – respuesta motriz). Estas cualidades tienen en el fútbol moderno una importancia decisiva para el desenlace de un partido, ya que las respectivas situaciones de juego permiten múltiples posibilidades de resolución táctica. La selección de la resolución óptima condiciona una inmediata estimación y decisión, lo que a su vez exige de cada uno y de todo el equipo imaginación y creatividad.

El desarrollo de una moral consolidada es una parte esencial de la labor educativa. Los niños son curiosos por naturaleza y se caracterizan por un afán de rendir. Para despertar el interés por nuestro deporte, mantenerlo y consolidarlo, el entrenamiento tiene que ser variado y ofrecer muchas posibilidades para que los niños puedan experimentar siempre sentimientos de éxito.

Las experiencias de éxito y fracaso son inmanentes al fútbol. Mientras que el jugador adulto los asimila mejor, pueden tener consecuencias a largo plazo en los niños, incluso trastornos en el desarrollo de la personalidad. A tiempo, el entrenador o instructor tiene que preparar a los niños para fracasos que son de esperar. Si un niño sabe estimarse con realismo, supera mejor eventuales fracasos.

El trabajo con elogio y represión es un método probado del experimentado pedagogo de fútbol. El individuo, un grupo o todo el equipo pueden ser elogiados. Un elogio por buenos rendimientos de entrenamiento, pronunciado delante de todo el equipo, estimula también a los otros niños. Pero hay que prestar atención a no destacar y elogiar solamente a los que más rinden, sino también a los más débiles que han evolucionado y progresado.

De no acatar los jugadores las reglas de juego, o si así lo exige su comportamiento, la represión o el castigo son también un medio educativo efectivo. Restar tantos o goles; en caso de repetidas faltas, también la descalificación temporal y, en casos aislados, la exclusión del equipo.

Al aplicar sanciones hay que tomar en cuenta que el castigo corresponda a la respectiva falta. Pronunciar una represión debe, en primer lugar, surtir un efecto educativo y no hacerse de una manera humillante. En todo caso hay que mostrar y considerar la falta a la hora de fijar una sanción; no importa si se cometió consciente o inconscientemente o incluso intencionadamente.

# CAPÍTULO 2

# ENTRENAMIENTO DE FÚTBOL CON NIÑOS

## EL DESARROLLO DEL FÚTBOL BASE

La educación y formación básica es una actividad continua de varios años. Los niños y adolescentes recorren distintas fases de desarrollo. Cambian y se desarrollan permanentemente. Para el entrenador de la cantera es importante, en el interés de una labor eficaz, conocer los principios y métodos de un moderno trabajo educativo y de entrenamiento, las peculiaridades típicas de cada edad y los factores determinantes del rendimiento que hay que tomar en cuenta en el proceso de enseñanza-aprendizaje.

El entrenamiento de base y particularmente el entrenamiento con niños es una fase de formación en la que se construyen los fundamentos para un alto rendimiento posterior en la élite; o sea que tiene como objetivo una buena formación técnica y táctica así como el perfeccionamiento de las cualidades físicas y psíquicas. Con todo eso no se puede hablar de unas tareas separadas, sino que hay que considerar el proceso de construcción del rendimiento a largo plazo siempre como una unidad, del principiante al deporte de alta competición. El objetivo del entrenamiento con niños, como componente de este proceso, consiste en educar al niño para ser un deportista, un futbolista. La tarea principal para las edades comprendidas entre 6 y 14 años es la transmisión amplia de los fundamentos del fútbol, la expresión individual de las cualidades técnico-tácticas así como la garantía de una formación polifacética. Por eso, la aspiración al rendimiento adquiere en esta fase un carácter distinto que en años posteriores. Los objetivos del equipo se deben colocar razonadamente entre los de la formación de esta etapa de entrenamiento, o sea subordinar al objetivo principal. Ni los equipos escolares ni los equipos de los clubs de la federación deberían tener el éxito como meta a toda costa. Esta ambición se venga más tarde cuando el niño no puede adquirir las bases correspondientes a su edad. Para la fase de formación de 14 a 18 años hay que plantear otros objetivos y tareas principales. Esta etapa está caracterizada por el desarrollo específico de las bases del fútbol preparando el empleo en la categoría sénior.

Las tareas principales son las siguientes:
– formación específica técnico-táctica
– aplicación de lo aprendido de forma variada y competitiva
– el desarrollo de las cualidades psíquicas
– acondicionamiento físico específico
– aspirar a la mejora del rendimiento

Las cualidades psíquicas se ponen al servicio del objetivo general. Con una edad de 19 a 22 años ya pueden alcanzar la élite. El objetivo de esta fase específica consiste en obtener un aumento constante del rendimiento. A partir de la edad de 22 años se aspira al mantenimiento del nivel máximo de rendimiento, o eventualmente aumentarlo, y al refinamiento de la técnica.

## ETAPAS DE FORMACIÓN BÁSICA

Un niño no es una persona mayor "en miniatura". Por eso estamos en contra de aplicar métodos y formas de ejercicios del entrenamiento de alto rendimiento de una forma esquemática también en el entrenamiento de base, un procedimiento que muchas veces todavía se observa en la práctica. Incluso dentro del entrenamiento de base (de 8 a 14 años) hace falta una diferenciación metodológica considerable, ya que se entiende que entre 8 y 14 años existen unas diferencias considerables en la madurez física y psíquica. Por eso hay que fijar objetivos y tareas para las distintas etapas de formación, así como emplear principios, métodos y ejercicios que tengan en cuenta las peculiaridades típicas de cada edad. Solamente así se puede conseguir que los niños jueguen con alegría al fútbol y garantizar un desarrollo continuo en su rendimiento. De esta manera se les pueden proporcionar sentimientos de éxito y delegar a los más dotados a escuelas deportivas, para que puedan participar ahí en una formación dirigida e intensiva.

## Familiarización con el balón (4 a 6 años)

"¡Juguemos al balón!" Con niños ya se puede empezar muy temprano con juegos de balón y enseguida ya no quieren dejarlo. Se puede empezar a partir del cuarto año de vida con las formas más simples y básicas de manejar el balón, aprovechando hábilmente el instinto lúdico innato de los niños para familiarizarlos con el balón. Con todo, da igual si se juega el balón con la ayuda de las manos o de los pies.

En esta edad empieza una nueva etapa de desarrollo físico y psíquico; el comportamiento del niño cambia profundamente. Se alternan el aumento de peso con el crecimiento. El sexto año de vida está caracterizado por una enorme etapa de crecimiento. La estructura ósea y la musculatura empiezan a desarrollarse fuertemente. La función coronaria se adapta a las cargas. La mayoría de los niños alcanza en el sexto año de vida la madurez escolar. El intelecto, las experiencias, los conocimientos y capacidades de los niños se amplían enormemente. Además de tareas autoimpuestas, ya ejecutan los primeros pequeños cometidos.

Los niños de esta edad tienen un gran afán de movimiento, muchas ganas de competir y mucha alegría en el movimiento. Los niños son fáciles de motivar. Gustosamente son activos en el grupo y se alegran con los éxitos comunes. Por eso se pueden emplear paralelamente para el individuo y para el grupo formas de competición o bien juegos. Lo más apropiado para esta edad son ejercicios por parejas y juegos sencillos, porque organizan razonadamente los logros previos del deporte infantil. Con el juego se les proporcionan a los niños múltiples experiencias motoras. Las impresiones y experiencias adquiridas en esta edad acompañan al hombre por regla general a lo largo de su vida. El que se acostumbra pronto al movimiento, al juego, al juego de balón, más tarde tampoco querrá dejarlo.

Es decisivo que el balón se convierta lo antes posible en el amigo, en el juguete preferido del niño.

## La fase de preparación (de los 7 a los 10 años)

El instinto lúdico fuertemente desarrollado y el gran afán de movimiento son también característicos de esta edad. Este natural afán de movimiento tiene que ser utilizado para la aproximación al juego del fútbol. El niño juega por el placer de jugar. Este gusto por el movimiento tiene que ser guiado por métodos, juegos y ejercicios propios de su edad. La garantía de la experiencia de juego es un requisito indispensable. Se pueden encontrar posibilidades de juego en el círculo de los amigos, pero también en el trabajo dirigido y organizado. Además hay ocasiones para jugar al fútbol en la escuela o en la familia. Es absolutamente necesario que los clubs creen posibilidades de juego también para los más jóvenes.

El objetivo para el grupo de edades comprendidas entre los 7 y 10 años consiste en desarrollar la sensibilidad para el balón, despertar el interés para el juego del fútbol y proporcionar fundamentos para poder jugar. Pero a esta edad no se puede de repente empezar una enseñanza de fútbol, ya que la coordinación de movimientos y la capacidad de atención y concentración todavía están poco desarrolladas; tampoco el desarrollo de la musculatura no corresponde con el crecimiento en altura, y la capacidad de rendimiento fluctúa notablemente. Los ejercicios individuales y por parejas tienen que ser utilizados tanto como los juegos reducidos, que son apropiados para educar hacia el compañerismo necesario (respeto por el compañero de juego y por el adversario, ilusión por el triunfo, superación de la derrota, luchar uno por el otro etc.).

Sencillos elementos del fútbol pueden ser empleados ya en los juegos. Es preferible intervenir poco en el juego; la paciencia desempeña un gran papel entrenando niños de esta edad. A mayor edad, el deseo de aprender crece cada vez más en el niño. La capacidad de concentración y percepción motora, y de este modo la capacidad del aprendizaje motor mejoran constantemente. Los niños de 9 a 10 años son capaces de ejecutar también movimientos difíciles.

El sistema cardio-respiratorio así como el aparato locomotor se desarrollan ya más equilibradamente, la coordinación motriz mejora, el rendimiento es cada vez más estable. Sigue desarrollándose el sentido de colectividad, la intensidad de lucha por la victoria puede aumentar. Ahora se pueden emplear más los juegos de grupo y equipo. Es conveniente instruir esencialmente la calidad de coordinación; deberían empezarse a consolidar y ampliar las experiencias motrices ya existentes. Los juegos favorecen la capacidad de aprendizaje motriz, si en ello domina el principio de la destreza. Su aplicación dirigida es más importante que el afán de perfeccionar la técnica. Seguir conociendo el fútbol, ampliar las experiencias motrices y llegar a más fluidez en el juego, todo esto proporciona más placer, aumenta el número de experiencias felices, en una palabra, el entusiasmo aumenta. Son útiles todos los juegos, ejercicios con balón y juegos de fútbol adaptados a las peculiaridades típicas de cada edad y que proporcionan un buen ambiente dentro del equipo.

## La fase de consolidación
## (de los 10 a los 14 años: entrenamiento básico)

Esta fase de la formación de base tenemos que tratarla en dos capítulos, porque los objetivos y las tareas de la formación se cambian y se desarrollan.

### EDAD DE 10 A 12 AÑOS:
### *Fase de la transmisión de los elementos básicos de la técnica y táctica del fútbol, así como de las cualidades físicas generales.*

Si los niños en los años anteriores han llegado a amar los juegos de balón en general y el fútbol en particular, se les puede más fácilmente llevar al entrenamiento de fútbol. Estos niños sin duda tienen ventajas sobre aquellos que descubren el balón a esta edad.

A los niños les gusta jugar y moverse libremente. Pero para su desarrollo dirigido y equilibrado es necesaria también la aplicación de actividades ordenadas, ya que la coordinación motriz, la armonía de la musculatura, las cualidades físicas empiezan a desarrollarse rápidamente. Esta edad es la más apropiada para el aprendizaje consciente de los elementos básicos del fútbol. Los niños reconocen la importancia del aprendizaje y del ejercicio, ven la relación entre entrenamiento y rendimiento. En esta fase es característica la transmisión de las bases de la técnica, táctica y de las capacidades físicas, la educación de cara al entrenamiento regular, la adaptación a la sociedad y el aprendizaje de habilidades motrices variadas.

Por esto se califica a esta edad como la mejor edad de aprendizaje motora. Las extremidades –sobre todo las piernas– crecen, su masa y fuerza muscular aumentan paulatinamente. Aunque los movimientos de fuerza explosiva cansan rápidamente el cuerpo, se recupera también enseguida tras la carga. Se puede ser muy exigente con los niños de 10 a 12 años con respecto a la velocidad, habilidad y resistencia.

Es característico de esta edad el afán de reconocimiento, el mostrarse como el mejor: destreza, fuerza y habilidad futbolística se dejan comparar fácilmente entre sí. Estas cualidades pueden ser aprovechadas en el proceso de entrenamiento así como a la hora de dar deberes. A la edad de 10 a 12 años se trata sobre todo de la adquisición y formación exhaustiva de los elementos técnicos, del refinamiento y mejora de los gestos motores, y de llevar a los niños paso a paso al juego con un contrario. Formas jugadas y objetivos operativos se emplean cada vez más en la enseñanza del comportamiento táctico básico, del juego combinado, así como de los principios tácticos de grupo y de equipo.

El desarrollo de las capacidades físicas se combina paulatinamente con los elementos técnico-tácticos. Visto desde el ángulo pedagógico, es importante que se den cuenta de lo necesario que es un comportamiento disciplinado, del cumplimiento de las reglas, del comportamiento correcto con sus compañeros de juego y con el contrario. Unos comportamientos básicos consolidados de tal modo influyen positivamente en el rendimiento. Los niños luchan con ánimo, con riesgo y en interés del equipo. Esencial es también el desarrollo de las cualidades volitivas: la ambición, la perseverancia y la adaptación a unas costumbres de un modo de vida deportivo.

Aunque el grado de dominio de las habilidades técnicas y tácticas en muchos casos no supera todavía la coordinación gruesa o global, hay que darles a los niños la oportunidad de aplicarlas en la competición. Solamente así lo aprendido se llena de sentido y de significación. En esta fase es absolutamente necesario llevar a cabo competiciones, porque éste es un medio insustituible para la aplicación de la técnica y de la táctica. ¡ Para la práctica del fútbol solamente se pueden preparar por medio de las competiciones!

### EDAD DE 12 A 14 AÑOS:
### Fase de la consolidación y final de la formación básica

Las características de esta fase son la formación técnico-táctica específica así como la preparación física especial-básica.

Con la prepubertad comienza una nueva etapa de desarrollo que todavía manifiesta considerables diferencias corporales entre los 12 y 14 años. Las proporciones corporales cambian como consecuencia del fuerte crecimiento, que puede causar trastornos en la coordinación motriz a corto o largo plazo. La edad de 12 a 14 años es la edad escolar, la etapa de la preparación específica. Esencialmente se emplean ejercicios, formas jugadas y partidos de entrenamiento con carácter competitivo que promueven el ejercicio aplicado y aumentan las experiencias. Se hace una enseñanza múltiple y variada con carácter futbolístico. Los niños aprenden a aplicar lo aprendido también en el partido. El desarrollo de la capacidad de juego del futbolista, la rápida percepción de situaciones y capacidad de actuación, la oportuna y rápida aplicación de lo aprendido son los objetivos fijados. En la edad de la pubertad son característicos la debilidad sentimental, la irritabilidad y el comportamiento absurdo. Por eso hay que tener en cuenta tratar a los jóvenes conforme a su edad. Para un trabajo eficaz con jóvenes de esta edad es de suma importancia la motivación dirigida. Mantener la alegría en un entrenamiento dirigido, la conservación del interés para nuestro deporte es imprescindible para la mejora continua del rendimiento. A esta edad actúan también de una manera motivante los resultados parciales alcanzados. También es importante que el grado de dificultad de las exigencias crezca de una manera sistemática, que no se les exija a los jugadores demasiado poco. Hay que estimular a los jugadores constantemente para que colaboren, para que actúen autónomamente y para que ellos mismos busquen las soluciones más eficaces. Con todo ello, un estilo autoritario tiene menos éxito que uno basado en la objetividad y en el compañerismo convincente.

La tarea de esta fase de preparación consiste en consolidar más y en perfeccionar los elementos técnicos. Esto requiere su enseñanza bajo condiciones específicas de competición, o sea el empleo de ejercicios y formas jugadas muy exigentes con respecto a los mecanismos de decisión de los jugadores y a la velocidad de ejecución, con oposición activa de un contrario. Se recomienda la práctica regular de ejercicios técnicos obligatorios en la parte preparatoria de la sesión de entrenamiento.

La ambición, la perseverancia, el afán de rendir, la creatividad, la lucha y la dureza en el duelo forman en el ámbito volitivo-moral la tarea principal de la labor educativa. En ello, los jugadores necesitan que se les ayude con mucha paciencia e intuición.

## LA SELECCIÓN

El objetivo de la selección es detectar aquellos niños que tienen el talento que corresponde a las exigencias de este deporte. La selección sirve para escoger a niños que en el marco de la formación en las escuelas deportivas y en los clubs puedan ser preparados para el deporte de competición. Las escuelas deportivas y los clubs de fútbol tienen encomendada la tarea de formar la cantera, de crear las bases para una buena capacidad de juego y de preparar al futbolista para las competiciones de liga y los partidos de selección.

La selección es un proceso permanente. En Hungría se divide en las siguientes fases:

– primera clasificación
– selección provisional (primera selección)
– segunda selección.

En el momento de la selección provisional, los niños se encuentran en una edad, en la que con mucha probabilidad todavía no se puede decidir si alguien es apto o no para el fútbol, ya que los niños disponen de distintas condiciones previas y no se pueden excluir los cambios de diferente índole en las distintas etapas de edad. Un pronóstico del futuro rendimiento es bastante incierto a causa de los parámetros de rendimiento motores, neuronales, fisiológicos y psicológicos que apenas se pueden determinar con exactitud a esta edad.

Normalmente, la elección de un deporte está influenciada muchas veces por los amigos, una decisión de los padres, o simplemente casualidad. Naturalmente sería favorable que la decisión por un deporte no se dejase a la casualidad. No es decisivo cómo y por qué el niño ha llegado al fútbol, sino que el mayor número posible de niños lleguen a conocer y amar el fútbol, ya que de un mayor número se elige mejor a los más dotados y capacitados. Para eso, naturalmente, son necesarias unas organizaciones deportivas. Pero también existe el peligro de una especialización demasiado temprana. Ésta es la razón por la que los niños no deberían ser obligados unilateralmente después de la primera clasificación a jugar al fútbol. Un niño de seis a nueve años todavía no es consciente de sus capacidades y cualidades, y un talento tampoco puede ser detectado aún con toda seguridad por los padres y educadores. Es mucho mejor que el niño sea primero educado –sobre todo en el colegio–

con varios deportes. De esta manera puede satisfacer también su afán de movimiento, recibe una formación más polivalente, y su experiencia motora y destreza (capacidad de aprendizaje motor), así como las cualidades psíquicas claramente reconocibles, aumentan la seguridad en la elección de un deporte. Si tiene talento y se siente atraído hacia el fútbol, la posibilidad de mantener la fidelidad a su deporte elegido, el desarrollo de su talento, son más elevados y el desarrollo de su talento transcurre conforme a sus capacidades.

## La primera clasificación

La primera clasificación debería efectuarse a la edad de 9 a 10 años. En esta edad el niño madura y puede adquirir en el entrenamiento de fútbol las bases del juego deportivo en el marco de un proceso de entrenamiento consciente. El éxito de la clasificación es tanto mayor, cuanto más niños a la edad de 7 a 10 años sean llevados al fútbol dentro de las formas de organización (fútbol escolar, actividad extraescolar) descritas en los capítulos anteriores.

– Los clubs de fútbol deberían ofrecer a los niños, ya a la edad de 7 a 8 años, oportunidades de juego una o dos veces a la semana, ocuparse de la vigilancia e instrucción y organizar de vez en cuando partidos y torneos.
– El entrenador de cantera del club tiene la tarea de mantener contactos continuos con los colegios de la localidad y ayudar en las actividades de fútbol extraescolares, para que los alumnos puedan participar en ellas con regularidad; también debería apoyar la organización de partidos y torneos en los colegios.
– Con todo eso, la colaboración con los profesores de educación física adquiere una importancia particular. Se les puede pedir también apoyo mediato e inmediato para la dirección, organización y ejecución de los torneos.
– También es importante incluir los padres aficionados al fútbol.
– En la organización de la clasificación hay que tener en cuenta el mayor número posible de colegios y todos los alumnos en cuestión.

Cuanto más compleja sea la clasificación tanto más seguras son las informaciones que se obtienen. La primera clasificación comprende los siguientes criterios:

– Reconocimiento médico;
– Control de las habilidades técnicas en el juego y en el dominio del balón (aquellos niños que disponen de una capacidad de aprendizaje motor superior al promedio son más apropiados);
– Control de las cualidades tácticas (es decisiva la capacidad de saber escoger la más oportuna de varias posibilidades de resolución de problemas);
– Cualidades físicas (en primer lugar la velocidad de desplazamiento así como la función y capacidad de adaptación del sistema cardio-respiratorio);
– Evaluación de las cualidades personales (con la ayuda del tutor o profesor de educación física);
– Universalidad (rendimiento superior al promedio en varios deportes);
– La capacidad de juego.

Hay que informarse sobre la edad de entrenamiento en la cual se encuentra el niño, o sea sobre los conocimientos previos que conlleva y sobre la actitud de los padres hacia el fútbol. En la primera clasificación hay que proceder con cautela, porque hay niños que tienen talento pero pocos conocimientos previos, y al revés.

Para los niños que superan la primera clasificación con éxito, es importante que se les ofrezca tan pronto como sea posible la oportunidad de entrenamiento. Estos niños se muestran orgullosos de haber sido aceptados en un club o en una escuela deportiva y que puedan participar regularmente en los entrenamientos. Por eso, la responsabilidad de ellos hay que ponerla en las manos de un experimentado pedagogo de fútbol y también hay que organizar el equipo de juego, balones, posibilidades de entrenamiento y competición. Si no se dan estas condiciones previas, no se consigue con la selección los objetivos planteados, ya que el niño no recibe la formación adecuada y puede que quiera cesar la actividad deportiva o cambiar a otro deporte.

**La primera selección**

Mientras la tarea de la primera clasificación era la de detectar los talentos, en la primera selección hay que dar un paso más. Allí ya hay que averiguar cómo se desarrolla el niño bajo las condiciones de entrenamiento, a qué ritmo se efectúa el aprendizaje de los ges-

tos motores y de la capacidad de juego así como el perfeccionamiento de las cualidades físicas y hasta qué punto es capaz de recibir y asimilar información. Es correcto que esta selección tenga lugar en dos etapas porque en las distintas edades son determinantes nuevos aspectos cada vez.

## A LA EDAD DE 12 AÑOS

En los primeros dos años, el objetivo consiste en la preparación
física y en la asimilación de las bases de la técnica y táctica. Se
puede observar con qué rapidez aprenden y aplican en el juego los
elementos técnicos y los modos básicos de comportamiento táctico. Por eso hay que evaluar su capacidad de juego por medio de
formas jugadas apropiadas y su capacidad de aprendizaje motor
por medio de distintos controles técnicos.

En esta edad se obtienen informaciones sobre la actitud del niño
hacia las cargas periódicas de entrenamiento, su actitud en el grupo
y sobre la opinión de los padres acerca del fútbol, el rendimiento
escolar del niño y su voluntad de estudiar. Hay que evaluar todos
los factores que favorezcan o impidan el desarrollo.

## A LA EDAD DE 13 A 14 AÑOS

En este período de vida tiene lugar la segunda selección. Hay
que tener en cuenta que los niños con un rendimiento escolar excelente y, al mismo tiempo, con aptitudes deportivas, cambian de
centro escolar al acabar sus estudios primarios para obtener el
bachillerato o un certificado de estudios secundarios. Esto significa
por regla general una limitación de sus posibilidades de entrenamiento. En el marco de esta etapa de selección se obtienen respuestas a nuevas preguntas. Se trata de evaluar las reacciones a
estímulos de carga específicos, la oportuna y tácticamente correcta
aplicación de la técnica en la competición así como sus mecanismos de decisión. También hay que estimar su empleo, su voluntad
de ganar y capacidad de resistencia a las cargas. Para eso es necesario un análisis de sus anteriores años de entrenamiento (desarrollo de su personalidad, técnica, táctica y condición física). En esta
edad empieza a mostrarse el talento, partiendo del convencimiento

de que el talento solamente es desarrollado por un entrenamiento consecuente y regular, y por la educación. Conforme a experiencias prácticas, se puede considerar como dotado aquel niño que:

– consigue con el mismo trabajo de entrenamiento un mejor resultado que otros;
– aprende más rápida y eficazmente los elementos técnicos del deporte y los emplea más oportunamente;
– soporta bien la carga de entrenamiento y muestra una mejor capacidad de adaptación;
– resuelve de una manera original situaciones de juego complejas empleando con oportunismo sus capacidades cognitivas.

**La segunda selección**

Entre la primera y segunda etapa de selección se encuentra la fase de la fluctuación natural, es decir que una parte de los jóvenes cambia a causa de su talento, capacidad y voluntad a otro club perteneciente a una categoría superior; otros se quedan o cambian a un equipo de categoría inferior, y otra parte lo deja o cambia de deporte.

Los más dotados, los cuales se han decidido por el fútbol, son sometidos a una nueva selección. Esto sucede a los 18 años, ya que la preparación para el deporte de alto rendimiento se efectúa sólo en la edad de juveniles, se toman como criterios de selección preferentes los rendimientos específicos de entrenamiento y competición de esta edad. Sobre todo éstos deciden si un jugador es apto para ser incluido en el equipo sénior de un club de alta categoría o en una selección. A la hora de seleccionar hay que tomar en cuenta:

– el desarrollo personal en toda etapa de formación;
– el comportamiento en el entrenamiento y en la competición;
– la adaptación a cargas elevadas y la actitud bajo condiciones de competición complicadas;
– la regularidad en el rendimiento de los partidos de liga.

# CAPÍTULO 3

# TÉCNICA Y TÁCTICA INDIVIDUAL

La formación técnica no se puede limitar simplemente al aprendizaje de los gestos técnicos, sino que hay que considerar también las condiciones de juego reales, es decir, practicar con contrarios activos, con un ritmo elevado, en espacios reducidos y con el principio de la resolución más oportuna de problemas. La técnica y la táctica forman una unidad. El entrenamiento de la técnica como fin absoluto ayuda a formar, eso es cierto, a los malabaristas y artistas del balón, pero no a los jugadores que son capaces de resolver una determinada situación táctica aplicando sus condiciones técnicas eficazmente.

El entrenamiento de la técnica siempre tiene que efectuarse en combinación con la táctica individual. Por ejemplo, cuando un jugador recibe el balón, es necesario que se proporcione ya en la recepción del balón una ventaja frente al defensa o que intente regatear al adversario por medio de fintas; el defensa tiene que contrarrestar estas acciones estorbando al atacante ya en la recepción del balón o cortando el pase. Entonces, hay que unir la enseñanza de la técnica ya a partir de un determinado nivel de dominio a elementos de la táctica individual.

Se puede decir que un jugador ha asimilado modernamente la técnica, cuando es capaz de aplicarla adecuadamente en el juego en espacios reducidos, a una elevada velocidad y bajo una fuerte presión de un contrario.

## PROGRESIONES METODOLÓGICAS

Para la asimilación de la técnica son apropiados aquellos métodos que garantizan el desarrollo, aceleran el proceso de enseñanza-aprendizaje y modernizan la práctica de tal modo que resulte cercana a situaciones reales de juego.

Los niños asimilan la técnica con eficacia, siempre y cuando se les enseñe conforme a su edad y nivel de conocimientos. Entre los niños y jóvenes hay grandes diferencias en cuanto a sus capacidades cognitivas y psicomotrices; por eso se plantea la cuestión del qué y cuándo enseñar y cómo transmitir la técnica del fútbol. Pero se debería no solamente considerar el nivel inicial de las capacidades, sino también evaluar las peculiaridades típicas de cada edad de los niños. En el diseño del entrenamiento de la técnica hay que tener en cuenta las fases de aprendizaje de los gestos técnicos. Estas fases indican las características más importantes del proceso de aprendizaje. Aunque no dependen de la edad, pueden y deberían sincronizarse con las peculiaridades típicas de cada edad de los niños.

### El desarrollo de la coordinación gruesa

Podemos partir de la premisa de que los principiantes ya han estado más o menos en contacto con las técnicas más fundamentales del fútbol. En este nivel empieza la enseñanza dirigida de la técnica.

Ya que la coordinación motriz de un niño de 7 a 9 años todavía está subdesarrollada, el objetivo consiste en transmitir por el momento la coordinación global de los elementos técnicos. Naturalmente hay que tratar de transmitir al niño los elementos técnicos bajo unas condiciones que correspondan a su experiencia motriz. Por ello se pueden enseñar en esta fase ante todo los gestos de los elementos técnicos sin la inclusión de un contrario activo o pasivo, para que el niño se concentre plenamente en los movimientos que tiene que aprender. La explicación tiene que ser clara y comprensible a fin de que el niño entienda el objetivo y la aplicación de los elementos técnicos. Esto le favorece para llegar antes y de una manera más consciente a la coordinación fina y a la aplicación en el juego. De un modo parecido se procede en la enseñanza de nuevos y complejos elementos técnicos a la edad de 10 a 12 años.

Lo esencial es la correcta demostración del elemento técnico. Una ejecución incorrecta sucede aún muchas veces; por eso hay que atender en el aprendizaje de un gesto técnico a lo esencial, a los puntos clave. En la fase inicial del aprendizaje son importantes la motivación típica de cada edad y la garantía de las experiencias de éxito. Éstas se consiguen más fácilmente practicando bajo unas condiciones sencillas. La colaboración activa y consciente del niño es imprescindible. Tiene que saber el qué, el cómo y el porqué de las cosas.

## ENTRENAMIENTO DE LA TÉCNICA A LA EDAD DE 9 A 10 AÑOS

Cuando un niño empieza a jugar al fútbol, hay que transmitirle primero las destrezas técnicas de fútbol más sencillas. Sin estas destrezas técnicas sencillas el niño no está en condiciones de jugar. El punto esencial en la formación de esta edad es el juego. Por eso es suficiente formar los elementos técnicos hasta la coordinación gruesa. La corrección de errores se limita a los errores principales. La introducción del juego de fútbol se hace de tal manera que los niños se familiarizan primero con las características del balón. Se utilizan ejercicios que forman la técnica básica, formas de competición y juegos reducidos, en los que se utilizan los pies pero de vez en cuando también las manos.

## EJERCICIOS TÉCNICOS MANEJANDO EL BALÓN CON LAS MANOS

- Adaptar el balón con la mano, coger el balón estático y en movimiento;
- Lanzar el balón contra la pared o a un compañero;
- Botar el balón con una mano primero despacio y luego más rápido primero hacia adelante y luego con cambio de dirección; formas de competición y de juego por parejas y en grupos.

## EJERCICIOS TÉCNICOS CON BALÓN QUE SE EJECUTAN CON LAS PIERNAS

- Pases con la parte interior del pie;
- Parar el balón con la parte interior o bien con la suela;

- Conducción del balón hacia adelante y luego parar el balón con la suela;
- Conducción del balón con cambios de dirección laterales; Ejercicios de tiro a puerta.

## EJERCICIOS TÉCNICOS CON BALÓN AUMENTANDO EL GRADO DE DIFICULTAD

- Malabarismos con el pie y con la cabeza - golpeo de balones parados y rodantes con la parte interior del pie;
- Recepción del balón parado y en movimiento, parada del balón con la parte interior del pie o bien con la suela;
- Conducción del balón con cambios de dirección y de ritmo;
- Cabeceo de balones lanzados al aire a la portería o bien a objetos marcados;
- Regatear a un contrario mediante fintas;
- Recepción del balón y tiro a puerta;
- Recepción de balones aéreos (medianamente altos y altos);
- Control del balón.

**Desarrollo de la coordinación fina y su adaptación al juego**

A la edad de 10 a 12 años se empieza con la formación sistemática de los elementos técnicos. El niño alcanza mental y motrizmente un grado de desarrollo que favorece el aprendizaje de los elementos técnicos bajo unas condiciones de interacción fomentada.

El niño se encuentra a esta edad en la fase de mejor aprendizaje motor. Los elementos técnicos más importantes se dominan en forma de coordinación global. Ahora se trata cada vez más de optimizar los gestos técnicos, de eliminar lo superfluo e incorrecto; se desarrolla la coordinación fina de los movimientos. Pero el nivel de dominio gestual todavía está caracterizado por una cierta inestabilidad. También se observan fases de estancamiento, pero se manifiesta otra vez una clara mejora después de una cierta fase de instrucción.

El objetivo es la asimilación de una correcta ejecución técnica de los movimientos por medio de una práctica dirigida, la consolidación de la técnica. Por eso, la forma de ejercitarse sin contrario recibe todavía una gran importancia. La técnica se consolida también por medio del empleo de relevos y formas jugadas, y tan sólo después se empieza con ejercicios con contrario.

Para el desarrollo de la coordinación fina se requiere un alto número de repeticiones, sin embargo hay que prestar atención a que eso no se convierta en un "chapar" monótono. El empleo de distintos medios de entrenamiento contrarresta eso y garantiza que la disposición de rendimiento de los niños se mantiene y que colaboren más activa y conscientemente. El así llamado "ejercicio sin alma" no es eficaz.

El progreso en el rendimiento del joven futbolista es fomentado por medio del empleo de formas de ejercicios de distintos grados de dificultad.

Debería tomarse en cuenta la siguiente progresión metodológica:
– Ejercicios estáticos;
– Ejercicios efectuados a una velocidad más lenta y más rápida.
– Recepción de balones desde distintas direcciones y pase inmediato hacia adelante, lateral y hacia atrás;
– Enseñanza de los distintos tipos de golpeo con las dos piernas;
– Combinación de distintos elementos técnicos aplicando ejercicios complejos.

## ENSEÑANZA DE LA TÉCNICA A LA EDAD DE 10 A 12 AÑOS

Continuación de la transmisión de los conocimientos básicos del fútbol; Formación de la coordinación gruesa y fina de los movimientos de nuevos elementos técnicos, como por ejemplo:
– Golpeo con el empeine total y con el empeine exterior, recepción del balón con el empeine total y exterior;
– Recepción del balón a bote pronto con la parte interior y exterior del pie, con el pecho y con el muslo;
– Enseñanza del juego de cabeza estático y en salto hacia adelante y lateral;
– Conducción del balón con la parte interior y exterior así como con cambios de dirección y de ritmo (en forma de ejercicios complejos);
– Fintas: Regatear a un contrario pasivo; recepción del balón tras finta;
– Recepción del balón bajo presión activa de un contrario;
– Saque de banda en posición de pie;
– Técnica del portero: Posición básica, colocación, salidas, cogida de balones aéreos con contrario activo y pasivo.

## Estabilización de la coordinación fina y ejercicios de aplicación competitiva

La ejecución automatizada de los elementos técnicos aprendidos no es suficiente para jugar al fútbol, ya que hay que emplear la técnica bajo la presión del contrario y en situaciones y condiciones de juego cambiantes. La tarea y el objetivo del entrenamiento de la técnica a la edad de 12 a 14 años consisten en la consolidación de los elementos técnicos y su aplicación adecuada en el juego.

En un partido de fútbol ocurre pocas veces que un jugador pueda actuar sin la intervención de un adversario. Muchas veces la presencia cercana de un contrario molesta. Las mayores exigencias de la habilidad de un jugador representan la disputa entre dos jugadores. En esta fase de aprendizaje se tiende menos a asimilar nuevos elementos técnicos bajo distintos grados de dificultad, sino más bien a consolidar la técnica bajo unas condiciones aplicadas a la competición. Esto tiene para el juego del fútbol una significación especial, ya que la identidad de las actuaciones en el juego o bien situaciones de juego cambian de partido en partido. Cada elemento técnico hay que aplicarlo casi siempre de una forma distinta, adecuada a la situación de juego momentánea. Ahí es donde enlaza la técnica con la táctica individual y colectiva y táctica de equipo (concepción de juego), con otras palabras, hay que adaptar siempre el acto motor a cada situación de juego dada. Esto es válido también para la ejecución técnica; por eso, el jugador tiene que acumular en su repertorio múltiples experiencias motrices.

Como ejemplo queremos clarificar la combinación de elementos técnicos y tácticos en la forma del ejercicio 2:1 (2 atacantes contra un defensa). El objetivo del ejercicio consiste en rebasar a un defensa y meter gol, o bien, desde el punto de vista del defensa, impedir el gol. Un jugador empieza el ejercicio con un pase en profundidad a su compañero. La eficaz recepción o el control orientado del balón requieren previamente un desmarque del defensa (juego sin balón). La recepción del balón, el control del balón, así como el pase, sólo pueden tener éxito si el jugador no solamente domina los gestos técnicos, sino si los emplea también de una manera oportuna, variada, versátil, con una velocidad gestual elevada y además en combinación con fintas.

El defensa intenta, naturalmente, presionar al atacante en la recepción, en el control y en el pase del balón y trata de interceptar el balón y de poner al contrario en apuros. La técnica de interceptar el balón requiere una elevada habilidad de táctica individual del defensa en la disputa. Esto tiene que asimilarse paralelamente y en conjunto. Solamente así se puede defender bien a un atacante.

La táctica individual se entrena con distintos grados de dificultad, destacando unas veces la tarea de los atacantes y otras veces la de los defensas.

En el marco de los actos motores del ataque se consolidan los elementos técnicos y las fintas que se emplean; en el caso del defensa, la atención se fija en la técnica y táctica de la interceptación del balón:

– El defensa se mantiene pasivo, eventualmente se mueve un poco, o bien presiona sin emplearse a fondo;
– Ambos tienen que tratar de resolver su tarea, colocando al defensa en una posición de desventaja, equiparada o ventajosa con respecto al atacante. En la práctica de las fintas de recepción hay que entrenar las dos piernas y los dos lados. Los errores que se cometen en la disputa por el balón se corrigen tanto en el atacante como en el defensa desde el ángulo técnico-táctico y reglamentario.
En la siguiente fase, los jugadores entrenan la técnica en forma de competiciones, partidos de entrenamiento y de interacciones técnicas fomentadas. En esta forma de ejercicio existe la posibilidad de fijar las tareas:
– Por medio de la limitación de la acción del defensa se puede fomentar el ataque;
– Por medio de la limitación del espacio motor del atacante se puede destacar el papel del defensa;
– Atacante y defensa se disputan el balón sin limitación y con iguales oportunidades. En el juego tiene éxito aquel atacante que lleva la disputa por el balón de tal manera que pueda, tras un dribling, pasar libremente o tirar a la portería. El defensa trata de impedir aquello presionando ya en la recepción del balón o justamente después.

## ENTRENAMIENTO DE LA TÉCNICA A LA EDAD DE 12 A 14 AÑOS

En esta edad los jóvenes ya desarrollan cada elemento técnico en un trabajo combinado y complejo (con fintas, giros, movimientos rápidos). Aumentan y enriquecen así sus experiencias motrices para poder aplicar las habilidades técnicas en el juego.

– Tipos de golpeos: tienen que ser capaces de ejecutar los distintos tipos de golpeo directamente, pasar el balón bajo la presión de un contrario, tirar a puerta;

– Control orientado del balón: ejecución de las formas de recepción del balón en desplazamiento orientado (con giros, fintas y contrario activo);

– Conducción del balón: en combinación con fintas y distintos toques de balón, control del balón;

– Fintas: aprendizaje y aplicación de la mayor cantidad posible de fintas;

– Interceptación del balón: también tackling de deslizamiento;

– Saque de banda: también con carrera de impulso;

– Técnica del portero: despejar con el puño, tirarse y salida del área pequeña;

– Ejercicios técnicos combinados con contrario activo.

**Principios generales y métodos**

Los principios generales y métodos más esenciales de la formación técnica tampoco deben ser descuidados en los ejercicios aplicados a las situaciones reales de competición. Los medios de entrenamiento con contrarios activos desarrollan, por regla general, al mismo tiempo, las acciones de defensa y ataque. Aunque estas secuencias motrices forman un conjunto, también es necesario, practicarlas aisladamente para una más rápida percepción y atención selectiva. Los elementos técnicos deberían ser impartidos –como ya se ha mencionado antes– teniendo en cuenta las peculiaridades típicas de cada edad y según una determinada sistemática.

Se empieza de lo fácil a lo difícil considerando el grado de dificultad de los elementos técnicos: Los movimientos se practican primero lentamente, y luego cada vez más rápidamente, hacia adelante, hacia los lados y hacia atrás. Una construcción de entrenamiento variada y diversa proporciona buenos resultados.

Hay que insistir mucho en la velocidad de las secuencias de movimiento. Una elevada velocidad gestual es un requerimiento básico del fútbol moderno. El jugador de fútbol solamente es capaz de emplear conscientemente el cambio de ritmo, si sabe resolver las respectivas situaciones de juego no sólo estática y lentamente, sino también a una velocidad elevada. De esta manera se amplía también la riqueza de herramientas técnicas. La rápida ejecución puede ser fomentada, entre otros, por medio de juegos de relevo, formas de competición y juegos con aplicación técnica. El juego moderno requiere –como ya se ha mencionado varias veces– la ejecución con las dos piernas y por los dos lados. Es absolutamente necesario desarrollarlo, ya que las competiciones llevadas a una alta velocidad y acentuadas por la lucha requieren variantes de resolución técnica inmediatas, rápidas y oportunas. Así, el juego no se hace sólo cada vez más variado y diverso, sino también más eficaz. Los gestos técnicos deberían ser entrenados primero con la pierna "más hábil", y luego con la pierna "desmañada". Cuando el jugador ha asimilado un ejercicio, aprende el movimiento rápidamente también con la pierna "más débil".

La mayoría de los elementos técnicos son enseñados conforme al método global, es decir, no analíticamente, sino en su conjunto. Solamente se descompone el movimiento, cuando el jugador no lo ha entendido o cuando lo ha entendido mal. Esto fundamenta también el hecho de que la secuencia del movimiento tiene que ser enseñada a un cierto ritmo de ejecución motriz.

La práctica consciente es importante en la instrucción técnica. El entrenador debería, si es posible, explicar a los niños qué y por qué se hace una cosa así y no de otra manera.

El entrenamiento regular significa, por un lado, un trabajo continuado y, por otro lado, la práctica de ejercicios en progresión didáctica. Sin mantener una cierta sistemática, los jóvenes no pueden desarrollarse adecuadamente.

También es necesario en la enseñanza con niños una elevada plasticidad. Se explica de una manera sencilla y clara, destacando lo esencial, lo que los niños tienen que asimilar. La materia a aprender tiene que ser demostrada, para que el niño entienda qué y de qué manera puede y debe asimilar la materia. Se explican los principios, medios y métodos en su conjunto. Lo esencial es adaptar todo esto a las peculiaridades típicas de cada edad.

**Corrección de errores**

Para poder corregir los errores que surgen en el proceso del aprendizaje motor o para eliminar los factores que limitan un aprendizaje eficaz, hay que detectar primero las causas de los errores; después se puede eliminar. (Por ejemplo, el niño no puede haber entendido la tarea, o no es lo suficientemente maduro física o motrizmente como para ejecutarla; o bien el error es la consecuencia de viejas y malas costumbres, o bien el balón pesa demasiado, el campo no es el acostumbrado...)

## MÉTODOS DE CORRECCIÓN

Cada entrenador o pedagogo tiene, normalmente, sus propios métodos. Aun así se recomienda también el empleo de una metodología general de corrección de errores, como por ejemplo:

– Confrontación de correcto e incorrecto por medio de demostraciones, fotos, dibujos o películas;
– demostración enfatizada de gestos técnicos incorrectos, por ejemplo el movimiento de levantar demasiado la pierna en la finta de tiro o torsión del tronco hacia atrás en el lanzamiento a la portería. Al final de este método se tiene que hacer siempre la demostración correcta del gesto;
– realizar determinadas secuencias de un movimiento, por ejemplo la posición de la pierna de apoyo, el movimiento de amortiguación en la recepción del balón, etc. (la práctica de las secuencias motrices hay que terminarla siempre con la repetición de todo el movimiento en su conjunto);
– plantear limitaciones metodológicas, como por ejemplo la interceptación del balón dentro de un espacio limitado.

## LA RECEPCIÓN DEL BALÓN

### Parada y semiparada del balón

Además de los tipos de golpeo, la parada y la recepción del balón son uno de los elementos técnicos más frecuentes e importantes. Contienen la transferencia segura del balón. Cuando un jugador quiere recibir el balón suavemente, el objetivo es el "amortiguamiento", la parada del balón. Si lo quiere recibir más duramente, el objetivo es la semiparada con control orientado. La decisión de si es más oportuna la recepción del balón (parada) o la semiparada viene determinada por la distancia de los jugadores contrarios, por las intenciones de los jugadores después de la recepción y por la situación de juego.

Aunque el juego moderno se caracteriza por una técnica rápida, no siempre se puede seguir inmediatamente con la jugada. Si lo requiere la situación –lo cual quiere decir si ningún compañero se encuentra al alcance de un pase, o sea, si el juego al primer toque fuera inoportuno–, el balón tiene que ser primero parado o recepcionado y después de la recepción, conducido.

En el juego moderno se ha impuesto cada vez mas la semiparada con control orientado. Por eso, lo esencial es que la parada o bien semiparada se efectúen lo más rápidamente posible, con una corta fase preparatoria y pocos toques de balón y que el enlace con la siguiente jugada se produzca sin pérdida de tiempo.

La recepción del balón es eficaz cuando el jugador domina distintos tipos de parada y semiparada y cuando sabe emplearlos de distintas maneras, así como con ambas piernas y hacia los dos lados. Si además crea espacios libres por medio de fintas inesperadas, es menos susceptible a las acciones de obstrucción por parte de los jugadores contrarios. En este contexto también es importante resaltar que el jugador eficaz ya tiene una visión del juego antes de recibir el balón y opera con su anticipación perceptiva de tal manera que en este momento ya ha decidido cuál será la técnica de recepción más oportuna para fijar las siguientes acciones.

El jugador puede recibir el balón estático o en movimiento orientado. Luego puede conducir el balón. Puede recibir balones rasos o aéreos con el empeine u otras partes del pie, o bien con el pecho o con la cabeza.

En la recepción del balón son característicos los siguientes puntos clave de la técnica:
– posición básica hacia el balón (estático y en movimiento);
– se lleva el pie o la parte correspondiente del cuerpo hacia el balón;
– luego se cede en la dirección de movimiento del balón ("amortiguamiento", "toma de posesión").

## LA TÉCNICA DE LA PARADA Y SEMIPARADA SIN CONTRARIO

Lo más fácil es la parada y semiparada de balones que vienen rodando a ras del suelo. Por eso se debería enseñar a los principiantes primero esta forma. El balón puede ser parado o recibido de tal manera que se pueda seguir conduciéndolo y pasándolo a alguna dirección.

## • *PARADA Y RECEPCIÓN DE UN BALÓN RODANTE*

### *Parada del balón con el lado interior del pie*

El pie, girado en ángulo recto hacia fuera, va hacia el balón y amortigua el balón rodante ligeramente en la dirección de su movimiento (figura 1a).

### *Parada con la suela*

Se levanta el pie de modo que la punta del pie mira hacia adelante y arriba, luego se lleva el pie en esta posición a la dirección por donde llega el balón y se amortigua un poco en el momento de la parada (¡pero no pisar el balón desde arriba! Figura 1b).

**Figura 1a**          **Figura 1b**

### *Semiparada del balón con el lado interior*

Si no se quiere parar el balón, se lleva con el lado interior del pie a la dirección deseada o se pasa directamente a alguna dirección. En la semiparada, el tronco se inclina hacia la dirección de juego del balón (Figura 1c).

### *Semiparada con el lado exterior*

La ejecución motriz se produce de la misma forma que con el lado interior (Figura 1d).

 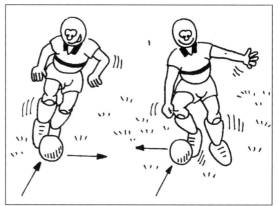

**Figura 1c**          **Figura 1d**

## • *PARADA Y SEMIPARADA DE BALONES AÉREOS*

### Parada

Se lleva la articulación del pie relajada, el pie y la pierna ceden en la dirección del balón.

### Semiparada

La articulación del pie está un poco más fija; se conduce el balón delante del cuerpo o se pasa.

### Parada con el lado interior del pie

Se tuerce el pie ligeramente hacia fuera, la pierna se levanta un poco hacia atrás, el tronco se inclina hacia adelante, la articulación del pie está suelta, la parada se efectúa debajo del cuerpo (Figura 2a).

### Semiparada con el lado interior del pie

Se recibe el balón un poco más duro con impulso, el tronco ya se inclina antes del control del balón hacia la dirección de movimiento ya premeditada para poder arrancar rápidamente (Figura 2b).

### Semiparada con el lado exterior del pie

El pie que controla el balón se cruza un poco delante de la pierna de apoyo, el cuerpo se inclina un poco más ya antes de la semiparada hacia la nueva dirección de movimiento tratando el balón un poco más duro para poder arrancar con velocidad (Figura 2c).

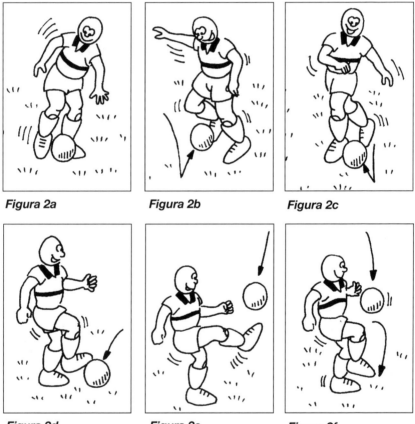

*Figura 2a*     *Figura 2b*     *Figura 2c*

*Figura 2d*     *Figura 2e*     *Figura 2f*

### Parada con la planta de pie

Es un método frecuentemente aplicado para la parada del balón. La pierna se flexiona ligeramente en la rodilla, la articulación del pie se lleva relajada y el pie por encima del balón flexionado para poder pararlo con la suela (¡pero no pisar el balón! Figura 2d).

### Semiparada con la suela

Moviéndose a una velocidad elevada, se lleva el pie oblicuo delante del balón que rebota, impulsando con un pequeño movimiento desde la rodilla; el balón botará hacia adelante.

### Recepción del balón con el empeine total (parada en el aire)

Tiene la ventaja de que las asperezas del terreno no pueden afectar la ejecución de la recepción, pero en cambio es una "técnica lenta". La pierna se flexiona en la rodilla, es llevada hacia el balón y cede en el momento de contacto con éste (Figura 2e).

### Parada del balón con el muslo

Un balón llegando en una parábola de vuelo o un balón semialto se puede recibir también con el muslo. El muslo se levanta hacia la dirección por donde llega el balón; el tronco se inclina un poco hacia adelante. Cuando el balón toca el muslo, se cede en la dirección de movimiento del balón y se deja caer al suelo (Figura 2f).

### Semiparada con el muslo

Cuando la intención es de mantenerse en movimiento, es más oportuno un control orientado con el muslo para seguir con una conducción o un pase. Se puede tocar y pasar el balón también directamente con el muslo (Figura 2g).

### Parada del balón con el pecho

Si no se quiere cabecear un balón a la altura del pecho, es más oportuna una recepción con el pecho. Se va con el pecho al encuentro del balón y se encoge el pecho un poco en el momento del contacto, para que el balón caiga delante del jugador al suelo (Figura 2h).

**Figura 2g**                    **Figura 2h**

### Recepción del balón con la cabeza

Si no es lo más oportuno cabecear un balón llegando a la altura de la cabeza, se va hacia el balón con el tronco extendido hacia adelante. Cuando el balón toca la cabeza, se produce un movimiento de desviación hacia atrás (aspiración), para que caiga el balón después al suelo.

### • FORMAS DE EJERCICIOS, COMPETICIONES Y JUEGOS

1. Cuatro a ocho jugadores situados en filas opuestas a una distancia de 10 a 15 metros. Las distancias se marcan por razones prácticas con líneas. El primer jugador de la fila pasa el balón al primer jugador de la fila contraria y se incorpora al final de la otra fila. El primer jugador que recibe el balón, lo juega:
   - con devolución directa;
   - lo para detrás de la línea y lo devuelve luego;
   - se acerca al balón que llega y devuelve el pase directamente;
   - se acerca al balón que llega, lo recibe y devuelve el pase.
   *Forma de competición*: 2 a 4 grupos compiten entre sí. Gana el grupo que primero recupera sus posiciones iniciales.

2. Cuatro a ocho jugadores situados en filas opuestas a una distancia de 20 a 40 metros. El primero pasa el balón por medio de una

portería puesta en el medio a su compañero del otro lado y corre al final de su fila. El otro jugador devuelve el balón:
- directamente;
- después de una recepción;
- se acerca al balón y devuelve el pase;
- se acerca al balón, lo recibe y lo devuelve.

*Forma de competición:* De 2 a 4 grupos compiten entre sí. Gana el grupo que en tres o cinco minutos mete más goles.

3. 6 jugadores puestos en círculo con un diámetro de 6 a 8 metros. Los jugadores se pasan el balón libremente. También puede hacerse con previa recepción del balón.

*Forma de competición:* Se numera a los jugadores, se pasan el balón según el número que tienen y corren detrás del pase. También pueden competir dos grupos entre sí; gana el grupo cuyo primer jugador recibe otra vez el balón (Figura 3).

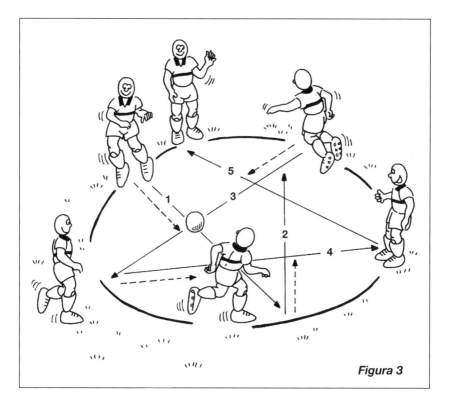

*Figura 3*

4. Ejercicio por parejas: Uno conduce el balón hasta una determinada marca, luego lo pasa a su compañero quien lo controla y conduce a la dirección y marca opuesta, etc. (Figura 4).
*Forma de competición*: ¿Qué grupo logra en un minuto más controles de balón?

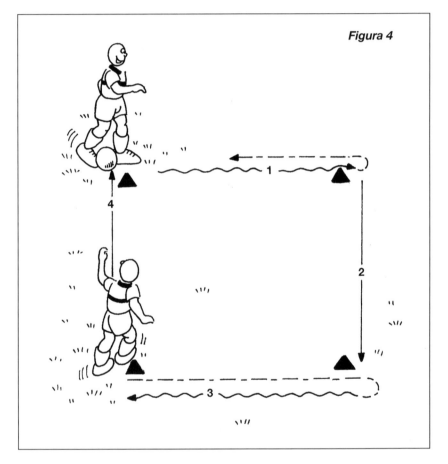

**Figura 4**

5. De tres a cuatro jugadores se pasan el balón en triángulo o rec-
tángulo en carrera suave, con o sin secuencia de pases fija y a
través de una distancia elevada (largo del campo) o con pases
cortos laterales o en profundidad. El ejercicio se hace también hacia atrás con la misma organización.

*Forma de competición:* Los jugadores se pasan el balón con devolución de pase en dos o tres grupos según una secuencia de pase fija a través de una mayor distancia (largo del campo). ¿Qué grupo recupera primero otra vez su posición inicial? El ejercicio puede hacerse con o sin recepción de balón. No está permitido conducir el balón.

6. Los jugadores tiran el balón como balón aéreo contra una pared.

*Forma de competición:* De 2 a 4 jugadores compiten entre sí. Tiran por turnos contra la pared. Cuando un jugador no acierta, sigue el siguiente. Se cuentan los tiros. ¿Quién consigue primero 100?

7. Dos jugadores enfrentados se pasan el balón continuamente como balón aéreo por encima de un campo limitado en el cual se encuentran otros dos jugadores. De vez en cuando cambian de papel.

*Forma de competición:* Dos parejas compiten entre sí. Una pareja golpea el balón por encima de la otra; el balón tiene que ser golpeado de volea directamente o tras un único bote. También puede hacerse con recepción de balón. Uno recibe el balón aéreo momentáneamente y luego devuelve el pase. Cuando cometen un fallo cambian de papel con la otra pareja. Gana aquella pareja que consigue el mayor número de pases seguidos.

8. Varios grupos de 3 jugadores se ejercen en una portería con un portero "neutral". De cada grupo, un jugador pasa el balón desde 10 a 15 m a un campo limitado. Dentro de ese campo, el otro jugador tira directamente o tras recepción del balón a portería; el tercer jugador inicia otra vez la jugada (Figura 5).

*Forma de competición:* Varios grupos compiten entre sí. Desde una línea marcada, el balón es golpeado al campo limitado, o desde parado o tras recepción o bien tras el control del balón con la cabeza llegando en bote alto delante del jugador. Al otro jugador le está permitido el tiro a meta o directamente o tras recepción dentro del campo marcado. Cambio de papeles después de 10 tentativas. Si acierta en la portería, el jugador obtiene un punto, si mete gol, tres puntos. Gana el grupo que más puntos consigue.

9. Los jugadores están enfrentados en dos grupos a una distancia de 10 a 20 m. El primero de los jugadores colocados en fila golpea el

**Figura 5**

balón al primero del otro lado, quien recibe el balón y lo devuelve. Después los jugadores corren al final de sus filas.

*Forma de competición:* Compiten 2 a 4 grupos entre sí y gana aquel que primero recupera de nuevo su formación inicial.

10. Se marca un pasillo de 2 a 3 m de anchura. Un jugador colocado detrás de una línea tiene que enviar el balón al pasillo; su compañero en el otro lado corre al encuentro del balón, lo recibe y lo conduce de vuelta a su posición inicial; luego, cambio de papeles (Figura 6).

*Figura 6*

*Forma de competición:* Varias parejas compiten entre sí. Empiezan después de un silbato. Ambas parejas ejecutan la tarea. ¿Qué pareja llega primero? Los puntos se reparten según la secuencia de llegada (por ejemplo, con tres parejas: tres, dos y uno). Cuando un jugador no puede recibir un balón en el pasillo, no obtiene ningún punto. ¿Qué pareja consigue la mayor puntuación?

**La técnica y la táctica de la parada y semiparada con contrario**

En el juego moderno, rápido y veloz, muchas veces se consigue la posesión del balón, la recepción o el pase sólo en la lucha dura "hombre a hombre". Es decisivo que el jugador sea capaz de recibir y controlar el balón de tal manera que pueda iniciar en el acto un ataque. El jugador que gana la posición en la disputa por el balón, primero tiene que proteger el balón delante del contrario, meterse entre él y el balón para garantizar la recepción, la posesión y la continuación de la jugada, mientras que el contrario trata de presionarle en esta acción. En balones aéreos (centros altos, pases, envíos) hay que tener más cuidado que en balones que llegan a ras del suelo, ya que la dureza y la trayectoria del balón determinan la elección de la técnica de parada o semiparada. Hay que tratar de elegir la forma de recepción del balón que más convenga a la disposición del cuerpo, al control del balón y a la rápida continuación de la jugada. La recepción orientada del balón en dirección al ataque, teniendo en cuenta el principio del control del balón, favorece generalmente también una más rápida continuación de la jugada. Se puede ganar la posesión del balón por medio de un juego posicional perspicaz, anticipación, fintas o interceptación de balón.

### Ganar la posesión del balón por medio de un juego posicional perspicaz

Se pueden conseguir ventajas posicionales para el control del balón en las propias filas a través de las siguientes acciones:

– ir al encuentro del balón reaccionando rápidamente (Figura 7a);
– Se dejan caer al suelo balones aéreos ; si esto no sale bien, recibir el balón a bote pronto con un control orientado hacia adelante (Figura 7b);
– si no se logra procurar una ventaja, hay que intentar, cargando con el hombro legalmente, desplazar al adversario de la dirección de ataque para asegurarse la posible recepción del balón (Figura 7c);
– cuando un jugador recibe el balón, tiene que procurar meter el cuerpo entre adversario y balón (Figura 7d), efectuar un control orientado hacia adelante o lateral y proteger el balón (Figura 7e).

**Figura 7a**

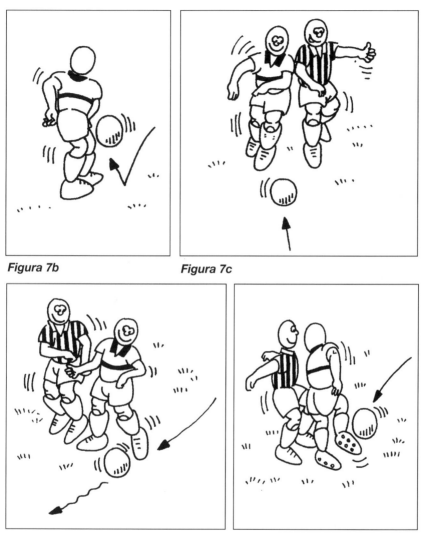

**Figura 7b**            **Figura 7c**

**Figura 7d**            **Figura 7e**

### Fintas de recepción

Impedir en la recepción de balón la intervención del contrario por medio de distintas variantes de fintas es muy útil. El adversario no debe reconocer qué resoluciones técnicas va a emplear el jugador y a qué dirección va a orientar el control del balón. Las formas elementales de las fintas tienen que entrenarse. Se pueden emplear numerosas variantes según el nivel de los jugadores. Es muy importante la ejecución de la finta en su justo momento. Si se emplea demasiado temprano, el contrario no reacciona; si se emplea demasiado tarde, no queda tiempo para una ejecución eficaz. Sobre todo en un balón aéreo hay que prestar mucha atención, ya que la dureza y trayectoria de vuelo determinan en gran medida las posibilidades de resolución motriz. Las características de una finta son las siguientes:

– Movimiento introductor de engaño.
– Empleo de un elemento técnico. En el caso de una finta corporal se amaga la recepción del balón, por ejemplo, con un movimiento de tronco hacia una determinada dirección, y si el contrario reacciona, se orienta el control del balón hacia el lado opuesto. En la finta de tiro se desvía la atención del contrario por medio de un amago de un golpeo directo y luego se recibe rápidamente.

### Recepción tras finta corporal

El jugador controla el balón de tal manera que el contrario que se encuentra detrás de él –tras amagar una recepción orientada hacia el lado izquierdo– se mueva. Luego, prosigue la recepción hacia el lado opuesto (Figura 8a y 8b).

### Recepción tras finta de carrera

El jugador va al encuentro del balón, para repentinamente, protege el balón con el cuerpo y amaga la recepción con una finta corporal; pero deja pasar el balón; luego lo controla y lo conduce en la dirección deseada (Figura 8c).

### Recepción tras finta de tiro

Una finta de tiro se puede emplear en cada situación de recepción. Amagando un golpeo se desvía la atención del contrario, y dado que se prepara para el blocaje de un tiro, el jugador que recibe gana una ventaja temporal que puede aprovechar para la recepción del balón (Figura 8d).

**Figura 8a**

**Figura 8b**

**Figura 8c**

**Figura 8d**

### Recepción por medio de interceptación del balón

El objetivo y la tarea de un defensa no es solamente impedir y dificultar el ataque del equipo contrario, sino también disputar el balón e iniciar enseguida un contraataque. Un defensa recupera el balón sobre todo en la disputa con el contrario; de ahí que resulte importante que ejecute la interceptación del balón de una manera sencilla y útil. Ésta tiene que efectuarse siempre junto a la enseñanza de otras destrezas y habilidades técnico-tácticas. También hay que tener en cuenta que se cometen más errores en la recepción de balones aéreos que en la recepción de balones que llegan a ras del suelo. ¿Cuándo y cómo se puede conseguir la posesión del balón, que se encuentra en poder del otro equipo?

La eficaz interceptación del balón depende esencialmente de un buen juego de colocación. La distancia al contrario varía según la respectiva situación de juego, garantizando así eficaces acciones defensivas, tanto colectivas como individuales. Cuando el balón o el juego están más lejos, es suficiente mantener una distancia con el defensa más bien alejada, cubriendo el espacio (Figura 9a). Cuanto más se acercan los acontecimientos de juego (el balón) al defensa, tanto más cerca tiene que estar del contrario (Figura 9b y 9c). La interceptación del balón es menos arriesgada y más eficaz cuando el jugador logra despejar el balón con el pie o con la cabeza anticipándose al contrario, o bien adelantarse al contrario para recibir o controlarlo y protegerlo (Figura 9d).

**Figura 9a**

**Figura 9b**

**Figura 9c**

**Figura 9d**

Si no se consigue adelantarse al contrario, se trata de acosarlo en la recepción de balón. La recepción del balón absorbe toda la atención del jugador. La recepción de un balón aéreo requiere una elevada concentración, de modo que el acoso trae muchas veces consigo una incorrecta recepción consigo (Figura 9e y 9f).

Si no es oportuno acosar al contrario en la recepción de balón, hay que esperar el momento, en el cual el jugador pierde el control

**Figura 9e**                    **Figura 9f**

sobre el balón. Los balones aéreos rebotan delante del atacante y salen disparados más fácilmente (Figura 9g y 9h).

Al fin y al cabo se puede emplear también un medio táctico empujando al contrario a una posición desfavorable, dificultando la posibilidad de pase, impidiendo sus intenciones de ataque o bien ralentizándolas para así poder defenderlas (Figura 9i).

**Figura 9g**                    **Figura 9h**

Figura 9i

## • *FORMAS DE EJERCICIOS, COMPETICIONES Y JUEGOS*

11. Dos parejas compiten entre sí. Un jugador inicia el ejercicio y trata de pasar el balón a su compañero; al mismo tiempo estorba un jugador de la pareja contraria las acciones del jugador que conduce el balón, o sea intenta recuperarlo. Si consigue robar el balón, su compañero puede ofrecerse enseguida para recibir el pase; y ahí estorba el otro jugador. Gana la pareja que logra más puntos de pase (Figura 10).

Figura 10

12. Dos parejas compiten entre sí. Un jugador de cada pareja se mueve dentro de un campo limitado por líneas trazadas a distancias de 10 m. Los otros dos jugadores de las parejas se encuentran fuera de la limitación. Uno de estos dos jugadores conduce el balón libremente y lo envía a su pareja dentro del campo en el momento en el que se ha desmarcado de su contrario. Este recibe el balón, lo controla y lo pasa al compañero de la otra pareja situado fuera de la limitación de campo. La pareja contraria continúa el juego de la misma manera. Cambian de papeles en las parejas después de 10 juegos. Gana la pareja que más veces consigue pasar el balón (Figura 11).

**Figura 11**

13. Tres parejas juegan a tres porterías. Dentro de un círculo, dos jugadores respectivamente intentan tirar a una de las porterías.
Una pareja fuera del círculo siempre ayuda a la pareja que juega en ataque, pero no puede meter gol. Pero el gol cuenta también para ellos. Cada tres minutos cambian de papeles, y cada vez otra pareja tiene que colaborar fuera del círculo. ¿Qué pareja consigue el mayor número de goles? (Figura 12)

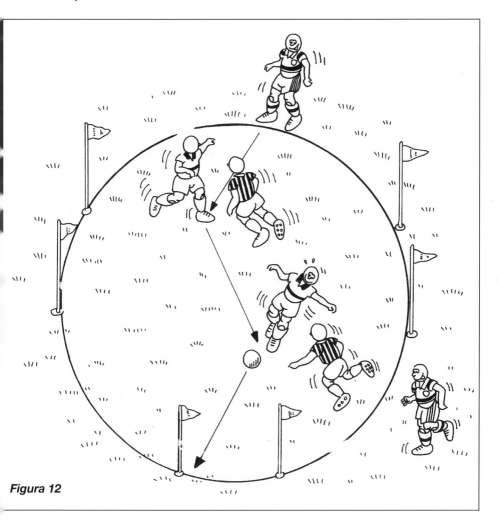

**Figura 12**

14. Formas de juego 3:3, 4:4, 5:5 con limitaciones metodológicas, como jugar al primer toque, a dos toques, marcaje al hombre. Cada jugador puede robar el balón sólo a su contrario directo.

15. Juego a dos porterías con portero y ventaja defensiva. Dos atacantes juegan contra dos defensas y un jugador neutral; éste siempre ayuda a la pareja que tiene que defender. Después del ataque o de una interceptación de balón empieza el contraataque, cambiando el defensa neutral con el portero.

16. Dos jugadores compiten entre sí. Desde una distancia de 10 m cabecean, golpean o lanzan el balón contra una pared. ¿Quién sabe recibir los rebotes? El que lo logra recibe un punto.

17. Un jugador cabecea, lanza o golpea el balón como balón aéreo a dos-cinco jugadores situados a una distancia de 10 a 15 m. El jugador que consigue controlar el balón, lo conduce a la posición inicial cambiando de papel. Gana el que más veces consigue la posesión del balón.

18. Dos parejas juegan en un campo de 15 a 20 metros. Las parejas se disputan el balón para meter gol. Un portero de una pareja hace un saque alto de portería. Los jugadores arrancan desde la línea de meta hacia el balón. El que gana la posesión del balón tira a portería. Cambian de papeles después de cada 10 tentativas. ¿Qué pareja consigue más goles? (Figura 13)

19. Tres parejas juegan a tres porterías. Un jugador de cada una de las tres parejas está en la portería; los otros tres jugadores juegan uno contra otro. El que consigue la posesión del saque alto puede tirar a una de las dos porterías contrarias. Después de determinados períodos de tiempo cambian de papeles. Gana la pareja que consigue el mayor número de goles (Figura 14).

20. Dos grupos de tres compiten entre sí. Tres atacantes cooperan levantando el balón por encima de los defensas tocando de volea y tratan de tirar a puerta en el momento más oportuno. Esto lo intenta impedir el grupo de los defensas en que uno actúa de portero. De vez en cuando los dos grupos cambian de papel. ¿Qué grupo mete más goles?

21. Cuatro jugadores juegan unos con otros. Dentro de un campo situado entre dos líneas de 10 a 15 m de distancia juegan dos dentro de las líneas y los otros dos, fuera de ellas. Uno de los jugadores pasa el balón raso desde fuera al medio campo. El jugador que consigue luchando la posesión del balón, lo pasa tras una finta al otro compañero que está fuera de la línea. Éste inicia de nuevo la jugada con un balón raso. Después de 10 pases, los jugadores de cada pareja cambian su posición, o sea los jugadores que han jugado dentro del campo van fuera. Cada envío eficaz corresponde a 1 punto. Gana la pareja que más puntos ha acumulado en su cuenta. Variante: La jugada se inicia desde fuera con un balón aéreo.

22. Dos parejas compiten entre sí. Dos atacantes contra dos defensas y un portero. Uno de los atacantes empieza con un pase

**Figura 13**

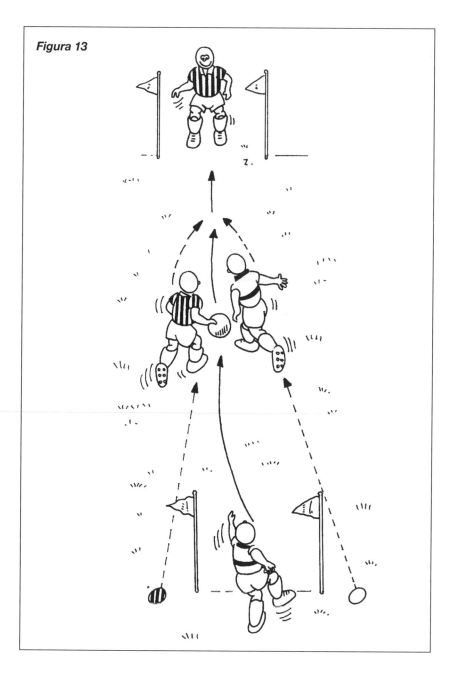

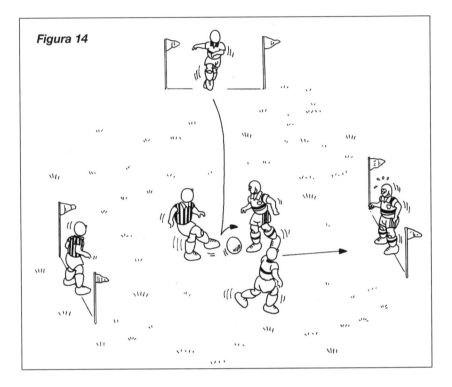

**Figura 14**

raso a su compañero y corre hacia un lado. Su compañero engaña con una finta a su defensa y envía el balón otra vez al primer
atacante que se adelanta y tira a portería o pasa otra vez a su
compañero. También puede amagar un pase, regatear al defensa y luego tirar a portería. Cada diez minutos cambian de papeles en cada pareja y luego entre parejas. Además de los goles
cuenta como tanto haber rebasado tres veces con éxito al defensa. ¿Qué pareja consigue más goles? (Figura 15) Variante: Se
empieza con un balón aéreo.

23. Pase con determinadas fintas obligatorias. No está permitida la
    conducción del balón. Hay que pasar el balón después de haber
    rebasado al contrario.

24. Partido a dos porterías con una finta determinada y obligatoria.
    No está permitida la conducción del balón. El balón, después de
    haber rebasado al contrario, puede ser pasado o se efectúa di-
    rectamente un tiro a portería.

**Figura 15**

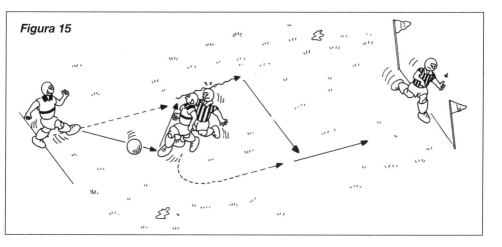

25. Dos grupos de tres jugadores compiten entre sí. Se forman tres parejas de los grupos. Las parejas se posicionan a una distancia de 10 m entre cada una. Uno de los jugadores pasa el balón alto a su compañero en el medio, quien lo pasa a su otro compañero situado lateralmente (el tercer miembro del grupo) después de haber engañado a su defensa. Luego empieza el jugador del otro grupo. Las parejas cambian de sitio después de 10 tentativas y otra pareja empieza de nuevo. Después de 10 nuevas tentativas, otra pareja va al medio. ¿Qué grupo resuelve más veces la tarea con fintas eficaces?

26. Dos grupos de tres a cinco jugadores juegan en un campo limitado. A cada jugador se asigna un contrario. El balón es lanzado raso al suelo y uno intenta golpear el balón alto a su compañero, quien engaña a su contrario y devuelve el pase a su compañero. Éste pone el balón de nuevo en juego. Cuando uno de los jugadores contrarios gana luchando la posesión del balón, juega el balón de manera parecida a su compañero. ¿Qué grupo logra hacer el mayor número de pases?

27. En un campo limitado juegan dos jugadores. Pase con un balón. Entre los jugadores hay una zona neutral de 10 a 15 metros de anchura, que no puede ser invadida por ellos. En un momento apropiado tira uno el balón al otro a través de esta zona. Éste, tras una finta, recibe el balón y devuelve el tiro al otro lado. Para cada pase y cada finta que se realizan con éxito obtienen ambos un punto. ¿Qué grupo consigue más puntos?

28. Competición dentro del área grande de 16 m o en un campo parecido. Uno de los jugadores juega el balón en un momento apropiado desde la línea de 16 metros a su compañero situado dentro del área pequeña (línea de 5 metros. El defensa arranca al mismo tiempo desde la línea de meta para interceptar el balón. Si el defensa devuelve el balón al primer atacante después de la interceptación del balón, obtiene 3 puntos; si solamente puede robar el balón, obtiene dos puntos; y recibe un punto, si puede impedir que el atacante situado en el área de cinco metros pueda conducir el balón a una zona previamente marcada. El defensa no recibe ningún punto si el atacante conduce el balón a una de estas zonas. Los tres jugadores tienen en cada papel 10 tentativas. ¿Quién consigue más puntos? (Figura 16)

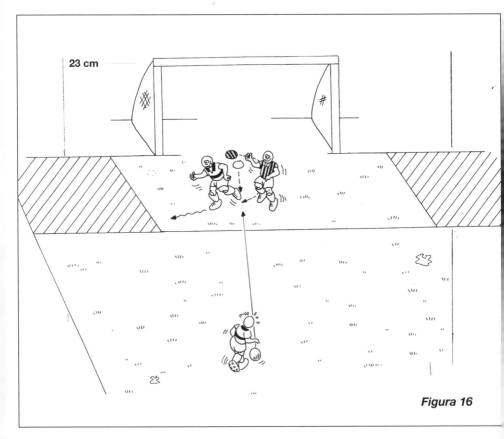

**Figura 16**

29. Juego de gatos 3:2 (rondo). En una zona relativamente pequeña dos gatos intentan continuamente impedir los pases de los atacantes. Por cada intervención eficaz y por cada robo de balón obtienen dos puntos. Si los "gatos" no logran controlar el balón en la zona previamente fijada, pero presionan y despejan el balón, obtienen un punto. Después de cada punto los atacantes obtienen otra vez el balón. Cada minuto cambian de papeles.

30. Pases 2:3, 3:4. Dentro del área de 16 metros o en un campo parecido juegan 2 atacantes y tres defensas. Los atacantes se pasan el balón libremente. Recibe dos puntos aquel defensa que consigue el balón, o que lo controla. Obtiene un punto si lo intercepta pero no lo controla. Tras cada interceptación el balón pasa a ser otra vez de los atacantes. ¿Quién gana más puntos?

31. Juego 3:2 en una portería con portero. Tres atacantes empiezan desde una línea marcada a 20 m de la portería contra dos defensas y un portero, que puede apoyar con sus salidas a los defensas. Los atacantes pueden jugar a uno o dos toques. La jugada de ataque puede durar de 10 a 15 segundos. Los defensas pueden conseguir puntos solamente en este tiempo. Al terminar el ataque, después de acciones defensivas eficaces o al terminar el tiempo, empieza el ejercicio de nuevo. Interceptación y control del balón: dos puntos, no controlar el balón es un punto. Cuando los atacantes meten gol, se restan dos puntos del tanteo total de los defensas. Los grupos cambian de papel después de 10 jugadas de ataque. ¿Qué grupo consigue más puntos?

32. Juego 3:3. Tres jugadores empiezan desde la línea de 16 m. Tratan de llevar el balón por medio de pases a la línea de fondo. Tres defensas arrancan desde la línea de fondo e intentan evitar que el balón llegue a pasar la línea de fondo. Se considera gol cuando los atacantes tiran a un metro de la línea de fondo para que el balón la traspase. Cambian de papel después de 10 tentativas. Gana el grupo que más goles consigue.

33. Interceptación de balón con tres jugadores. Un jugador envía un balón aéreo a un segundo jugador; el tercero devuelve el pase al primero después de haber robado el balón del segundo jugador. Cambian de papel después de 10 repeticiones. ¿Quién logra más veces interceptar el balón?

34. En una zona de 15 a 20 m de largo 3 jugadores se pasan el balón alto, y un defensa trata de impedirlo y de ganar la posesión de balón.

35. Recepción de balón bajo acoso del contrario con 3 jugadores. Uno de los jugadores pasa el balón a otro situado a una distancia de 25 a 30 m. Éste recibe y devuelve el balón. El defensa intenta interceptar el balón en la recepción. De vez en cuando, cambio de papeles.

    Variante: Uno de los jugadores tira el balón al otro como balón aéreo desde una línea que está a 20 m. El otro jugador arranca con su defensa al mismo tiempo para ir al encuentro del balón. El defensa intenta robar el balón o impedir la devolución del mismo. Se permite una finta; la conducción de balón está prohibida. Después de cada 10 tentativas, cambio de papeles.

36. Juego de gatos en un campo de aproximadamente 15 x 15 m. Cuatro a cinco jugadores se envían balones aéreos y lo pueden hacer también después de dos a tres toques de balón. El jugador que se deja presionar por los "gatos" o se deja robar el balón, tiene que cambiar el sitio con el "gato".

37. Cuatro atacantes se sitúan en el círculo de medio campo. En el medio están un atacante y un defensa. Uno de los atacantes toca el balón con la cabeza o el pie para el atacante que está en el medio; éste intenta pasar el balón a otro atacante (no el que empezó). El defensa intenta impedir estas acciones o bien robar el balón al atacante. Después de un minuto otra pareja va al medio. ¿Quién logra más interceptaciones de balón?

## CONTROL DE BALÓN

La velocidad en las acciones es característica del fútbol moderno. Pero también existen numerosas situaciones de juego que requieren otras resoluciones tácticas y medios que únicamente el de hacer rápido el juego. El control de balón individual y colectivo, la conducción, regates y driblings son más útiles en este caso.

### Enseñanza de la conducción de balón sin contrario

La conducción es eficaz cuando el jugador domina el balón a una velocidad elevada. Para eso es imprescindible la asimilación de una correcta técnica. El balón puede ser conducido con uno o dos pies. Se distinguen:

– Conducción de balón con el lado interior y exterior y
– Conducción de balón con el empeine interior y exterior.

El tronco se inclina ligeramente hacia adelante, el centro de gravedad del cuerpo trasladado hacia abajo para poder ejecutar cualquier cambio de ritmo y dirección, una parada o acciones de engaño. En espacios reducidos se conduce el balón en corto protegiéndolo constantemente. Si el jugador tiene espacio, se adelanta el balón hasta cinco a seis metros dependiendo de la distancia a la que se encuentra el contrario. La iniciación técnica empieza con formas sencillas de conducción del balón.

### La conducción de balón continua

A cada paso se toca el balón. El control de balón (seguridad) es más importante que la velocidad, la rapidez. El balón es conducido con el empeine total (Figura 17a).

### Carrera con el balón

Según la velocidad y la distancia al contrario, se golpea el balón suavemente más o menos lejos con el empeine exterior hacia adelante de manera que no se pierda el control sobre el balón (Figura 17b).

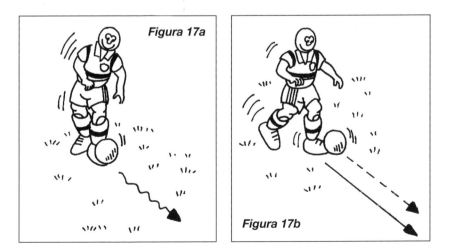

Figura 17a

Figura 17b

### Conducción de balón con cambio de ritmo

Se toca el balón a cada paso de tal manera que se pueda en todo momento aumentar o disminuir el ritmo o bien parar y volver a conducir el balón. La conducción se efectúa con el empeine interior y exterior, y la parada, con la suela.

### Conducción de balón con cambio de dirección

Conduciendo el balón, muchas veces es necesario ejecutar cambios de dirección. Los ejercicios se efectúan en líneas onduladas o de ocho (Figura 17c), en círculo (Figura 17d), o lo mejor es en zigzag (Figura 17e). En los virajes pronunciados, lo mejor es conducir el balón con el lado interior o exterior; en cambios de dirección menos fuertes con el empeine exterior. Hay que tener en cuenta que se conduce el balón siempre con la pierna más alejada del contrario.

### • *FORMAS DE EJERCICIOS, COMPETICIONES Y JUEGOS*

38. Relevos con conducción de balón. Los jugadores, divididos en 2 a 4 grupos, se sitúan en fila detrás de una línea. El primero de cada fila conduce el balón alrededor de un cono que está a una

**Figura 17c**                              **Figura 17d**

**Figura 17e**

distancia de 10 a 15 metros y devuelve al siguiente compañero de equipo, etc. El ejercicio finaliza cuando todos los jugadores recuperan otra vez sus posiciones iniciales.

Variante: Dos a cinco jugadores efectúan una competición individual. El ganador es el que llega primero, otra vez, a su posición inicial.

39. En un trayecto de 15 a 20 m se colocan de 3 a 4 conos. Los jugadores empiezan con la conducción de balón a lo largo de los conos, paran el balón en los conos con la planta y vuelven a seguir conduciéndolo; también en el trayecto de vuelta.

Competición con grupos de dos a cinco jugadores. ¿Quién recupera primero otra vez su posición inicial después del ejercicio?

Competición de relevos con dos a cinco grupos: Los primeros jugadores de cada grupo empieza después de una señal y paran el balón en cada cono, lo conducen de vuelta alrededor de la fila y lo entregan al siguiente. Gana el equipo cuyos jugadores ocupan primero sus posiciones iniciales.

40. Se traza una línea en forma de ocho con dos conos alrededor de los cuales los jugadores tienen que conducir el balón. Competición con cuatro balones. Cuatro jugadores, situados a igual distancia uno del otro, empiezan después de una señal con la conducción del balón. El jugador que es alcanzado y tocado con la mano por el siguiente, queda descalificado. Ha ganado aquel jugador que se mantiene hasta el final. El juego puede ser ejecutado también en sentido opuesto (Figura 18).

**Figura 18**

41. En el círculo de medio campo o bien en un círculo de tamaño parecido, de cuatro a seis jugadores conducen el balón. Uno es elegido cazador y tiene la tarea de dar con un tiro a uno de los jugadores o a su balón. Cada acierto cuenta un punto. Después de un minuto cambio de jugador. El jugador que más puntos obtiene gana la competición (Figura 19).

42. Un campo de 20 a 30 metros es dividido en el medio por una línea. Los jugadores se alinean por parejas a lo largo de ambos lados de la línea o eligen otras posiciones. Entre cada pareja se encuentra un balón. Un equipo es "negro" y el otro "blanco". Los jugadores del equipo que es llamado cogen el balón e intentan alcanzar a los jugadores del otro equipo que enseguida corren al otro lado del campo. Por cada jugador alcanzado el equipo reci-

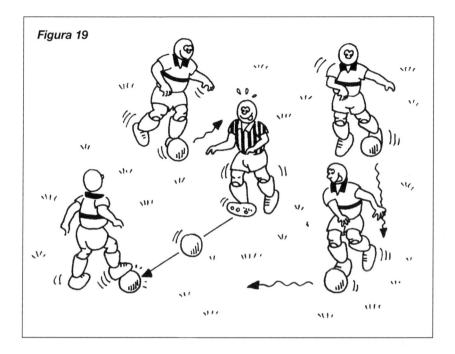

**Figura 19**

be un punto. El juego puede ser repetido varias veces. ¿Qué equipo obtiene el mayor número de puntos?

**Técnica y táctica de la conducción del balón bajo la presión del contrario**

En fútbol, casi nunca sucede que un jugador pueda conducir o controlar el balón sin la presión de un contrario. Por eso, en la formación básica la conducción del balón tiene que ser enseñada por medio de ejercicios aplicados a la competición. Si el atacante no es hábil en la disputa por el balón, no es capaz de llevar a cabo su conducción con éxito. La tarea del defensa es la de asimilar las técnicas y posibilidades tácticas del acoso y de la interceptación del balón. La manera de proteger el balón del atacante depende de la situación de juego concreta y se efectúa cubriendo el balón con el cuerpo o en el regate por medio de una finta.

### Conducción y control del balón ante un jugador contrario

El jugador tiene que proteger el balón ante el contrario con su cuerpo, interponiendo el cuerpo entre el contrario y el balón y conducir el balón con el pie más alejado del contrario.

– Moviéndose los jugadores en la misma dirección, el balón es conducido con el empeine exterior del pie más alejado del contrario, si el defensa interviene por atrás o lateralmente (Figura 20 a).

– Si el contrario ataca por delante, el balón es conducido con el lado interior o con el empeine interior haciendo un recorte lateral siguiendo la conducción después con el otro pie, para que el cuerpo se encuentre otra vez entre el balón y el contrario. (Figura 20 b)

**Figura 20 A**                          **Figura 20 B**

### Conducción del balón en combinación con fintas

Un defensa que está marcando con pressing sólo puede ser rebasado por medio de fintas. La protección de balón sola no es suficiente para rebasar al contrario. Los jugadores que son hábiles en el regate disponen de fintas eficaces para cada situación de juego. De esta manera, el repertorio del jugador no solamente es cada vez más variado y rico, sino también más eficaz. Las fintas son buenas cuando el jugador puede encubrir su verdadera intención con una finta de pase, tiro o de cuerpo. En la finta de tiro, el movimiento de golpear desvía la atención del jugador contrario y él reaccionará al tiro que espera. En la finta corporal, es importante que sea tan convincente que el defensa por ejemplo se mueva en la dirección previamente amagada. La finta de pase posibilita mantener el balón en juego o bien ganar tiempo para encontrar otra forma de continuar el juego. Las fintas que se pueden aplicar en la conducción de balón, hay que practicarlas de forma global en la conducción.

### • *FINTAS CON UN JUGADOR DELANTE O ACERCÁNDOSE*

### *Finta de recorte*

En el momento de aproximarse el contrario, se traslada el peso del cuerpo, por ejemplo, a la pierna izquierda, acto seguido el balón es atraído con el empeine interior derecho o bien al revés, si es necesario. Esta finta se emplea cuando el defensa se aproxima en carrera con gran velocidad (Figura 21a).

*Figura 21a*

### *Regate con finta del tronco*

El tronco se inclina hacia la derecha, la pierna izquierda sirve de apoyo al peso corporal; el balón se conduce con el empeine interior derecho hacia el lado izquierdo. También es ejecutable al revés. Estas fintas se emplean cuando el defensa se aproxima en carrera con un poco menos de velocidad (Figura 21b).

**Figura 21b**

## Finta pasando la pierna por encima del balón

Conduciendo el balón y aproximándose el contrario, se pasa por ejemplo el pie derecho por encima del balón –también el tronco se inclina hacia este lado–, luego se gira de repente hacia el lado opuesto. La pierna derecha se apoya en el suelo y el balón se conduce con el empeine interior del pie izquierdo hacia un lado. Esta finta se emplea cuando el jugador contrario se aproxima lentamente (Figura 21c).

**Figura 21c**

### Finta de parada

Si el contrario acosa por delante, se coge el balón con la planta, por ejemplo, del pie derecho y se continúa la conducción de balón con un giro en la misma dirección. Esta técnica puede efectuarse, naturalmente, también con el otro pie. La finta es empleada cuando el jugador contrario está enfrente y parado (Figura 21d).

*Figura 21d*

### Fintas con un jugador contrario corriendo por un lateral

Finta de parada deteniendo el balón Con la pierna más alejada del jugador contrario (en la figuraura la pierna derecha) se conduce el balón y se para brevemente al lado de la pierna de apoyo (aquí la zurda) con la planta del pie derecho y se continúa rápidamente con la conducción detrás del contrario o se efectúa un pase. Esto también es posible al revés. Esta finta es efectiva conduciendo el balón con velocidad (Figura 22a).

### Finta de parada con balanceo de la pierna

El balón se conduce con la pierna más alejada del contrario (aquí la derecha); luego se efectúa un movimiento como si se quisiera parar el balón con la planta del pie. Se balancea la pierna hacia ade-

**Figura 22a**

lante y luego hacia atrás continuando inmediatamente con la conducción del balón. Esta finta puede ser ejecutada con las dos piernas y se aplica a una velocidad más bien lenta (Figura 22b).

**Figura 22b**

### Pasar el balón entre las piernas ("túnel") o pasar el balón por un lateral ("pequeño puente")

Se pasa el balón por un lateral del contrario o por entre sus piernas ("túnel"), pasando al mismo tiempo por delante del contrario,

**Figura 22c**

continuando con la conducción. Esta finta puede ser ejecutada a un ritmo lento o desde parado (Figura 22c).

## Interceptación de balón

Cada jugador también tiene que aprender a robar el balón al contrario en función de cada situación de juego. Los medios técnico-tácticos de la disputa entre dos jugadores son los siguientes:
– Tackling básico
– El tackling de deslizamiento
– La carga

Ya que las reglas permiten el empleo del cuerpo y dado que uno de sus elementos más esenciales es la interceptación por carga, cada jugador tiene que aprender a usar reglamentaria y deportivamente la fuerza del cuerpo. El atacante emplea el cuerpo para mantener el dominio sobre el balón, mientras el defensa lo utiliza para obtenerlo

El atacante mantiene alejado a su contrario empujando con el cuerpo y el brazo pegado al costado. El defensa intenta de la misma manera lograr su objetivo empujando, tirando y golpeando con fuerza, según la situación dada. La carga es eficaz en el momento cuando el adversario en plena carrera traslada el peso de su cuerpo a la otra pierna. Así se le puede desequilibrar más fácilmente. El defensa trata de ocultar sus verdaderas intenciones y desviar la atención del atacante por medio de movimientos de engaño (Figura 23a).

### Adelantarse a la trayectoria del balón

El defensa trata de aprovecharse de aquel momento, en el que el atacante se adelanta demasiado el balón o bien no lo cubre lo suficiente para luego golpearlo. (Figura 23b)

Figura 23a                          Figura 23b

### Tackling de deslizamiento (Sliding tackling)

También esta forma de interceptar el balón es eficaz, si bien es un método arriesgado para el defensa. Requiere un buen tacto y una vista entrenada para sincronizar el momento justo de su aplicación.

Es importante que al aprendizaje del tackling de deslizamiento preceda la práctica de ejercicios de caída correspondientes. El sliding tackling se ejecuta oblicuamente desde atrás con la pierna exterior, más alejada del contrario. Se flexiona un poco la pierna de apoyo en la rodilla, la pierna ejecutora se desliza sobre el lado exterior del pie, y se toca el balón con la planta del pie. Esta ejecución es práctica cuando el balón se encuentra delante del jugador contrario (Figura 23c).

*Figura 23c*

### • INTERCEPTACIÓN DE BALÓN POR DELANTE

#### Método elemental de la interceptación de balón

La trayectoria del balón se bloquea con la parte interior del pie cuando se aproxima el jugador que conduce el balón; la pierna de apoyo está ligeramente flexionada; el lado interior de la pierna de juego golpea con fuerza el balón con el pie fijo, para llevárselo orientado a la propia dirección de carrera (Figura 24a).

**Figura 24a**

## Interceptar con la planta

Se efectúa con la rodilla ligeramente flexionada y la articulación del pie fija. Se levanta la punta del pie de la pierna ejecutora; la pierna ejecutora va al encuentro del balón; se pone el pie sobre el balón de tal manera que el talón toque el suelo. (Figura 24b)

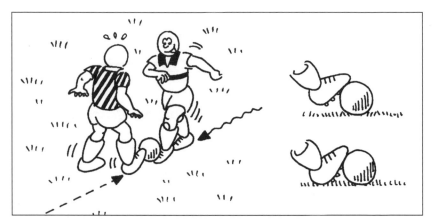

**Figura 24b**

## • *EJERCICIOS, COMPETICIONES Y JUEGOS*

43. Dos equipos con tres jugadores cada uno compiten entre sí. Se trazan tres líneas con una longitud de dos a cinco metros aproximadamente a la misma distancia una de la otra. El atacante conduce el balón e intenta pasar las líneas. En cada línea está situado un defensa. Tienen la tarea de robar el balón. A los defensas solamente les está permitido moverse en las líneas y solamente ahí tratar de interceptar el balón. El ejercicio se efectúa también a la vuelta, luego cambio de papeles. Cada vez que pase con éxito, el atacante recibe un punto. Gana el grupo que más puntos consigue (Figura 25).

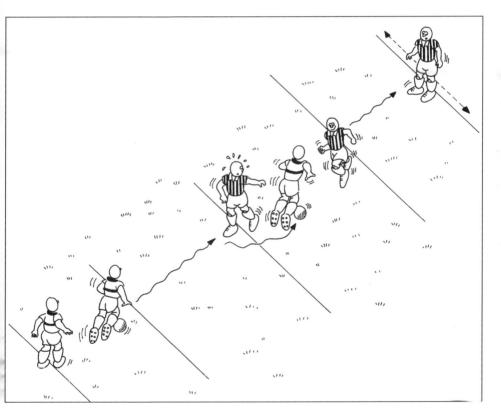

*Figura 25*

44. En el círculo de medio campo o bien en una zona de tamaño parecido juegan dos equipos con tres jugadores cada uno. Los jugadores de uno de los equipos tienen cada uno un balón y lo conducen libremente protegiéndolo. Los jugadores contrarios tienen la tarea de robar golpeando el balón, de interceptarlo mediante cargas o de empujar a los atacantes fuera del campo de juego. Por cada logro el defensa recibe un punto. Cambio de papeles después de haber pasado un minuto. ¿Qué equipo logra más puntos?

45. En el círculo de medio campo o en un campo de juego de tamaño parecido juegan tres equipos con tres jugadores cada uno. Cada equipo tiene un balón; todos los jugadores sin balón disputan su posesión. Tras una señal (por ejemplo silbato) todos tienen que parar, y el grupo que en este momento tiene el balón en su poder recibe cada vez un punto. Después continúa el juego. Gana el grupo que más puntos ha logrado.

46. Se colocan tres porterías. Juegan todos contra todos. También se puede jugar detrás de las porterías y se puede tirar a cada una de las porterías. Marcar gol sólo es posible por delante. ¿Quién consigue más goles?

47. Dos equipos con cuatro jugadores cada uno compiten entre sí. De cada equipo se sientan dos jugadores a una distancia de 10 metros en el césped. Las dos otras parejas juegan un uno contra uno. A una señal del entrenador, el jugador en posesión del balón trata de dar a uno de los jugadores sentados. Cada dos minutos cambian los papeles. ¿Qué grupo consigue más aciertos?

48. Juego de gatos y pases con finta obligatoria. En una zona previamente fijada de 10 a 15 ó 20 a 30 metros tienen que efectuar una finta previamente fijada antes de cada pase.

49. Juego sobre una portería. Marcar gol sólo es posible después de haber efectuado una finta fijada.

50. Tres a cuatro parejas juegan con varias porterías pequeñas. Las porterías están colocadas libremente en el terreno de juego. Las parejas pueden jugar sobre cada una de las porterías.

51. Partido en campo reducido con dos porterías. Por cada finta ejecutada con éxito, recibe el equipo un punto; si marca gol, dos puntos. ¿Qué equipo consigue más puntos?

52. Cada vez un atacante y un defensa juegan un uno contra uno. La tarea consiste en regatear al otro con una finta. ¿Quién lo logra más veces?

53. Desde una línea previamente marcada (10)m el atacante intenta conducir el balón entre una portería de 2 metros de ancho; el defensa tiene que impedirlo (interceptación por medio de carga, tackling de deslizamiento).
*Competición:* ¿Quién logra más acciones eficaces (después de un determinado tiempo o de un determinado número de repeticiones)?

54. El atacante conduce el balón desde una línea y trata de llegar a otra a 10 metros de distancia. Un defensa procura impedirlo por medio de interceptación, tackling o tackling de deslizamiento.
Competición: Tiro a portería 1 punto, marcar gol 2 puntos, Interceptación del balón dos puntos. Cambian de papeles después de cada 10 tentativas. ¿Quién consigue más puntos?

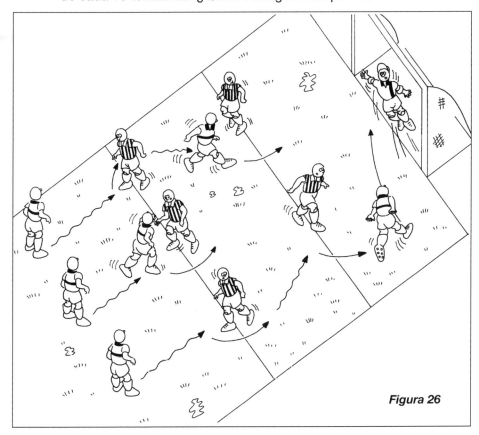

**Figura 26**

55. Los atacantes puestos dentro de un círculo de 6 a 8 metros de diámetro, se pasan el balón uno al otro. En el medio se encuentran dos defensas. El jugador al que le pasan el balón lo controla, trata de conducirlo a través de la línea del círculo hacia fuera y puede pasarlo ahora libremente a uno de sus compañeros dentro del círculo. Si uno de los defensas (cazadores) logra despejar o robar el balón, cambia la posición con el jugador que como último tenía el balón o bien quién cometió el error.

56. Seis jugadores juegan en una portería; tres atacantes, cada uno con un balón, arrancan al mismo tiempo, y al llegar a la primera línea, tres defensas, en una segunda línea dos defensas y al final el portero en el área tratan con los medios de la interceptación de balón de impedir el ataque o bien llegar a la posesión de balón. Tarea: Los jugadores tienen que driblar pasando las líneas de 10 metros de distancia aproximadamente, después pueden tirar a portería. Luego empieza el siguiente grupo de tres. Por cada interceptación de balón, los defensas reciben un punto; los goles marcados cuentan para los atacantes como punto. Los grupos cambian de papeles después de cada 10 tentativas. Gana el grupo que más puntos ha logrado (Figura 26).

57. Varias parejas juegan en un campo limitado una contra la otra. ¿Quién es capaz de robar el balón a su jugador contrario más veces en un minuto? Luego, cambio de papeles. En la competición por equipos se suman los puntos. ¿Qué equipo consigue más puntos?

## EL GOLPEO DEL BALÓN

El balón puede ser golpeado con el pie, con la cabeza o con otras partes del cuerpo según el reglamento. El golpeo del balón puede efectuarse al primer toque, tras una recepción, después de una conducción de balón, a balón parado en golpeos francos y por medio del saque de banda.

### Tipos de golpeos

Las clases de golpeos son un elemento principal de la técnica de fútbol. Son aplicables en casi cada situación de juego. Pueden ser empleadas eficazmente, cuando se asimilan múltiples formas y cuando se pueden aplicar de manera variada bajo la presión del contrario.

En la enseñanza teórica y en los ejercicios prácticos habría que tener en cuenta lo siguiente:

El golpeo debe ser exacto y debe tener la fuerza correspondiente a cada situación. En el momento del impacto, la articulación del pie debe estar fija. Los puntos esenciales de la técnica deben ser asimilados didácticamente por los jugadores. En balones aéreos tienen que anticipar (adelantarse mentalmente) las posibilidades del pase, o sea, la continuación del juego; ésta es la condición previa para una elevada velocidad de acción. Las formas de golpear el balón hay que practicarlas también en combinación con otros elementos técnicos. El entrenamiento individual frente a una pared, tirar contra una pared con un compañero es una actividad recomendable.

En el juego deberían emplearse las clases de golpeo de una forma variada. Balones rasos y aéreos pueden ser golpeados con distintas orientaciones, bien con un golpeo raso o con un golpeo por el aire; desde parado o en movimiento; con distintas formas de golpeo según cada situación de juego.

También la intensidad del golpeo es importante: Así que hay que tener en cuenta, por ejemplo en los pases, la distancia del contrario al compañero de juego. En el golpeo a portería prevalece un mayor número de disparos fuertes. La fuerza del golpeo depende de la velocidad del balón, de la velocidad de desplazamiento, de la potencia de la pierna ejecutora, así como de la superficie de contacto (clase de golpeo).

El golpeo se compone de la siguiente secuencia motriz:
– toma de posición hacia el balón (parado, en movimiento);
– balanceo hacia atrás de la pierna realizadora;
– impulso de la pierna ejecutora al balón;
– el golpeo;
– balanceo posterior de la pierna ejecutora (acompañamiento del balón).

En los pases a ras del suelo o tiros a portería hay que tener en cuenta lo siguiente:
– En el momento del contacto, el balón tiene que encontrarse al lado de la pierna de apoyo, para que la pierna de contacto que se

balancea hacia adelante como un "péndulo" dé bien en el balón (Figura 27a).

– El cuerpo se inclina al mismo tiempo hacia adelante por encima del balón (Figura 27b). En los balones aéreos hay que tener en cuenta lo siguiente:

– El balón tiene que encontrarse delante de la pierna de apoyo para que la pierna que se balancea hacia adelante como un péndulo dé en el balón en el momento de la subida (Figura 28a).

– El tronco se inclina ligeramente hacia adelante (Figura 28b).

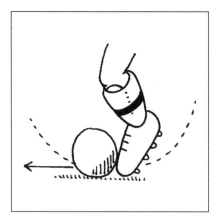

**Figura 27a**

**Figura 27 b**

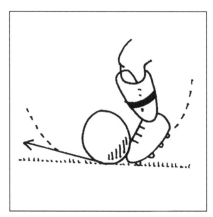

**Figura 28a**

**Figura 28b**

## ENSEÑANZA DE LOS TIPOS DE GOLPEOS SIN JUGADOR CONTRARIO (PASE EN CORTO Y EN LARGO)

Para el juego de pases cortos son apropiados el golpeo con el lado interior o exterior.

### Golpeo con el lado interior

Esta forma se utiliza para las entregas precisas y cortas y es el golpeo más sencillo pero también el más utilizado. Por eso se enseña esta variante primero. El pie de contacto se gira perpendicularmente a la pierna de apoyo hacia afuera, y el balón es golpeado en el centro con el lado interior (Figura 29a).

Figura 29a

### Golpeo con el lado exterior

Este golpeo también es apropiado para el juego de pases cortos, ya que requiere poca preparación. Con ello puede efectuarse un pase sorprendente y rápido. Se gira el pie ejecutor adentro y se le inclina un poco; se toca el balón con el exterior del pie, con un ligero impulso desde la parte inferior de la pierna (Figura 29b).

**Figura 29b**

## Balones aéreos

Si el pase corto a ras del suelo puede ser cortado por el contrario, es más oportuno superarlo con un balón aéreo. Esta forma es apropiada también para superar la salida del portero. Con ello, el balón tiene que coger una trayectoria alta y es golpeado suavemente con la parte interior del pie o el empeine interior (Figura 29c y d).

**Figura 29 c**

**Figura 29 d**

## *Pases largos*

Los pases largos son apropiados para envíos a larga distancia: El golpeo puede efectuarse con el interior o exterior o bien con el empeine del pie. Los balones que llegan a ras del suelo pueden enviarse como balones aéreos (Figura 30a); a balones aéreos se puede dar una trayectoria a ras del suelo (Figura 30b); los balones aéreos también pueden ser transmitidos a bote pronto (Figura 30c); también pueden ser enviados o devueltos como tales (Figura 30d).

*Figura 30 a*

*Figura 30b*

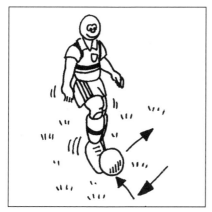

*Figura 30c*

*Figura 30d*

### Golpeo con el empeine total

El golpeo más fuerte es con el empeine total. Por eso, este tipo de golpeo es empleado la mayoría de las veces en los envíos a grandes distancias y en el tiro a portería. El pie de impacto está estirado, la pierna ejecutora describe un marcado movimiento de impulso, y el balón es golpeado con la parte media del pie (zona de contacto = empeine total); lo importante es que el golpeo se produce en el centro del balón (Figura 31a). Los niños y principiantes golpean fácilmente el suelo, a causa de una incorrecta posición del pie y deberían efectuar antes algunos ejercicios de preparación:

– Primero golpear el balón sujeto con la mano
– luego, tras un bote y de volea y
– finalmente, a bote pronto.

*Figura 31a*

### Golpeo con el empeine interior

Esta variante se utiliza muchas veces para pasar a grandes distancias y en el tiro a portería. Se puede golpear el balón para que lleve una trayectoria aérea o con efecto. El pie se gira ligeramente hacia afuera y el balón se golpea con el empeine interior en el lateral justamente al lado del centro (figura 31b).

*Figura 31b*

### Golpeo con el empeine exterior

Sus posibilidades de aplicación corresponden a las del golpeo con el empeine interior. El pie se gira un poco adentro; se golpea el balón en su parte interior justamente al lado del centro con el empeine exterior (Figura 31c).

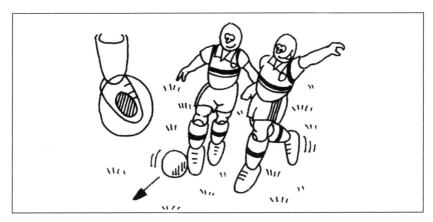

*Figura 31c*

## Pase en profundidad

Es un golpeo duro, largo y a ras del suelo. Este golpeo desempeña un gran papel en el fútbol moderno en cuanto a la aceleración del juego. También puede ser golpeado como balón aéreo. Los pases diagonales cambian la orientación del ataque y tienen por eso una importancia decisiva.

Los centros y envíos desde la banda se efectúan en la mayoría de los casos como balones aéreos después de un dribling concluido con éxito y de una jugada por la banda; por ello los centros medio altos y fuertes, jugados con efecto, reciben en el fútbol moderno cada vez mayor importancia. En los despejes no solamente es importante la precisión, sino también el acto inmediato así como el golpeo rápido del balón.

## Golpeo a portería

Son decisivas en el disparo a portería la precisión y la ejecución potente del golpeo. Pero la potencia no debe ser a expensas de la precisión. Los disparos rasos pueden practicarse a una portería baja (la altura se puede indicar por medio de una cuerda, o se pone una portería portátil boca abajo). En el partido puede que un disparo preciso, bien pensado o sorprendente tenga más éxito que uno duro y señalizado antes.

Éste puede ser un tiro colocado o con efecto pero también picado. De vez en cuando también hay que encontrar una solución improvisada.

## Golpe franco

Puede ser ejecutado de muchas maneras y formas. Con un golpeo rápido, medio alto o alto. Si el objetivo es un lanzamiento directo a portería, la ejecución difiere naturalmente de la del golpe franco en medio del campo de juego. Este lanzamiento tiene que ejecutarse con más precisión. El jugador procurará aprovechar un error en la colocación de la barrera, del portero, etc. o lanzar el balón por encima de la barrera. Estos balones pueden ser lanzados con efecto, a ras del-suelo, medio alto o alto y fuerte.

### Saque de esquina

Normalmente se lanza el balón ligeramente por encima de la altura de la cabeza, medio alto o raso, duro delante de la portería.

### Penalti

Se lanza el balón a ras del suelo, medio alto o alto.

### Saque de portería

A veces se toca el balón en corto, pero por regla general en largo como balón aéreo.

### Tipos de golpeos menos usuales

En el juego ocurre que el balón no puede ser golpeado con las variantes de solución generalmente conocidas. En tal caso, la situación momentánea requiere "un golpeo ineludible" de rápida ejecución.

### La "puntera" (golpeo con la punta)

Si no hay otra solución, se puede golpear el balón también con la punta de pie. A veces también puede resultar eficaz utilizar este golpeo en un campo embarrado.

### Golpeo con el talón

Este golpeo se utiliza sobre todo como engaño. El jugador que conduce el balón "arrastra" a su contrario. En un momento apropiado, dejando el balón un poco tras de sí, efectúa un toque suave con el talón hacia atrás.

### Golpeo con la suela

Este golpeo se utiliza para crear situaciones inesperadas y sorprendentes, sobre todo si el balón se encuentra un poco adelantado al jugador. El balón que viene es transmitido directamente con la planta del pie hacia adelante. Este golpeo es apropiado tanto para el pase como para el tiro a portería. Puede ser ejecutado desde parado o en movimiento.

### Golpeo con el muslo

También este golpeo resulta eficaz, cuando el balón en un espacio reducido ya está muy cerca y llega desde arriba en un ángulo relativamente recto. El balón ha de ser golpeoado y enviado con el muslo por encima de la rodilla. Se utiliza tanto como pase como para el lanzamiento a portería (más raras veces).

## ENTRENAMIENTO DE LA TÉCNICA Y LA TÁCTICA DE LOS TIPOS DE GOLPEOS CON EL CONTRARIO

El golpeo preciso y bien sincronizado no es una tarea fácil. El grado de dificultad aumenta notablemente cuando el golpeo tiene que ser efectuado bajo la influencia del contrario más o menos activa. En la disputa por el balón con el jugador contrario se tiene que asegurar una postura que generalmente posibilite la ejecución eficaz de un golpeo, no importa si la continuación se efectúa directamente, tras una recepción, una conducción de balón o bien después de una finta.

### Protección del tiro y el balón

En el momento del golpeo, el jugador tiene que situarse entre balón y jugador contrario de tal manera que todavía es posible una ejecución eficaz del golpeo. Hay que bloquear al jugador contrario el camino hacia el balón con el cuerpo o bien con las piernas. Para mantener alejado el cuerpo del contrario,se inclina el cuerpo en la dirección correspondiente. Resulta siempre favorable golpear el balón con el pie que está más alejado del contrario (Figura 32a).

Jugando al primer toque se puede proteger el balón del contrario ocupando antes ya una posición propicia (Figura 32b). Si se quiere reenviar el balón después de una recepción o semiparada, hay que recepcionarlo, o sea, controlarlo ya "girado" hacia la dirección en la

**Figura 32a**　　　　　　　　**Figura 32b**

que se quiere continuar el juego. Con esto se posibilita un rápido re-envío del balón. Resulta favorable si en el lanzamiento a portería, el pase, etc. se prepara la conducción de balón con una finta.

### Combinación de diferentes tipos de golpeos y fintas

Tampoco en los pases se puede renunciar a las fintas. El jugador que está en posesión del balón, por ejemplo, intenta procurarse con el amago de un movimiento de golpeo una favorable posición inicial para su acción.

### Pase con finta corporal

El jugador va al encuentro del balón como si lo quisiera recibir y lo envía a la dirección contraria (Figura 33a).

### Pase con finta de golpeo

Antes de la recepción o durante la conducción del balón, el juga-dor amaga un golpeo, para luego enviar el balón intencionadamen-te, si el contrario reacciona, a otra dirección (Figura 33b).

**Figura 33a**

**Figura 33b**

## Presionar y acosar en el pase

Si el atacante quiere reenviar el balón al primer toque, se le puede impedir esta intención por medio de una buena colocación así como de un acoso antes o en el momento del golpeo. Si esto no da resultado, aun así el defensa tiene que intentar influir en la acción del atacante, impedirla o luchar por ello. Resulta decisivo si le deja al jugador contrario poco tiempo para la ejecución del golpeo. Solamente el acoso es muchas veces ya un medio táctico eficaz. Muchos jugadores se dejan impresionar sólo por la cercanía del contrario, de tal manera que esto repercute sobre la ejecución motriz de la acción. Se puede intentar impedir el pase empleando el cuerpo reglamentariamente.

Esto supone el adelantamiento (la anticipación) a la ejecución motriz (dirección de envío, clase de golpeo, etc.). Si no hay otra posibilidad, hay que "cerrar" primero el trayecto del balón, obstaculizarlo. El defensa también tiene la posibilidad de apoyar su acción por medio de una finta, por ejemplo: Ofrece a propósito la posibilidad de pase y ello lo impide en el último momento. Otra posibilidad consiste en que el defensa pueda amagar la intención de una entrada; mientras el contrario se prepara para ello, gana tiempo para otra acción posterior.

En los capítulos de recepción y de control del balón se presentaron suficientes ejercicios, juegos y competiciones para el entrenamiento de los diferentes tipos de golpeos.

## Golpeo de cabeza

En el fútbol moderno, el cabeceo contribuye a un ritmo más rápido de juego, ya que el jugador no tiene que esperar el bote del balón en el suelo. El juego de cabeza también se utiliza para el reenvío de balones altos, para el lanzamiento a portería, para la defensa de envíos altos o bien centros y como golpe de despeje. La técnica elemental del golpeo de cabeza: El jugador ocupa su posición inicial con los pies abiertos hacia los lados y con las rodillas ligeramente flexionadas, el tronco lo inclina un poco hacia atrás y cabecea el balón con un movimiento rápido del tronco (movimiento de todo el cuerpo) hacia adelante dejando la musculatura del cuello en tensión (mentón ligeramente hacia abajo).

El cabeceo se efectúa en la mayoría de los casos con el frontal, que es la parte más dura del cráneo, y su superficie plana favorece la precisión en el golpeo de cabeza. El jugador puede seguir la trayectoria del balón con los ojos. En el entrenamiento de base (principiantes e iniciados) hay que prestar una especial atención al empleo de las distintas partes de la frente, porque el cabeceo con otra parte de la cabeza puede ser doloroso, lo que puede afectar negativamente la actitud hacia el juego de cabeza.

El balón puede ser cabeceado hacia adelante, hacia los lados y hacia atrás. La técnica se utiliza en balones aéreos, con balones que llegan a la altura de la cabeza, y balones medio altos.

El objetivo del golpeo de cabeza puede ser el pase o el lanzamiento a portería; puede ser ejecutado con el frontal o con el parietal, parado o en salto, con y sin carrera de arranque. La intensidad del golpeo de cabeza depende de la correcta ejecución técnica, de la velocidad que lleve el balón, o bien de si puede ser efectuado con o sin arranque, parado o en salto.

### Secuencia motriz del golpeo de cabeza

– Toma de la posición inicial;
– Inclinación del tronco hacia atrás desde la cadera (tensión en arco);
– Lanzamiento explosivo del tronco desde la cadera hacia adelante;
– Cabeceo del balón llevando rápidamente la cabeza hacia adelante desde la zona del cuello;
– Tronco y cabeza acompañan la trayectoria del balón.

## ENTRENAMIENTO DEL GOLPEO DE CABEZA SIN CONTRARIO

### Golpeo de cabeza desde parado

En posición lateral y con las piernas abiertas se inclina el tronco desde la cadera hacia atrás y luego se le pega al balón con la cabeza con un balanceo fuerte desde la cadera (Figura 34a).

### Golpeo de cabeza dinámico

Se adopta la postura para el golpeo de cabeza dinámico y se ejecuta la secuencia motriz igual que en el golpeo de cabeza desde parado.

**Figura 34a**

## Golpeo de cabeza en salto

Un balón que llega por encima de la altura de la cabeza solamente puede ser alcanzado con un salto. El salto puede efectuarse desde parado o en movimiento. El salto desde parado se hace con las dos piernas y en carrera la batida se efectúa con una pierna; se parte en ambos casos con las dos piernas. La técnica de cabeceo por sí misma corresponde en sus puntos esenciales al golpeo de cabeza desde parado (Figura 34b).

*Figura 34b*　　　　　　*Figura 34c*

## Golpeo de cabeza de despeje

Se emplea como acción defensiva sobre todo cuando se trata de enviar el balón tan lejos como sea posible de la zona de peligro. Aquí no resulta decisiva la precisión, sino la distancia del golpeo de cabeza. Con las piernas separadas se gira lateralmente en la dirección del balón que viene; el tronco se inclina hacia el lado y se le pega al balón con la parte inferior de la frente. Luego se acompaña el balón con la cabeza y el tronco (Figura 34c).

## • EJERCICIOS, COMPETICIONES Y JUEGOS

58. Se colocan dos filas de tres jugadores una enfrente a la otra a una distancia de 6 a 8 metros. El primero lanza el balón al juga-

dor de enfrente, el cual lo devuelve al tercer jugador mediante un golpeo de cabeza. 1 y 2 cambian los sitios en el juego. El tercer jugador atrapa primero el balón y reinicia el ejercicio de nuevo. Los jugadores de buen nivel pueden devolver el balón directamente mediante golpeo de cabeza.

*Forma de competición:* En grupos de tres jugadores. Dos jugadores se ponen uno al lado del otro; uno lanza el balón arriba, lo cabecea al jugador de enfrente y corre enseguida al sitio del compañero, quien devuelve el balón con un golpeo de cabeza y corre también al lado opuesto. El juego continúa hasta que un jugador cometa un error y el juego se interrumpa. Gana el equipo que más tiempo mantiene el juego (Figura 35).

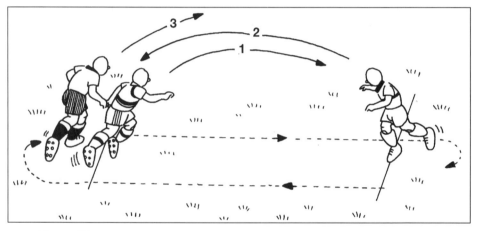

**Figura 35**

59. Los jugadores se ponen enfrente en dos filas. A aproximadamente 5 metros de ellos se pone un pasador. Los jugadores pasan junto a él uno por uno y le devuelven el balón mediante un golpeo de cabeza, para incorporarse al final de la fila opuesta. El ejercicio se efectúa en ambas direcciones (Figura 36).
60. Dos grupos compiten entre sí. En el medio se ponen dos jugadores que pasan el balón a sus compañeros de juego. Los otros (2 a 4) corren alrededor de las marcas puestas a 10 metros de distancia una de la otra y devuelven el balón mediante golpeo de cabeza. ¿Qué grupo ejecuta la tarea más rápidamente cabe-

***Figura 36***

ceando 5 veces? Luego se cambia el sentido de la carrera. Después se efectúa un cambio de papeles (Figura 37).

61. Corriendo suavemente por parejas, un jugador lanza el balón y el otro lo cabecea de vuelta. Corriendo para atrás cabecea el otro jugador; después cambio de papeles.

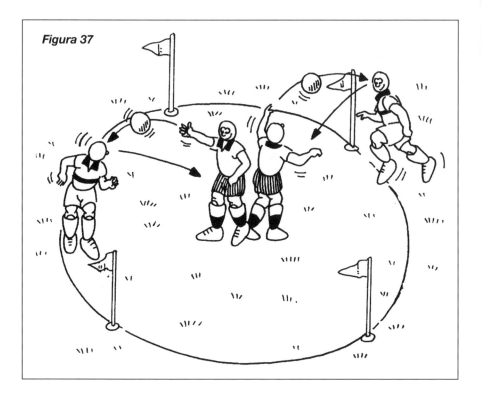

**Figura 37**

*Competición:* Las parejas ejecutan la tarea en carrera de ida y vuelta con la trayectoria previamente fijada, luego, cambio de papeles. El trayecto tiene que ser recorrido por lo menos cinco veces. ¿Qué pareja llega primero a meta?

62. Juego de cabeza 2 : 2. En un campo marcado (por ejemplo, el área de 16 metros) se trazan porterías de 8 a 10 metros de ancho. Una de las parejas empieza desde la propia línea de fondo a cabecearse el balón con el objetivo de adentrarse en la mitad de la pareja contraria o de marcar gol. El balón únicamente puede ser jugado tras recepción con las manos. No se puede impedir un gol con las manos. Los goles son válidos solamente hasta la altura de la cabeza. ¿Qué pareja consigue más goles?

63. Dos a tres parejas compiten entre sí. Un jugador lanza el balón a otro jugador que se encuentra detrás de una cuerda tendida o de una red, salta y cabecea de vuelta el balón a su compañero. Cada tentativa que tiene éxito significa un punto. Cambian de

papeles después de 10 tentativas. ¿Qué pareja consigue más puntos? Para aumentar el grado de dificultad de una forma de competición, se puede variar también la altura de la cuerda o de la red. Si no se consigue concluir tres tentativas a la misma altura con éxito, se queda descalificado. ¿Qué pareja queda al final?

### ENTRENAMIENTO DE LA TÉCNICA Y TÁCTICA DEL JUEGO DE CABEZA CON EL CONTRARIO

El control del balón del equipo, o sea, la continuación del juego en balones aéreos puede efectuarse muchas veces solamente con la disputa de dos jugadores en el juego de cabeza. Sobre todo delante de la portería, estas luchas por el balón resultan ser muy disputadas. Para un juego de cabeza eficaz no basta con dominar la técnica, sino también la disputa ingeniosa y práctica con el contrario debe ser aprendida.

La disputa por el balón requiere una capacidad de anticipación bien desarrollada y perspicacia en la colocación. Mantener una disputa con éxito exige destreza en el empleo del cuerpo, una capacidad de percepción rápida de la situación de juego, una velocidad de acción elevada, una batida a tiempo (Figura 38a). El salto sincronizado (timing) garantiza el éxito de la acción (Figura 38b). Resulta

**Figura 38a**

**Figura 38b**

decisivo que el jugador alcance el balón antes que el
contrario, independientemente
si se mira esto del punto de
vista del defensa o del atacante (Figura 38c).

### • FORMAS DE
### COMPETICIÓN

64. Dos parejas compiten entre
    sí. Uno de los jugadores
    lanza el balón a su compa-
    ñero quien trata de devolver

**Figura 38c**

el balón con golpeo de ca-
beza, mientras que la pareja que defiende trata de impedirlo.
¿Cuántos aciertos logran de 10 tentativas? Después cambio de
papeles en la pareja y, luego, también entre las parejas.

65. Cada vez tres parejas compiten una con la otra. Se colocan co-
    mo grupo. El entrenador o un jugador envía el balón alto. Los
    jugadores se disputan el balón y lo devuelven mediante golpeo
    de cabeza. Después de la devolución, un jugador del otro equi-
    po tiene que ser eliminado de la competición. El ejercicio conti-
    núa hasta que al final queda solamente un grupo. El grupo gana-
    dor recibe por jugador en juego un punto. Se repite varias veces
    la competición. ¿Qué grupo alcanza la mayor puntuación?

66. Dos parejas compiten una con la otra. De cada pareja un juga-
    dor cabecea y el otro es pasador. Los pasadores corren por el
    lado izquierdo y derecho de los dos defensas. Un pasador
    empieza y envía el balón a su compañero, quien trata de alcan-
    zar el balón y de cabecearlo a portería. Pero es acosado en esta
    acción por su adversario. Si logra cabecear, recibe un punto,
    mandando a la portería dos puntos y metiendo gol cinco puntos.
    Luego empieza el otro jugador por el otro lado de la misma for-
    ma enviando el balón a su compañero. Intercambio de papeles
    en cada pareja después de cada 10 tentativas. ¿Qué pareja con-
    sigue más puntos.

67. Dos grupos de tres jugadores cada uno juegan en una portería
    con portero neutral. De cada grupo un jugador es pasador y dos
    jugadores intentan cabecear a portería. Los jugadores contrarios

los acosan activamente. Después de diez tentativas cambian los pasadores. Con cada cabezazo logrado en dirección de la portería reciben un punto y si meten gol, tres puntos. ¿Qué grupo consigue más puntos?

68. Tres equipos con tres a cuatro jugadores cada uno juegan sobre la portería con porteros. Los jugadores de un grupo se cabecean el balón entre sí acercándose a la portería con el objetivo de conseguir un gol. En ello son acosados activamente por los jugadores de los otros grupos. Cada jugador puede recibir el balón o intentar robarlo disputándolo a otro jugador. El jugador que logra esto, lanza después el balón con las manos al aire y continúa el juego con golpeo de cabeza. Los goles solamente pueden ser metidos tras un pase por medio de un cabezazo. Cuando los jugadores contrarios logran la posesión del balón, atacan de la misma manera. ¿Qué equipo consigue más goles en un tiempo determinado?

## El saque de banda

El saque de banda no pertenece a los elementos técnicos más importantes del fútbol. Su secuencia motriz técnicamente correcta tiene que ser aprendida tanto como su utilización como medio táctico. El saque de banda largo y preciso en la zona de ataque puede, ya que la regla del fuera de juego está anulada, conllevar ventajas tácticas al equipo atacante.

## TÉCNICA DEL SAQUE DE BANDA

### Saque de banda desde parado

Con las piernas lateralmente separadas, se lleva el balón con las dos manos por encima de la cabeza y el tronco en línea con los brazos hacia atrás. Con un movimiento explosivo del tronco y de los brazos se lanza el balón hacia adelante (Figura 39a).

### Saque de banda dinámico

Si la intención es lanzar el balón lejos, se ejecuta el saque de banda con algunos pasos de arranque. Con los últimos pasos se

**Figura 39a**

**Figura 39 b**

lleva el balón por encima y detrás de la cabeza y se lo lanza desde
la posición de parada en dos tiempos hacia adelante (Figura 39b).

## • FORMAS DE COMPETICIÓN

69. Dos a tres jugadores compiten uno con el otro. Desde una dis-
    tancia determinada lanzan el balón por turnos contra una pared.

Quien logra el lanzamiento, va un paso más atrás y lanza desde ahí. El que no consigue dar a la pared, queda eliminado. ¡Quien queda al final, ha ganado!

70. Dos filas enfrentadas se colocan a una distancia de 10 a 15 metros una de la otra. El primero de un grupo lanza el balón al de enfrente por medio de un saque de banda reglamentario. Éste para el balón en la línea con la planta, lo recoge y devuelve el lanzamiento. Después, estos jugadores van al final de su fila. Dos a tres grupos pueden ejecutar esta tarea también como forma de competición. Tras el saque de banda corren al final de la fila opuesta. Gana el equipo que primero se coloca otra vez en la formación inicial. (También se puede hacer que a cada uno le toque dos veces. El último lanza el balón al primero de la fila opuesta.) Los saques de esquina efectuados antirreglamentariamente tienen que ser repetidos.

71. Dos parejas juegan sobre una portería en un campo de juego reducido. Un componente de la pareja de defensas es el portero, quien, eso sí, no puede defender con la mano. Uno de los atacantes empieza con un saque de banda a su compañero. Este trata de parar o controlar el balón, de desmarcarse del defensa que hace una oposición activa, y de tirar a portería. Si lograefectuar esta acción, la pareja recibe un punto; si consigue el gol, tres puntos. Los componentes de la pareja cambian de papeles tras 10 saques de banda, y luego cambian las parejas (Figura 40).

72. Saques de banda largos con tres pasos de arranque. Si el balón pasa la línea de fondo del campo de los jugadores contrarios, cuenta como gol.

73. ¿Quién lanza más lejos un balón medicinal desde parado o con arranque? De 10 tentativas puntúa el mejor.

## TÉCNICA Y TÁCTICA DEL JUEGO DEL PORTERO

### El papel y las tareas del portero

El portero es una pieza clave del juego. Con frecuencia depende sólo de él si un equipo consigue un gol en contra o no. Sin embargo, sabemos por experiencia que a los niños les gusta más jugar fuera que dejarse meter a la portería. En la infancia y en la pubertad,

**Figura 40**

la tarea del entrenamiento de fútbol no consiste todavía en especializar a los niños para determinadas posiciones, sino en darles una formación polivalente. Por eso, cada jugador de base debería, también, desempeñar el papel de portero alguna vez en un partido de entrenamiento. Así se garantiza que todos los jugadores adquieran las necesarias capacidades físicas y psíquicas a través de un entrenamiento general por medio del juego. Ya que las tareas del portero difieren de las del jugador de campo, naturalmente tiene que ser formado también especialmente. Sus cualidades físicas y psíquicas necesarias para la resolución de las tareas tienen que ser desarrolladas específicamente. A continuación se explican los elementos técnicos y tácticos más importantes del juego del portero. Pero al mismo tiempo también llamamos la atención sobre el libro de György Hargitay que trata del entrenamiento moderno del portero y fue editado en 1975 y 1980 en Hungría y también en 1983, en lengua alemana, por la editorial deportiva Berlín.

## ENTRENAMIENTO DE LA TÉCNICA DEL PORTERO SIN JUGADOR CONTRARIO

Los elementos básicos de la técnica del juego de portero primero han de entrenarse sin adversario.

### Colocación

La colocación se efectúa en dirección lateral, hacia adelante y hacia atrás con el objetivo de acortar el ángulo con respecto al jugador contrario y al lanzamiento inminente. Siempre se lleva a cabo con cortos pasos laterales, abriendo ligeramente las piernas y flexionando un poco las rodillas, en función del balón y del jugador que conduce (Figura 41).

**Figura 41**

### Recogida del balón

Atrapar el balón es la defensa más segura; puede efectuarse poniendo las manos en forma de copa o agarrando el balón.

*Presa de copa:* El balón es cogido por el lado vuelto hacia el cuerpo, con los dedos de ambas manos extendidos formando "una copa" (Figura 42a). Según la dirección que lleva el balón se distinguen la presa de copa baja, alta y aérea.

*Presa de agarre:* Con los dedos ligeramente separados y llevando las manos al encuentro del balón, se amortigua la velocidad y el choque del balón dejandolo girar sobre las palmas de la mano vueltas ligeramente hacia arriba y retraídas, y a lo largo de los antebrazos en dirección al pecho, para apretarlo finalmente con los brazos al cuerpo. Se distinguen las presas de agarre inferior, a media altura y superior.

La recogida del balón a ras del suelo se efectúa flexionando el cuerpo hacia adelante o en la postura semiarrodillada por medio de la presa de agarre inferior (Figura 42b).

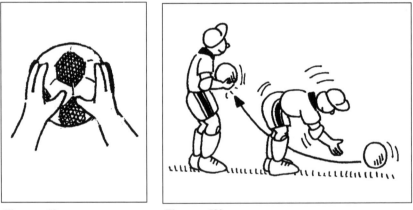

**Figura 42 a**          **Figura 42b**

Un balón que llega a media altura se coge adoptando la postura básica –yendo al encuentro del balón con las dos manos– con el tórax encogido, utilizando una presa de agarre a media altura (Figura 42c).

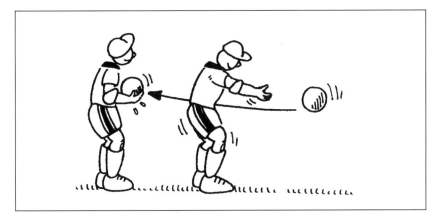

**Figura 42 c**

Los balones que llegan por alto se cogen o desde parado o en salto. La batida puede efectuarse con una o con ambas piernas, llevando los brazos y las manos al encuentro del balón; éste es cogido con la presa de copa por alto y en seguida protegido por la presa de agarre superior (Figura 42d y e).

**Figura 42d**                    **Figura 42e**

## Estirada a ras del suelo

Los balones disparados a ras del suelo que van por el lateral del cuerpo son atrapados con las manos, en caída sobre el costado, con el cuerpo y los brazos estirados. El portero rueda sobre el suelo empezando por encima del exterior del pie, parte inferior y superior de la pierna así como de la cadera. El balón es parado con la palma de la mano del brazo que está en el suelo, mientras la otra mano lo sujeta por detrás para efectuar después una presa de agarre protegiendo así el balón (Figura 43a).

## Estirada en salto hacia balones a ras del suelo

La estirada en salto sirve para parar balones disparados a ras del suelo que van a las esquinas de la portería. El movimiento empieza con la pierna contraria a la orientación de ataque del jugador o bien dirección de vuelo que lleva el balón (paso cruzado/paso de traslación/paso lateral intermedio); la otra pierna se flexiona en la rodilla y el salto se efectúa en dirección del movimiento, deslizándose el portero sobre el exterior del pie. El balón es protegido como en la estirada a ras del suelo (Figura 43b).

*Figura 43a*

**Figura 43b**

### Estiradas en salto hacia balones medio altos o altos

Los balones medio altos o altos colocados más lejos por el lateral del portero, únicamente pueden ser alcanzados por él tirándose. El portero efectúa la batida con la pierna que esta puesta en dirección del balón y atrapa el balón con la presa de copa aérea; en el momento de chocar el cuerpo contra el suelo protege el balón en seguida con una presa de agarre. Resulta importante que se les enseñe a los jugadores atenuar el choque contra el suelo. Por eso, antes de tirarse hay que aprender cómo rodar y deslizarse sobre el suelo.

### Despeje de puño y desvío del balón

Esta técnica es empleada, cuando no hay ninguna posibilidad de atrapar el balón. Es un método inseguro, pero al mismo tiempo en el juego rápido y moderno, según cada situación, un medio táctico necesario.

*Despeje de puños con ambas manos:* Después de la batida con una pierna, el balón es despejado con los puños vueltos uno hacia el otro estirando fuertemente los codos (Figura 44)

**Figura 44**

*Despeje de puño con una mano:* El balón que viene por un lateral, generalmente es despejado con una batida, lateralmente desde abajo hacia arriba con el lado del puño opuesto al balón que llega.

### Desvío del balón

Con las palmas de la mano se empujan balones de disparos duros, desviándolos con una estirada fuerte del codo y acompañamiento de las manos. Balones rasos y medio altos se desvían con el brazo más cercano del balón y balones altos con el brazo contrario.

### Saque de portería

El saque de portería a balón parado se lleva a cabo con el empeine interior, o con la mano con el empeine total. El lanzamiento del balón con la mano se efectúa en la mayoría de los casos como lanzamiento en apoyo o "lanzamiento de gancho".

### • FORMAS DE COMPETICIÓN Y DE JUEGO

74. Dos jugadores se envían dos balones al mismo tiempo y tienen que recogerlos o atraparlos. Uno de ellos pasa balones a ras del suelo y el otro los lanza alto. ¿Quién comete primero un error?

75. Dos porteros se tiran balones desde el punto de penalti o desde la línea de los 16 metros (uno tras otro). Tiran desde parado, tras conducción de balón y a bote pronto. ¿Qué portero recibe menos goles?

76. Dos porteros compiten uno con el otro. En una línea que está a una distancia de 12 a 15 metros de la portería se colocan 3 a 5 balones con 2 metros de distancia entre uno y otro. Un portero empieza a disparar a puerta tan dura, rápida y precisamente como pueda, mientras el otro portero intenta desviar todos los balones que le sean posible. Después cambio de papeles. ¿Quién ha tenido que encajar más goles?

77. Tres jugadores se pasan el balón. En el medio del círculo un portero tiene que defender un triángulo cuyos lados tiene de 3 a 5 metros de longitud. Los atacantes se pasan el balón libremente y tiran en el momento apropiado a la "portería-triángulo". La tarea del portero es la de impedir la consecución del gol, no pudiendo pasar por el espacio marcado por las banderolas, sino circulando alrededor de las banderolas. Cada tres minutos se intercambia al portero. ¿Quién ha tenido que encajar menos goles (Figura 45)?

78. Dos atacantes se pasan el balón a la altura del punto de penalti o de la línea de 16 metros a una distancia de 5 a 10 metros. El portero tiene que colocarse adaptando su posición a cada situación (posición del balón), para impedir que logren meter un gol. Los atacantes tiran a portería en el momento apropiado. Cada 5 minutos se realiza un cambio de papeles. ¿Qué portero encaja menos goles?

### ENTRENAMIENTO DE LA TÉCNICA Y TÁCTICA DEL PORTERO CON EL ADVERSARIO

Frecuentemente el portero tiene que salir de la portería, para tirarse delante de un atacante en la defensa del balón o para cortar un pase en profundidad. Del mismo modo tiene que defender centros y balones centrados por medio de salidas o tiene que defender en salto balones aéreos acosado por los atacantes y defensas. La "práctica" de estas situaciones se lleva mejor a cabo por medio de formas de juegos y ejercicios aplicados a la competición, practicando al mismo tiempo el lanzamiento a portería y el juego de cabeza.

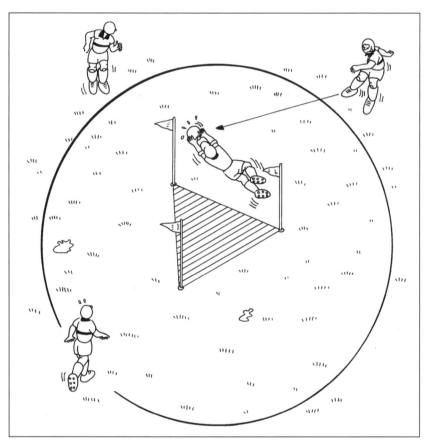

**Figura 45**

# • *FORMAS DE COMPETICIÓN Y DE JUEGO*

79. Dos atacantes y dos porteros juegan en una portería y compiten unos contra otros. Uno de los atacantes conduce el balón desde distintas direcciones y distancias hacia la portería. El portero sale y trata de parar el balón con el pie o tirándose. Luego resuelven esta tarea el otro jugador con el otro portero. ¿Qué portero ha encajado menos goles?

80. Cada vez un atacante golpea el balón desde el lado derecho o bien izquierdo a su compañero situado delante de la portería,

quien trata de cabecear el balón a la portería. El portero tiene que parar el balón saliendo, tirándose, atrapándolo o despejándolo con los puños. Cada 5 minutos cambio de portero. ¿Qué portero tiene que encajar menos goles?

81. Juego de gatos con el portero: Dos a seis jugadores se pasan el balón en el círculo del medio campo o en una zona circular de tamaño más o menos igual. En el medio, el portero trata de atrapar el balón acortando los ángulos y tirándose. Cada dos minutos, cambio de portero. Si atrapa el balón recibe dos puntos, desviando el balón, un punto. ¿Quién consigue más puntos?

82. Cada vez dos jugadores juegan a dos porterías entre la línea de fondo y la línea de 16 metros. Los porteros defienden sobre la línea de fondo o por medio de salidas. ¿Qué portero ha encajado menos goles? Variante: Todos los jugadores pueden jugar sobre una o dos porterías, para que los porteros puedan entrenar de un modo más parecido a la competición.

# CAPÍTULO 4

# TÁCTICA DE EQUIPO (TÁCTICA COLECTIVA)

## SISTEMAS DE JUEGO / CONCEPCIONES DE JUEGO

Cuando los niños juegan al fútbol siguen consciente o inconscientemente un determinado sistema de juego. El sistema de juego es un marco dentro del cual el jugador tiene la posibilidad –según su edad y sus capacidades–, en combinación con sus compañeros de equipo, de resolver situaciones de ataque y defensa.

Los sistemas de juego han cambiado desde el pasado y siguen cambiándose también hoy a corto y largo plazo. Son modificados, en primer lugar, en consonancia con la propia concepción del juego. El sistema de juego cumple con su función, si la estructura es moderna y si se adapta a las capacidades físicas, al nivel de formación técnica y táctica y nivel de desarrollo intelectual de los jugadores.

¿Qué sistema ha de aplicarse en el ámbito de base?

Lo importante es que las tareas de ataque y defensa se acomoden a la edad y nivel de conocimientos de los niños y que puedan ser repartidas a los distintos jugadores en el campo grande de juego. La transición de defensa a ataque y al revés ha de poder llevarse a cabo rápidamente y debe caracterizarse por una elevada flexibilidad.

Para la edad comprendida entre 9 y 10 años y menos, el punto esencial está en el juego en general. A esta edad, el pensamiento táctico todavía no está desarrollado. Para el juego individual y colectivo no es característico lo metódico, sino la resolución improvisada de una situación de juego dada. Pero también hay que plantear ya en esta fase tareas que promueven el más efectivo juego en conjunto; por ejemplo que todo el equipo (naturalmente sin portero) teniendo el balón en su poder pasa al ataque y todos los jugadores del otro equipo a la defensa. Más tarde se les enseña a los niños tareas de ataque y defensa individuales y más concretas y las primeras tareas colectivas más sencillas para dos a tres jugadores. A la edad de 10 a 12 años se imparte ya el juego metódico de ataque y defensa. A eso se prestan mejor sencillas formas de combinación de dos jugadores. Se practican aquellos elementos del juego, piezas de construcción y situaciones de juego, de los cuales los jugadores pueden escoger las más oportunas para la resolución de la situación de juego concreta y poner estos sistemática y armónicamente en práctica como elementos del juego de ataque y defensa; éste es el juego combinado.

A la edad de 12 a 14 años, el nivel de la preparación táctica ya tiene que posibilitar el empleo de formas de combinación con más jugadores, o sea poder resolver problemas tácticos de grupo, condicionados a la formación en el marco de la concepción del juego.

Dentro de la concepción del juego cada jugador tiene su función predeterminada, que constituye una pieza de la táctica de equipo y en la cual los jugadores están relacionados uno con el otro. Durante un partido, los elementos de combinación y las variaciones tácticas pueden cambiar, pero no así las funciones fundamentales. Distinguimos los medios de la táctica ofensiva individual y colectiva.

Después de haber recuperado la posesión del balón, todos los jugadores del equipo participan en el ataque y tratan de resolver sus funciones encomendadas dentro del marco de la concepción del juego y según cada situación de juego concreta. Factores esenciales para el éxito de una concepción del juego y su consiguiente sistema de juego son la velocidad, el cambio de ritmo, la profundidad del juego, el control de balón y el momento sorpresa.

El objetivo del juego defensivo consiste tanto en la defensa individual y colectiva del espacio como en el consecuente marcaje al hombre dependiendo de cada situación de juego (marcaje combinado al hombre y en zona). Única y exclusivamente, ninguno de ambos sistemas de defensa es útil. Si el jugador defiende una zona, no solamente tiene la tarea de cortar la trayectoria del jugador adversario, sino también, estando éste en posesión del balón, de acosarlo con el objetivo de la interceptación del balón.

## TÁCTICA

La asimilación de la técnica es una condición previa en cada deporte, y en particular también en los deportes colectivos. El método de su enseñanza resulta decisivo. Antes se empleó mucho tiempo en la práctica aislada de elementos técnicos. Se consideró hábil al jugador que técnicamente era versado. Pero en primera línea, los elementos técnicos no han de formarse aisladamente, sino predominantemente bajo condiciones de aplicación a la competición. El modo y la manera del empleo de la técnica son determinados por la táctica. El objetivo del entrenamiento es alcanzar una elevada capacidad de juego, cuya condición previa son capacidades y cualidades técnico-tácticas individuales y colectivas. Ya que el jugador de fútbol confronta en el partido distintas alternativas tanto con respecto a la técnica como a la táctica, el desarrollo de la capacidad de decisión desempeña cada vez más un papel protagonista en el proceso de entrenamiento. Se considera ser un buen jugador a aquel que es capaz de encontrar en base a unas habilidades técnico-tácticas estables la solución más efectiva según cada situación de juego y de ponerla en práctica lo más rápidamente posible (capacidad de decisión).

### ¿Qué sucede en el juego?

El jugador observa, reconoce y percibe la situación de juego, su desarrollo. Juzga cuál es la resolución más útil en el caso dado y escoge para ello el medio más apropiado (la técnica); anticipa el curso del juego y decide la correspondiente acción y su ejecución.

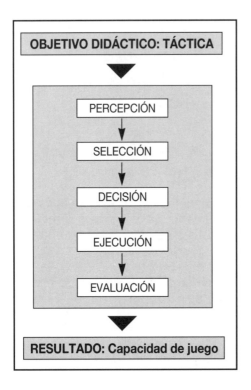

Evalúa si la solución era eficaz o no, si ha seleccionado la más eficaz. La decisión y la ejecución no solamente están influenciadas por la situación de juego momentánea, sino también por las experiencias del jugador, quien recuerda si la variante de solución había sido eficaz en una situación de juego parecida o no. Todo su programa motor puede ser modificado por ello. Las cinco fases del pensamiento táctico, indicadas en el cuadro, forman un bloque.

La resolución eficaz de la situación de juego depende también del comportamiento de los compañeros de juego. Esta cooperación, naturalmente, la intenta impedir el adversario. El jugador tiene que conocer las situaciones típicas que frecuentemente se dan en un partido de fútbol. Para ello son apropiadas las formas de juego aplicadas a la competición y el ejercicio con contrario.

El objetivo didáctico en jugadores más jóvenes es la capacidad de juego. Más tarde hay que pasar a aumentar paulatinamente el grado de dificultad de las formas de ejercicio y juego por medio del empleo de medios y métodos de entrenamiento aplicados a la competición. La táctica es una categoría central para el juego del fútbol, por eso hay que educar a los jugadores a pensar activa y creativamente. Simultáneamente se trata de procurarles una multitud de posibilidades para adquirir una experiencia de juego amplia.

Se plantea la cuestión: ¿en qué progresión y con qué métodos se debe enseñar la táctica y cuándo se ha de empezar con la enseñanza de la táctica?

# CONTRIBUCIÓN A LA METODOLOGÍA DEL ENTRENAMIENTO DE LA TÁCTICA COLECTIVA

## Primera etapa de aprendizaje

### *EL JUEGO SIN BALÓN*

El rendimiento de un futbolista no está determinado exclusivamente por su capacidad futbolística, sino también por el juego sin balón. La tarea del atacante por ejemplo, es la de desmarcarse del oponente, de crear oportunidades favorables de pase, cuya condición previa es la toma de una posición conveniente. En la práctica, estos factores han de contemplarse como una unidad, se complementan mutuamente y se enlazan uno con el otro.

A un jugador parado se le puede cubrir más fácilmente que a uno que se encuentra en movimiento. Un jugador que tiene una buena velocidad de arranque, que efectúa cambios de dirección y de ritmo, y que sabe parar y repentinamente arrancar otra vez, es difícil de marcar, apenas se le puede cubrir. Estas acciones pueden contribuir a que el atacante gane la posición al defensa. El cambio de posiciones variable y permanente puede suponer para el defensa no solamente una carga física, sino también psicológica. El objetivo indirecto del desmarque, del cambio de posición también consiste en la creación de espacios libres para los compañeros de juego arrastrando al defensa, pero su objetivo inmediato sigue siendo el de soltarse del oponente para conseguir uno mismo espacios libres de juego. El atacante solamente puede obtener ventajas sobre el defensa si se prepara consciente y regularmente a ello. Tiene que emplear variablemente los medios y métodos del juego sin balón.

El juego de colocación del defensa tiene como objetivo controlar al oponente corriendo sobre la línea interior, haciendo cada vez más estrecha la cobertura cuanto más se acerca a la portería o al balón. Ha de moverse siempre sobre la línea interior, o sea tiene que mantener una posición que le permita estar más cerca de la propia portería que el contrario, porque así puede estorbar e impedir mejor la construcción del juego y el tiro a portería.

El defensa tiene que aprender a llevar la disputa entre dos jugadores, porque solamente así va a ser capaz de intervenir. En la disputa ha de ser flexible. Ha de marcar estrechamente al oponente solamente cuando lo requiere la situación de juego. El defensa puede obtener buenos resultados únicamente cuando manifiesta un comportamiento defensivo variado, rápido y hábil.

### • *JUEGOS DE PERSECUCIÓN PARA PRACTICAR EL JUEGO SIN BALÓN*

Casi siempre, el atacante trata de escapar, de soltarse del perseguidor por medio de cambios de ritmo y dirección, de quitárselo encima por medio de arrancadas bruscas y fintas corporales. El perseguidor desempeña el papel del defensa, el que tiene la tarea de pisarle los talones al atacante (perseguido), o bien de perseguirlo con la menor pérdida posible de tiempo. De los juegos de persecución, los juegos 83 a 86 se recomiendan para para niños de 6 a 8 años, los juegos 87 a 90 para 8 a 10 años, los juegos 91 a 94 para 10 a 12 años, los juegos 95 a 98 para 12 a 14 años.

83. Juego de persecución sencillo. Los jugadores evolucionan sobre un pequeño campo delimitado y el perseguidor previamente determinado caza a los otros. A aquel jugador que toca o el que sale del campo, se convierte en el nuevo perseguidor. El juego puede hacerse más movido e interesante, si se fija a varios perseguidores, porque así los otros a menudo solamente pueden escaparse por medio de fintas corporales.

84. Juego de persecución con "casa". Los perseguidos pueden escaparse del perseguidor, si se refugian antes en una "casa" previamente marcada. Ahí no pueden ser tocados. La "casa" también puede ser representada simbólicamente, si los niños ocupan la posición de cuclillas, se sientan, se tienden con la boca abajo, hacen una voltereta, etc. El juego puede resultar más variado si la casa es formada por dos jugadores, por ejemplo, que se cogen de la mano; o si la tarea dice saltar a la espalda de un compañero o bien sentarse y tocarse con las manos. Otras posibilidades son: arrodillarse, espalda con espalda y engancharse los brazos o también deslizarse por entre las piernas separadas

de un compañero, etc. Refugiándose en la casa los niños pueden ayudarse uno al otro.

85. Juego de persecución con ponerse de cuclillas. El jugador, después de haber sido tocado por su perseguidor, tiene que ponerse de cuclillas. Después de medio minuto, se cuentan los jugadores que están de cuclillas y luego se determina un nuevo perseguidor. Gana el que más jugadores ha atrapado.

86. Perseguidores y perseguidos. Los jugadores tocados se convierten también en perseguidores creciendo así el número de los perseguidores y disminuyendo el de los perseguidos. El último jugador en quedar tocado es el vencedor. Aumentando el número de los perseguidores se puede ampliar también el campo de juego.

87. Juegos de persecución con una pareja de perseguidores. Los jugadores forman parejas de las cuales una es el perseguidor. En carrera no les está permitido a las parejas soltar las manos.

   *Variante:* Sólo los perseguidos forman parejas, el perseguidor está solo. Si toca el jugador de una pareja, se convierte éste en perseguidor.

   *Variante:* Un jugador es el perseguidor, los otros huyen. Al que el perseguidor toca, sigue persiguiendo junto con él como pareja. Juntos atrapan a un tercero. Después de haber atrapado los tres a un cuarto, se dividen en dos parejas; así sigue el juego hasta que quede un jugador que es el ganador.

88. Perseguir a través de la línea. Dos grupos con tres o cuatro jugadores cada una están enfrentados y separados por una línea. Se cuenta hasta diez, y en este lapso de tiempo los jugadores de un grupo, por medio de fintas corporales, intentan atravesar la línea sin ser tocados por los jugadores del otro equipo. Cada jugador puede solamente atrapar al jugador directamente opuesto. Se cuentan los jugadores que han logrado pasar la línea, luego se continúa el juego con cambio de papeles. Gana el equipo que más fintas pudo emplear con éxito (del que más jugadores llegaron al otro lado sin haber sido tocado).

89. El pescador de Balatón (la cadena). Los jugadores evolucionan sobre un campo determinado. Se determina a un pescador. El que es tocado por él, va a la "red". Cogiéndose de la mano si-

guen corriendo y persiguiendo a los otros jugadores. La "red" crece cada vez más. Si, atrapando a un jugador, tienen que soltar las manos, esta "captura" no cuenta. El último en ser capturado es el ganador.

90. Juego de persecución a pelotazos. Tres jugadores evolucionan libremente en un campo previamente fijado y marcado. Tres cazadores driblan con un balón cada uno, pero pueden cogerlo con las dos manos y tratar de dar a un compañero de juego. Si lo logran sucede un cambio de papeles. Jugadores más habilidosos pueden pegarle al balón también directamente con la mano.

91. Juego de persecución a tres. Cada vez tres jugadores juegan en un pequeño campo previamente marcado. Los participantes tienen números. 1 cada dos. Si 1 ha logrado tocar a 2, empieza 2 a cazar al número 3, y 1 puede descansar. El juego continúa de esta manera. Los jugadores deben esquivar en este juego sobre todo con fintas.

92. Persecución por parejas. Un campo de aproximadamente 20 metros es marcado por dos líneas y dividido en el medio por una tercera línea. Los jugadores se colocan frente a frente por parejas en la línea media. De cada pareja uno es el perseguidor y el otro trata de procurarse ventajas posicionales por medio de fintas, de deshacerse de su compañero y de pasar la línea media. Si el perseguidor ha tocado a su compañero antes de pasar éste la línea media, se efectúa un cambio de papeles; en caso contrario se queda como perseguidor. El juego empieza otra vez en el medio.

93. Atrapar con golpeo de cabeza. En un campo marcado, dos a cinco jugadores conducen cada uno un balón con una mano y tratan de acercarse lo más posible a un compañero de juego para luego darle con el balón por medio de un cabezazo (tras haber lanzado el balón con la mano al aire). Si un jugador es dado de esta manera, sucede un cambio de papeles. Variante: Los jugadores son divididos en dos grupos. Un grupo se lanza de uno a tres balones e intenta así acercarse a los jugadores del otro grupo para después dar a un adversario por medio de un cabezazo. Cada acierto un punto. Después de un cierto tiempo cambio de papeles. Gana el equipo que más puntos ha logrado.

94. Ejecución de fintas por parejas. Dos jugadores se colocan frente a frente, uno de ellos en una portería de 3 a 5 metros de anchura. El compañero que tiene que ejecutar fintas, trata de pasar por la portería sin ser tocado por el jugador adverso. De vez en cuando cambio de papeles. ¿Quién logra más veces pasar por la portería sin ser tocado?

95. Persecución con ejecución de fintas. El juego es llevado a cabo en un campo relativamente pequeño. Los jugadores no pueden huir del perseguidor, sino únicamente tratar de esquivarlo con una finta corporal. Si uno lo ha logrado, el perseguidor tiene que intentar tocar a otro. Después del contacto con un compañero de juego, cambio de papeles entre estos jugadores.

96. Perseguidor después de haberse levantado de pronto. Los jugadores sentados por parejas y libremente distribuidos en un campo delimitado. Uno está solo y es perseguido por un perseguidor. Si el que huye toca a un jugador sentado, éste tiene que levantarse de pronto y se convierte en el nuevo perseguidor quien tiene que cazar al que era perseguidor antes; el cual también puede tocar a un compañero de juego que está sentado. Si el perseguidor logra atrapar al que huye antes del contacto con un jugador sentado, sucede un cambio de papeles.

97. Persecución a tres con ejecución de fintas. Varios grupos de tres compiten uno con el otro. Se marcan dos líneas a una distancia de 20 metros una de la otra, y con una tercera línea se divide el área en el medio. Tres jugadores se posicionan en una línea lateral; dos de ellos son perseguidores y el tercero tiene la tarea de alcanzar la siguiente línea, sin ser tocado. Ambos perseguidores le siguen y tratan de tocarle delante se convierte en el jugador que ejecuta las fintas; el otro perseguidor mantiene su papel.

98. Eliminar lanzando con el pie. Un jugador es el perseguidor, los otros evolucionan libremente en un campo previamente delimitado. El perseguidor intenta acercarse a sus compañeros conduciendo el balón. En el instante apropiado lanza con el pie e intenta darles. Delante del balón, los jugadores no pueden saltar, sino únicamente agacharse o tratar de esquivar el balón con fintas corporales. El juego se hace más intensivo, cuando 2 a 3 perseguidores persiguen con sus balones a sus

compañeros de juego. Al que le han dado, se convierte en perseguidor.

*Variante:* Dos equipos juegan uno contra el otro. De los jugadores de un equipo cada uno tiene un balón. Tratan de acercarse a los jugadores del otro equipo conduciendo el balón. El que pudo ser tocado con la mano, queda eliminado. Después de un minuto cambio de papeles entre los equipos. ¿Qué equipo ha atrapado más jugadores?

## DESMARQUE (DESPRENDERSE DEL MARCAJE AL HOMBRE)

En fútbol, en general, se entiende por disputa la lucha por el balón, la lucha directa por la posesión del balón. Pero también hay que "luchar duramente" para ganar la posición al contrario, aunque ésta es la cara menos atractiva de la disputa. Ambas cosas están estrechamente relacionadas: Dado que llevar con éxito la "disputa sin balón" hace que se ocupe una posición inicial más favorable para la disputa por el balón. Con un marcaje individual estrecho delante de la portería no solamente se pueden entrenar la recepción o la preparación para el tiro a portería, sino también el desmarque, el cambio de posición y la anticipación, que tienen que ser tenidos en cuenta de igual manera en el proceso de entrenamiento.

Si un atacante delante de la portería gana ya la "disputa sin balón" y a través de ello una posición favorable, tendrá más posibilidades de conseguir un gol. Si aun encima logra encontrar la solución técnica más oportuna empleando su fuerza corporal y una táctica correspondiente a la situación, aprovechará la ocasión de gol con más seguridad.

Si un atacante es marcado individualmente, trata de desprenderse del defensa por medio de un arranque, una finta corporal o bien un cambio de dirección y de rítmo, para recibir el balón ya en la dirección de su carrera. Con todo ello el jugador en posesión del balón tiene que actuar rápida y oportunamente, o sea su pase tiene que estar sincronizado (timing), para que el compañero de juego pueda llevar a cabo con éxito la acción que se había propuesto (control de balón, pared, tiro a puerta, etc.) (Figura 46).

**Figura 46**

## • *EJERCICIOS Y JUEGOS*

99. "Deshacerse" del contrario (desmarcarse). Un jugador conduce el balón libremente y lo pasa a un compañero de juego en el momento, en el que éste pudo "liberarse" de su defensa (Figura 47).

100. 1:1 en el círculo central con acoso activo del contrario. En el círculo de saque inicial se colocan 4 jugadores; dentro del círculo un compañero de juego y un defensa. Uno de los jugadores pasa el balón a su compañero dentro del círculo, el cual

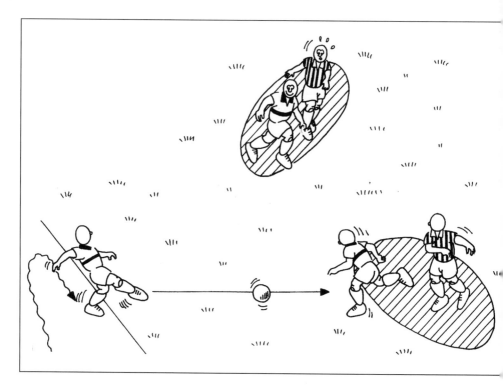

**Figura 47**

trata de desprenderse de su defensa, para devolver el pase sin
ser acosado. El defensa tiene la tarea de ganar la posesión del
balón. Cambio de papeles después de un minuto, y otra pareja
continúa con el juego dentro del círculo (Figura 48).

101. Disputa por el balón con los compañeros de juego en carrera.
Dos jugadores corren a lo largo del círculo de saque inicial a
bastante distancia uno del otro. En el medio evoluciona con
ellos un compañero de juego, que es marcado activamente por
un defensa. Los jugadores que corren alrededor del círculo pasan el balón a su compañero dentro del círculo de saque inicial. Si el defensa gana la posesión del balón, sucede un cambio de papeles. De vez en cuando ha de llevarse a efecto tam-

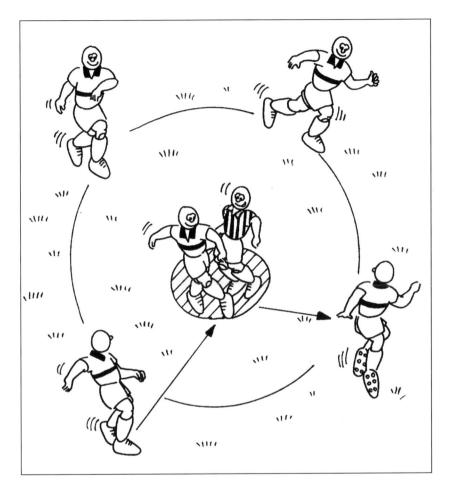

**Figura 48**

bién un cambio de papeles entre las parejas de dentro y fuera del círculo (Figura 49).

102. 3:3 con marcador fijo (Ejercicio de marcaje-desmarque). En un campo delimitado juegan tres atacantes y tres defensas. Cada uno tiene que marcar a un jugador determinado, la intercepta-ción del balón por otro jugador no es posible; cortar un balón

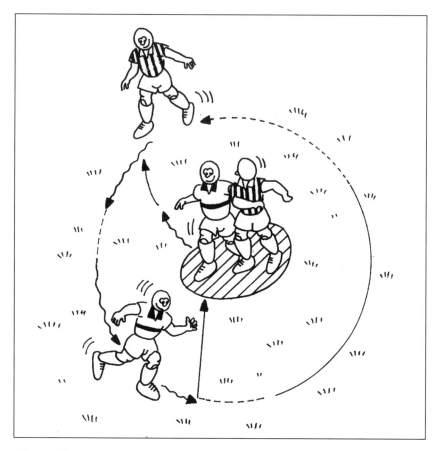

*Figura 49*

está permitido. Se recomienda que el jugador que conduce el
balón pueda enviar el primer pase libremente, o sea, los defensas empiezan a acosar activamente después de la segunda
acción (Figura 50).
103. 2:1 a una portería. El jugador en posesión del balón lo pasa tan
sólo cuando su compañero se ha desprendido de su defensa.
La tarea del compañero es lanzarlo directamente a portería. El
defensa y el portero así como los dos atacantes forman sendas parejas. Tras un cierto número de tentativas, cambio de pa-

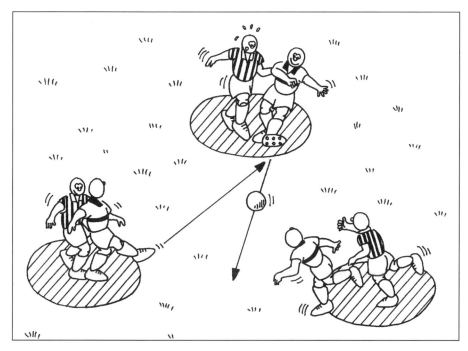

**Figura 50**

peles en cada parejas y entre las parejas. ¿Qué pareja ha conseguido más goles? (Figura 51)

## *DESMARCARSE – CONDICIÓN PREVIA PARA LOS PASES EFICACES Y EL JUEGO EN CONJUNTO*

Los jugadores corren durante un partido sobre todo sin balón, ocupan posiciones y tratan de moverse en el campo con el objetivo de tomar una posición favorable hacia el balón. Por medio de los desmarques se crean para el jugador en posesión del balón buenas posibilidades de pase y para el jugador que se desmarca más tiempo para acciones posteriores (control de balón, tiro a portería, etc.).

**Figura 51**

El desmarque facilita el juego de equipo, el juego en conjunto en general; y el ataque puede desarrollarse mejor y rematar con más éxito. En un equipo más bien estático que no se mueve, los pases no tienen sentido y la consecución de un gol se hace muy difícil. Si un equipo se mueve, hay más posibilidades de juego eficaz en profundidad y en el ancho del campo. En total, el desmarque es importante para el juego de equipo, porque el jugador que se desmarca "arrastra" también a los jugadores contrarios consigo, con lo cual se les facilita a los compañeros la continuación del juego y la defensa contraria se desorganiza (Figura 52). El jugador en posesión del balón puede pasarlo, cuando su compañero de juego está en la situación de recibirlo, o sea, cuando ve que su compañero está en una posición en la que se le puede enviar un pase. Si el defensa

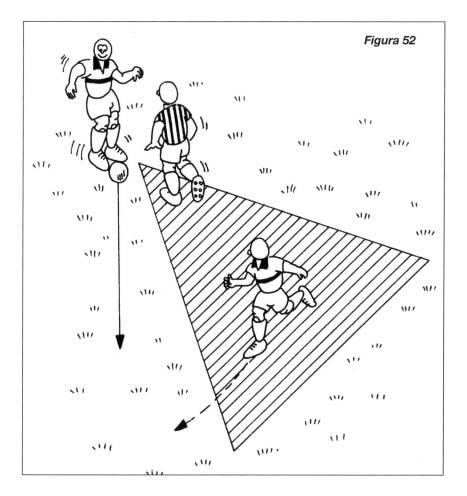

*Figura 52*

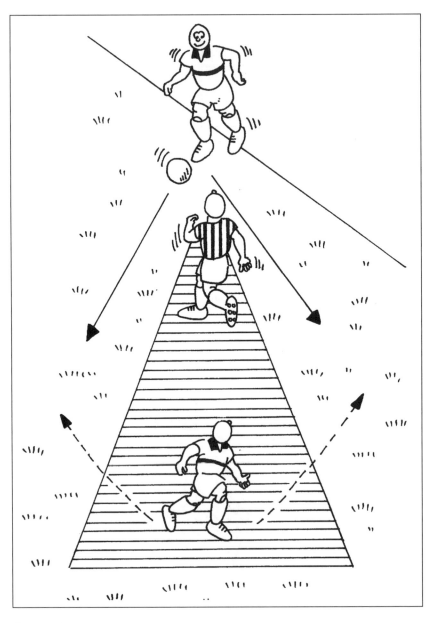

**Figura 53**

presiona al atacante en el momento del pase, el compañero de juego del atacante sale del ángulo de cobertura a una posición libre, a la cual el atacante puede enviar el balón con precisión y en el momento justo.

## • *FORMAS DE EJERCICIOS Y JUEGOS*

104. Juego de gatos 2:1. Dos atacantes juegan contra un "gato". El pase tiene que efectuarse siempre en el espacio libre fuera de la zona de marcaje del perseguidor, hacia el compañero que se ofrece (Figura 53).
105. Juego de gatos 3:2. Los atacantes solamente pueden pasar el balón al compañero que se encuentra fuera de la zona momentánea de defensa de los gatos (Figura 54).

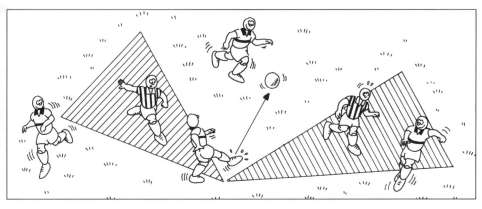

**Figura 54**

106. 2:1, 3:1 a dos porterías. Los atacantes juegan en superioridad numérica a una de las dos pequeñas porterías. Su tarea consiste en desmarcarse constantemente, en recibir el balón y tirar a portería (Figura 55).
107. 1:1 con portero y dos porterías. El portero pasa el balón a su compañero que se desmarca (que se ofrece), quien tira directamente a portería. El portero puede participar en el juego pero no debe tirar a portería (Figura 56).

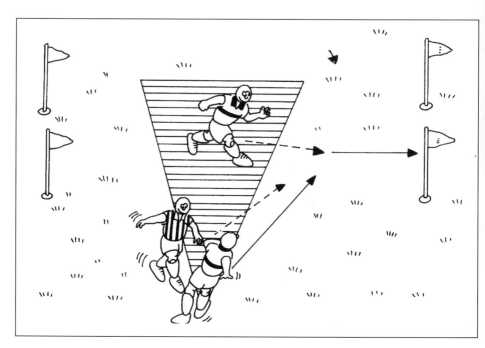

**Figura 55**

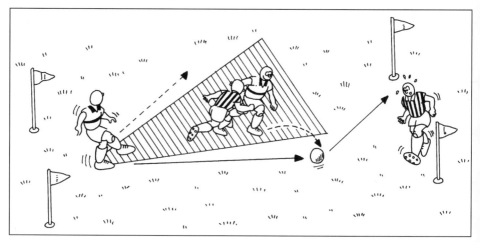

**Figura 56**

108. 3:3 en una portería con tiro directo a puerta. Tres atacantes y tres defensas juegan con una portería. La consecución de gol solamente puede efectuarse directamente. Para la defensa de la portería no se pueden utilizar las manos (portero) (Figura 57).

**Figura 57**

## Segunda etapa de aprendizaje

### ENSEÑANZA DE EJERCICIOS TÁCTICOS ELEMENTALES

Independientemente del nivel de formación de los ejercicios, debería preceder al ejercicio práctico siempre la explicación teórica del objetivo y de la tarea del ejercicio. Si el jugador no sabe el qué y porqué de algo que hace, la ejecución se vuelve mecánica y pierde el sentido para el jugador. La forma de la explicación se elige en función del grado de dificultad de la tarea y del nivel de los alumnos (puede que sea una explicación oral ilustrada por un esbozo; también se puede referir como ejemplo a un buen o mal modelo tácto, que se ha visto en algun partido, etc.). Luego se pasa a las tareas prácticas.

La enseñanza de los ejercicios de táctica elemental se lleva a cabo –si es necesario – primero por medio de pases con la mano. Esto se hace necesario sobre todo en los principiantes a causa de las todavía presentes carencias técnicas y de la poco desarrollada madurez táctica, ya que pueden realizar mejor los ejercicios de táctica elemental y formas de juego por de pronto con la ayuda de la mano. Para conocer y practicar los elementos tácticos sencillos se utilizan en primer lugar las formas de juego (por ejemplo juegos sin porterías, partidos a una o dos porterías, etc.).

El pase con la mano puede ser empleado también más tarde, cuando en los cambios de posiciones se debe, por ejemplo, explicar el pase sincronizado, viendo que deficiencias técnicas en el fútbol afectan negativamente al aprendizaje de los elementos tácticos. El pase de un balón con la mano o con el pie puede ser llevado a efecto también "mixto". La preparación táctica puede ser efectuada con la mano, mientras que el remate de la jugada será de un tiro a portería o un cabezazo.

Los ejercicios elementales de la táctica se enseñan primero sin contrario y después con oponente pasivo. El objetivo de ello es la práctica de elementos técnicos y tácticos. "Empollar" solamente es bueno en la fase inicial hasta que las jugadas son comprendidas por los jugadores y pueden ser efectuadas también con acoso atenuado del contrario. Si después no se sigue un paso más, la preparación se lleva a cabo aisladamente, o sea sin referencia a la competición (partido) y se convierte en una práctica monótona, que incluso puede tener desventajas, ya que es efectuada en un marco reducido ofreciendo pocas posibilidades para la comprenetación. Así, ni se desarrolla la capacidad de decisión, ni las condiciones para la creatividad.


### Progresión metodológica:

a) La tarea, ya conocida en teoría, se practica en el campo de juego sin adversario primero andando, luego en carrera lenta y finalmente con rapidez. Por ejemplo, un atacante envía a su compañero un pase transversal; éste juega un pase en profundidad;

después del pase los jugadores cambian siempre las posiciones en sentido diagonal a la trayectoria del balón (Figura 58a).

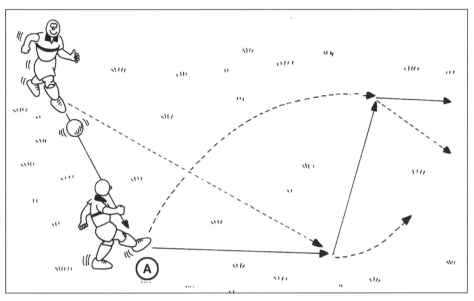

**Figura 58a**

b) Después juegan dos atacantes contra un defensa teniendo en cuenta las siguientes consignas metodológicas (Figura 58b):
– el contrario (defensa) se mantiene pasivo, los atacantes lo rebasan primero a paso lento, luego en carrera lenta; más tarde son presionados ligeramente por el defensa;
– los atacantes rebasan al defensa por medio de secuencias de pases transversales o en profundidad;
– dos atacantes practican con dos defensas teniendo en cuenta los pasos metodológicos descritos (Figura 58c).

**Tercera etapa de aprendizaje**
**El ejercicio aplicado a la competición**

En el proceso de aprendizaje de los medios tácticos, el ejercicio aplicado a la competición supone un escalón más en el grado de

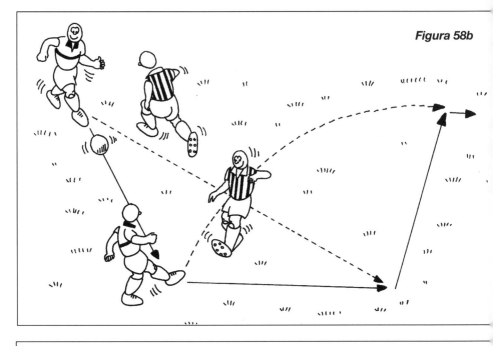

**Figura 58b**

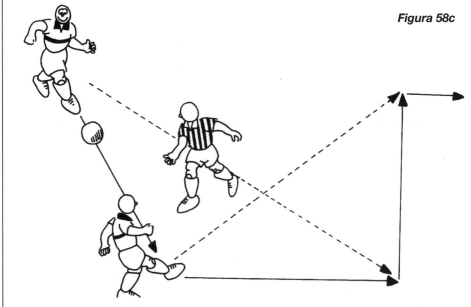

**Figura 58c**

dificultad. La relación con la competición se da en la segunda etapa de aprendizaje sólo de una manera limitada, porque la ejecución del ejercicio básico tiene que conocerlo el defensa, por lo cual está en la situación de poder adaptar su comportamiento.

Hablamos de ejercicio aplicado a la competición solamente, cuando a los jugadores les dejamos abiertas varias posibilidades de resolución en la ejecución de la tarea (carácter selectivo del ejercicio). Ésta es una de las condiciones previas para el ejercicio aplicado, ya que el defensa se puede adaptar sólo limitadamente a la ejecución de la acción con anticipación. A continuación se mencionan algunos ejemplos para la construcción de ejercicios básicos. Su

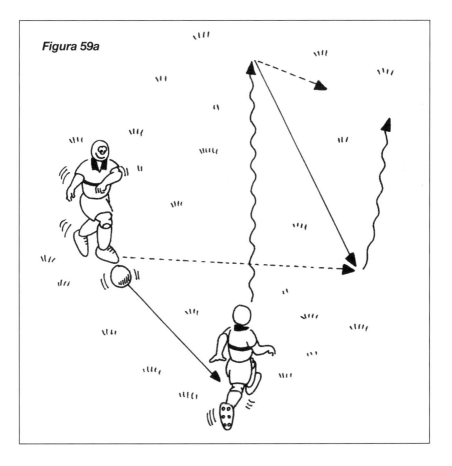

**Figura 59a**

punto de partida y objetivo son idénticos, pero la forma de su ejecución puede ser distinta en cada caso

### Progresión metodológica:

– sin contrario;
– con contrario;
– con dos contrarios;
– continuadamente, rebasando en profundidad a dos a tres defensas o parejas de defensas.

### Variantes

– Corre a la izquierda, pasa a la derecha. Un jugador envía un pase diagonal a su compañero. Éste efectúa un control orientado, conduciendo el balón en ángulo recto a la dirección de carrera del primer jugador y le pasa otra vez el balón, etc. (Figura 59a).
– Secuencias de pases transversales sin cambios de posición. Uno de los jugadores envía un pase transversal a su compañero y sigue corriendo; éste conduce un poco el balón paralelamente en la dirección de la carrera del otro jugador y devuelve después el pase (Figura 59b).

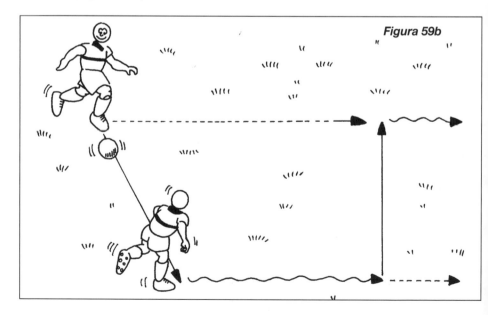

**Figura 59b**

– Secuencias de pases diagonales dos a dos, al primer toque (Figura 59c).

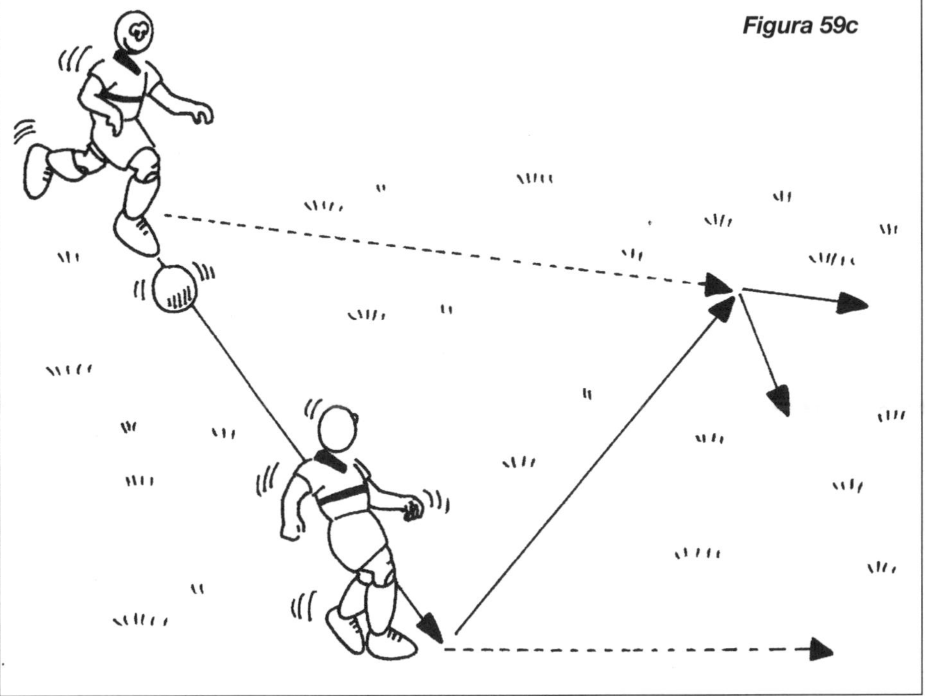

**Figura 59c**

– Secuencias de pases diagonales dos a dos, tras conducción. Uno de los jugadores pasa el balón a su compañero que corre en diagonal, controla el balón orientado en la dirección de su carrera y sigue conduciéndolo; el primer jugador sigue corriendo en dirección del pase (Figura 59d).
– Cruce con entrega de balón. Ambos jugadores empiezan al mismo tiempo; uno conduce el balón en diagonal, luego lo para repentinamente con la suela y sigue corriendo en la misma dirección sin balón; su compañero, que viene corriendo del lado opuesto también en diagonal, recibe la entrega del balón y lo sigue conduciendo en dirección de su carrera (Figura 59e).

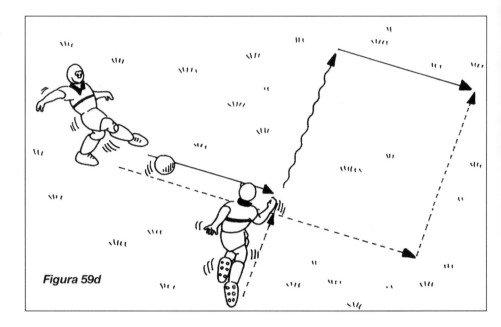

**Figura 59d**

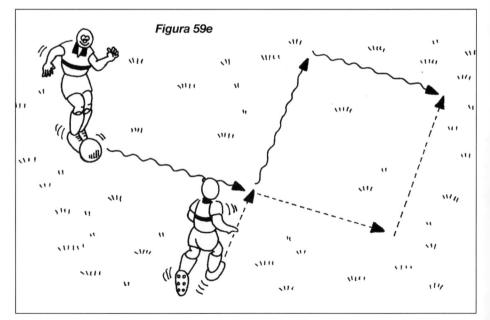

**Figura 59e**

Cuantas más formas elementales del juego en conjunto conoce un jugador, cuantas más variantes ha asimilado, tanto más rápidamente es capaz de analizar una situación de juego concreta, de encontrar y ejecutar la variante de resolución más efectiva. La rápida y variable disponibilidad de los conocimientos (experiencias), "conmutar" rápidamente, es la condición previa para que el jugador encuentre respuestas efectivas a la situación de juego resultante de la resolución elegida, a las acciones de respuesta de sus compañeros de equipo y las reacciones del contrario.

El rendimiento de los jugadores es influenciado positivamente, si se valoran las respuestas efectivas con puntos o goles. Los jugadores se entrenan con más atención, entrega y espíritu de lucha. Los atacantes pueden recibir puntos por un regate llevado a cabo con éxito; si el ejercicio es combinado con el tiro a portería, la consecución de gol puede ser incluida en la puntuación. De modo parecido pueden ser elaborados criterios de evaluación para los defensas.

Los ejemplos de ejercicios prácticos citados en el libro son apropiados para que los niños puedan aprender comportamientos tácticos elementales, que hacen la práctica más variada y que desarrollan bien la capacidad de juego. La experiencia motriz así asimilada pueden emplearla también en el juego "real", en la competición.

**Cuarta etapa de aprendizaje:**
**Juego a dos porterías y partidos de entrenamiento**

En esta fase se trata de emplear y practicar la táctica con carácter competitivo. A través de los juegos a dos porterías –en un campo de juego correspondiente a la categoría con el número justo de jugadores en el equipo– se ejercen las distintas tareas tácticas anteriormente aprendidas. Cada uno de los juegos a dos porterías debe ser llevado a cabo con un objetivo claramente determinado. Cada uno de los jugadores y todo el equipo deben poder desarrollar sus cualidades y capacidades, teniendo siempre en cuenta el objetivo fijado.

**Contenidos didácticos –táctica– en la distintas edades**

En el entrenamiento de base hay que plantearse de por sí la cuestión, en que edad y con que método se debe empezar con el entrenamiento de la táctica.

En general, es válido que el niño sea confrontado también con la táctica de fútbol desde el primer día para empezar desde éste momento a jugar al fútbol tácticamente. Ya dominando algunas habilidades técnicas, debería ocuparse de la táctica adaptada a ellos. La técnica se enseña en combinación con la táctica adaptando los contenidos y métodos de la formación técnico-táctica a la edad de los niños.

Para el juego de los niños a la edad de los 10 años son típicas, en primera línea, las acciones innatas y emotivas. Aunque los niños disponen de pocas destrezas técnicas desarrolladas, se puede fijar ya la aplicación apropiada de los elementos técnicos como objetivo táctico y como tarea se puede plantear ya el conocimiento y la asimilación de elementos tácticos sencillos. Aquello se puede fomentar con rigor, dirigiendo la atención de los niños en el juego a las posibilidades de resolución más efectivas y oportunas. Los elementos más importantes de la táctica elemental se explican con demostraciones, por ejemplo el dribling, el pase, el empleo oportuno de fintas, la relación entre juego individual y juego de equipo, etc. El entrenador o bien el monitor deberían, eso sí, esforzarse en colocar estas consignas de tal forma en la sesión de entrenamiento, que con ello no se interrumpa el juego.

## EJEMPLOS DE APLICACIÓN PRÁCTICA

– Juego de gatos (rondo);
– Conducción de balón con las manos y los pies;
– Formas de ejercicios de pase con las manos y los pies;
– Juegos en una portería;
– Juegos en un campo reducido con dos y más porterías;
– Aplicación oportuna de elementos técnicos conocidos en juegos sencillos;
– Resoluciones de tareas de ataque y defensa generales en el marco de juegos en campos reducidos;
– Juegos en campos reducidos con menos jugadores por equipo y reglas más sencillas;
– Sencillos juegos complementarios;
– Torneos en campo reducido.

La formación de la técnica a la edad de 10 a 12 años también ofrece buenas ocasiones para el desarrollo del pensamiento táctico, para la búsqueda de resoluciones tácticas. Con la enseñanza de las formas elementales más esenciales de la táctica se puede empezar en esta edad; primero sin contrario, luego con oponente pasivo. Siempre se debería llamar la atención a los principios fundamentales de la táctica individual y colectiva. Así, por ejemplo, a los elementos tácticos de la interceptación del balón, del control del balón y del pase; a los principios tácticos fundamentales del juego de equipo como:

– Colocación y toma de posiciones en ataque y defensa;
– Envío del balón a los espacios libres;
– El oportunismo del empleo de tareas de ataque y defensa.

Como otras tareas de formación hay que mencionar también el empleo de elementos de juego aprendidos en la disputa directa con los jugadores de otro equipo. Pero estos partidos no se deben hacer entrar por fuerza en ningun patrón, sino dirigir el juego de los niños hacia el empleo útil de comportamientos tácticos elementales, dejando la improvisación y la fantasía creativa a su libre albedrío. En esta edad ya pueden fijarse los fundamentos para el desarrollo de las capacidades tácticas.

### EJEMPLOS DE APLICACIÓN PRÁCTICA

– Juegos de gatos (rondo) con tareas tácticas sencillas;
– Ejercicios de pase con sencillas tareas tácticas;
– Formas jugadas con carácter competitivo y tiro a puerta,
– Juegos de aplicación;
– Juegos en una portería con tareas tácticas sencillas;
– Juegos en dos porterías con tareas tácticas sencillas;
– Tareas y formas de competición para la táctica colectiva;
– Juegos por parejas;
– Tareas tácticas de ataque y defensa;
– Juegos tácticos de entrenamiento;
– Juegos complementarios;
– Torneos de fútbol y partidos de competición.

A la edad de 12 a 14 años los niños asimilan los elementos de táctica individual, colectiva y de equipo en función de una preparación teórica por medio de ejercicios prácticos. El objetivo didáctico consiste en el desarrollo de la habilidad específica, en la consolidación de capacidades y cualidades tácticas ya aprendidas, en la práctica de nuevas formas de combinación así como en el empleo de estos medios correspondiente a cada situación, en total capacidad de combinación. En el marco de la instrucción práctica, los partidos de entrenamiento con distintas tareas y objetivos ocupan ya un espacio amplio. Más allá de las tareas generales de ataque y defensa, empieza ya la instrucción básica en los distintas posiciones.

El ejercicio aplicado a la competición pasa a primer plano, teniendo que dirigir el desarrollo de la personalidad hacia el desarrollo de la capacidad de improvisación, hacia la colaboración consciente, activa y creativa de los jugadores. Estas formas de expresión de la capacidad de juego (capacidad de dirigir, habilidad en el tiro a portería, capacidad de decisión entre otros) tienen que ser dirigidas de tal manera que sirvan al éxito del equipo, al objetivo colectivo. Así se construyen las condiciones previas para el desarrollo del juego creativo, las capacidades individuales y el talento. En esta edad, los más dotados ya son capaces de jugar un fútbol creativo.

Por medio del empleo de formas jugadas a porterías se aumenta paso a paso la parte de los juegos con carácter de competición, que ya tienen mucho parecido con el fútbol "de verdad". En el entrenamiento se plantean cada vez más tareas para delanteros y defensas en campo reducido, consiguiendo así una más rápida transición de defensa a ataque. La tarea más importante queda en el control de una formación polifacética. A los niños no se les debe hacer entrar por fuerza en posiciones específicas (por ejemplo en la posición permanente de un lateral derecho, delantero centro, etc.).

### EJEMPLOS DE APLICACIÓN PRÁCTICA

– Juegos de gatos (rondo) con tareas tácticas;
– Pases con planteamientos tácticos;
– Práctica del golpeo de cabeza en partidos de entrenamiento;
– Juegos en una portería con planteamientos tácticos;
– Juegos en dos porterías con planteamientos tácticos;
– Formas jugadas con planteamientos tácticos;
– Formas de combinaciones con y sin cambios de posiciones;
– Marcaje individual, defensa en zona, defensa mixta en zona y al hombre en partidos de entrenamiento;

– Juegos en dos porterías en campo reducido, en la mitad del campo, en campo reglamentario con planteamiento de tareas.

## CONTRIBUCIÓN AL EMPLEO DE FORMAS JUGADAS

Desde el principio, la preparación de los niños tiene como objetivo satisfacer las exigencias técnico-tácticas y de condición física del juego "grande". Esto sólo se consigue, si se consideran desde el punto de vista metodológico los objetivos del juego, la edad y el nivel de formación de los niños y si se tiene en cuenta, que tanto los delanteros como los defensas tienen que resolver distintas tareas en cada una de las zonas del campo de juego

Generalmente es válida la utilización sistemática de juegos reducidos en las distintas etapas de formación de cada grupo de edad para poder preparar el juego en el campo grande. Lo que importa es que los niños aprendan los elementos del fútbol paso a paso en una progresión didáctica. Los partidos de entrenamiento se planifican siempre en función de una exigente regularidad con respecto a la actividad de juego y conforme a eso se aplican de una forma más sencilla. Así, los niños pueden ser llevados de la "pachanga" al fútbol reglamentario, que ya tiene muchas características del fútbol moderno de los mayores.

### Juegos de aplicación y complementarios

El equipo que tiene el balón en su poder, construye el ataque en la mayoría de los casos en el tercio medio del campo, y el contrario empieza a presionar ya ahí. El objetivo de los jugadores del equipo atacante tiene que consistir en mantener el balón en sus propias filas; ya la resolución de esta tarea depende de la situación concreta de juego. A veces se trata de conservar el balón, otras veces de temporizar el juego o de efectuar un cambio de orientación, de construir un ataque por todo el ancho del campo, de llegar a una ocasión más favorable para progresar y amenazar la portería contraria, entre otras cosas. También la práctica del cambio de ritmo es importante en esta zona. Los defensas, naturalmente, tratan de impedir estas intenciones y de interceptar o bien recuperar el balón.

Para el desarrollo de estos contenidos didácticos se recomienda el empleo de las siguientes formas jugadas:

– Juegos de gatos (rondo);
– Formas de pases;
– Juegos en campos reducidos y con pequeñas porterías.

## JUEGOS DE GATOS (RONDO)

El juego de gatos es una forma más sencilla y fácil del juego en conjunto, ya que los atacantes juegan en superioridad numérica con respecto a los defensas. El juego de gatos es un ejercicio elemental de la formación táctica. Las variantes más sencillas de la táctica individual y colectiva en ataque y defensa pueden ser practicadas bajo condiciones aplicadas a la competición. En el juego de gatos los niños no pueden meter goles, pero el juego vive del esfuerzo de los atacantes por mantener su papel, porque en este momento son ellos los que juegan, mientras los defensas desempeñan un papel más bien pasivo.

Formas sencillas del juego de gatos, en las que los atacantes tienen la tarea de pasarse el balón sin que los "gatos" (perseguidores) lo toquen o recuperen, son por ejemplo el juego 4:2 (con varios toques de balón hasta el juego directo con un toque) o el 3:1 (por ejemplo con el pase solo como balón aéreo).

Más útil es el juego de gatos en movimiento, con que se tiene la posibilidad de practicar más tareas. Las reglas de juego para estos juegos y sendas tareas de los atacantes y de los defensas (por ejemplo 3:2 o 4:3) se fijan de tal manera que los jugadores tengan que moverse, cambiar sus posiciones, desmarcarse o bien pasar el balón en los espacios libres.

A los niños les gustan los juegos de gatos, porque siempre son interesantes y cautivadores. Desbordar a un "gato" eficazmente significa una experiencia de éxito. Pero siempre hay que prestar mucha atención que la tarea es ejecutada con entrega y de un modo competitivo, para que el ejercicio no se convierta en un juego indeciso y vago. Por medio de los juegos de gatos se puede acostumbrar a los niños a la disputa y control del balón.

Los atacantes trabajan los pases precisos y exactos, la recepción de balón, el desmarque y los apoyos, el cambio de posición, la percepción rápida de situaciones de juego y su mejor resolución, la conservación del balón, el cambio de ritmo en el juego a través de interacciones fomentadas (uno o dos toques de balón, empleo de la pierna débil).

Los defensas pueden trabajar la interceptación del balón, la ocupación de la línea interior, la defensa al hombre balón o a todo el equipo (forechecking), el estar-siempre-en-movimiento, la presión constante.

En los juegos de gatos normalmente hay cambios de papeles cuando:

– el "gato" pudo tocar el balón;
– el "gato" pudo recuperar el balón;
– el pase del atacante estuvo mal (en este caso cambia aquel "gato", que más tiempo ocupó el papel de perseguidor);
– el balón salió del campo de juego;
– la acción del pasador fue antirreglamentaria.

Gana el que menos veces era "gato". Cuando los "gatos" durante mucho tiempo no pudieron recuperar el balón, el entrenador adjudica de nuevo los papeles. Los "gatos" reciben por cada toque y recuperación del balón un punto. Gana el que más puntos ha conseguido.

## EJERCICIOS DE MARCAJE Y DESMARQUE

Estas formas jugadas contienen ya en sí todos los elementos de la táctica colectiva ya que dos equipos luchan uno contra el otro. Uno se esfuerza en conservar el balón tanto tiempo como sea posible, y el otro quiere recuperarlo.

Empleando estos medios de entrenamiento, se tiene que explicar a los niños el objetivo metodológico para que puedan realizarlo ellos conscientemente.

Ejercicios de marcaje y desmarque suponen un paso más en la progresión metodológica, dado que se pueden practicar con su ayuda todos los elementos del juego colectivo de forma aplicada a la competición. Los puntos esenciales de la formación pueden ser tareas individuales o colectivas de ataque o defensa previamente fijadas.

El atacante puede entrenarse en la sincronización y precisión de los envíos, pases cortos, pases diagonales abriendo los espacios, el control de balón por medio del dribling y los pases en combinación con fintas. Por añadidura pueden ser entrenados también el juego sin balón, el continuo y útil cambio de posiciones, el desprenderse del marcador, el cambio de ritmo en el juego de ataque por medio del juego directo, el comportamiento en la disputa por el balón, la rápida conmutación de ataque a defensa y al revés. Al mismo tiempo se entrena con ello también la rápida percepción (comprensión) de las situaciones de juego. Los defensas perfeccionan las formas de interceptar el balón, la toma de la línea interior, el marcaje al hombre flotante y consecuente. Por añadidura, los jugadores se acostumbran también a adaptarse a los rápidos cambios en las situaciones de juego, por ejemplo, en la disputa por el balón pasar enseguida de defensa a ataque. El planteamiento metodológico de tareas también es influido por el énfasis que se da en el entrenamiento, poniendo en primer plano la técnica o la táctica o bien el desarrollo de la condición física.

Los ejercicios de marcaje-desmarque no permiten la consecución de un gol, sino que los jugadores se disputan la posesión del balón. No obstante se puede determinar un vencedor, dando puntos a la ejecución de determinadas tareas. A los atacantes por ejemplo se les puede, después de haber fijado y dado a conocer antes las reglas, anotar un punto por pase y un gol por diez puntos. A los defensas se les puede dar puntos por cada recuperación del balón.

Sin embargo, no es necesario siempre trabajar con puntos. Los jugadores mantienen la concentración y se emplean a fondo también sin la adjudicación de puntos, si son elogiados por el entrenador de vez en cuando.

El cambio de papeles depende del objetivo metodológico y de las reglas previamente determinadas. Por ejemplo: `

– El equipo que defiende devuelve el balón a los pasadores después de cada recuperación, o sea un equipo entrena el pase y el otro la interceptación del balón, y tan sólo después de un determinado tiempo se efectúa un cambio de papeles.
– Cuando los defensas recuperan el balón, ambos equipos cambian de papel.

## *FORMAS JUGADAS CON PORTERÍAS PEQUEÑAS*

Estos juegos se emplean sobre todo para el entrenamiento de tareas tácticas de preparación del ataque o bien para impedir la construcción de un ataque. Estos juegos constituyen el paso de los juegos de marcaje-desmarque a los juegos con dos porterías. Únicamente el planteamiento de tareas difiere; consiste en llevar un ataque orientado a una determinada dirección con siguiente tiro a una pequeña portería. La portería pequeña tiene una anchura de 1 m y una altura de 50 cm; Los jugadores pueden jugar con 2,3,4 y 6 porterías. Resulta favorable trazar delante de las porterías un semicírculo de 3 m; esta área no puede ser invadida por nadie. Las porterías pequeñas también se pueden colocar a 3 m detrás de la línea de fondo; entonces la línea de fondo no puede ser atravesada por los jugadores.

### Juegos para la preparación del ataque

El equipo atacante prepara una ocasión de tiro o cabezazo a portería. El equipo que juega en defensa trata de estorbar y defiende el espacio delante de la portería. La preparación de un tiro o golpeo de cabeza a portería se lleva a cabo por regla general delante de la línea de 16 m o en un campo más pequeño en la zona correspondiente. En estos juegos se combinan al mismo tiempo el tiro o cabezazo a portería con la preparación del ataque (construcción de ataque). Cambios de ritmo rápidos y cortos en espacios reducidos favorecen la elaboración de una posibilidad de tirar a puerta o bien de situaciones repentinas, sorprendentes y facilitan por lo menos la conclusión eficaz de una acción.

### *Juegos para la preparación del ataque*

– Juegos en campos reducidos con dos porterías con portero;
– Juegos con una portería;
– Juegos en campos reducidos con dos porterías en la mitad del campo grande;
– Juegos con dos porterías en campo "acortado".

## *JUEGOS EN CAMPOS REDUCIDOS CON DOS PORTERÍAS CON PORTERO*

Esta forma de entrenamiento ya parece mucho al "verdadero" partido de competición. Dos equipos juegan uno contra el otro, practicando así los jugadores la mayoría de los elementos del juego del fútbol. La tarea principal consiste en conseguir goles. Este objetivo principal puede ser complementado por objetivos metodológicos parciales, o sea se pueden crear interacciones metodológicamente fomentadas, por ejemplo, para la construcción de juego (preparación de ataque), para la preparación del tiro a portería o para el comportamiento en defensa.

Si el peso principal lo lleva la preparación técnica, se puede hacer que entrenen insistiendo bajo distintas premisas en el tiro a portería, la recepción de balón o las fintas. Al mismo tiempo estos juegos también se prestan al entrenamiento de planteamientos tácticos bajo condiciones de competición: Por ejemplo acciones de estrategia del ataque y de la defensa, del cambio rápido de ataque a defensa y al revés, de la rápida percepción de situaciones, del trabajo en equipo de sus distintas partes en ataque y defensa, de la preparación y ejecución de lanzamientos a portería. También existe la posibilidad de destacar la preparación física: Partido con un pequeño número de jugadores, ataque obligatorio, consecuente y obligatorio marcaje al hombre, etc. Empleando estos medios de entrenamiento, se observa también que el juego sin rumbo en campo reducido y las "pachangas" están por equivocación relativamente difundidos. Sin embargo, si se hace entrenar rigurosamente estos juegos, sus ventajas son bastante numerosas:

– se pueden entrenar casi todos los elementos del fútbol;
– favorecen el juego intuitivo, ya que el campo es más pequeño y el número de jugadores también;
– les gustan a los niños, facilitando así la práctica de planteamientos metodológicos;
– la preparación funcional y de tareas en el campo es universal;
– los jugadores tocan con frecuencia el balón y se integran bien en el juego;
– frecuentes cambios de situación pasando de ataque a defensa y al revés;
– la posibilidad de poder meter goles hace el juego atractivo y palpitante;
– los recorridos son cortos, favorecen la preparación física orientada hacia la velocidad y son menos exigentes con respecto a la resistencia general básica;
– son apropiados para la ejecución de pequeños "torneos";
– las medidas del campo de juego, el tamaño de las porterías y el número de jugadores pueden ser variados libremente en función del objetivo del juego;

– si se delimita por ejemplo la superficie de juego (varios equipos entrenan simultáneamente en el campo de juego), se puede variar el número de jugadores según el planteamiento metodológico;
– se juegan por todas partes, en parques, campos de juego y en los demás espacios libres; o se traza la cancha; polígonos urbanos y parques se pueden utilizar los campos vallados y frecuentemente asfaltados de fútbol o balonmano, canchas de fútbol pueden ser divididas en varios campos de juego más pequeños, etc.;
– las porterías pueden ser determinadas en distintas medidas, su anchura es generalmente de 3 a 5 metros; si solamente puede ser determinada la anchura, debe ser marcada de antemano para evitar discusiones (indumentos, piedras, estacas de madera y demás objetos); también la altura debe ser fijada y marcada de antemano; en el juego con dos porterías pueden ser colocadas y utilizadas las porterías de balonmano, pueden ser puestas boca abajo para la práctica de lanzamientos a ras del suelo, o bien se utilizan porterías portátiles de distintos tamaños.

## JUEGOS CON UNA PORTERÍA

Los juegos con una portería muestran todo el juego del fútbol.

Contienen el ataque y la defensa, el lanzamiento a portería y la interceptación del balón o bien los preparan de forma aplicada a la competición. Pero también el juego con una portería consigue su objetivo sólo cuando los atacantes y defensas se emplean a fondo y si han de entrenar siempre tareas de planteamientos tácticos. Si se destaca la preparación del ataque o se entrena cualquier otra tarea táctica, es suficiente una portería más pequeña. Si se quiere hacer entrenar igualmente la preparación del ataque y su conclusión, se deben emplear porterías más grandes según la edad de los jugadores y las medidas del campo.

En función de los objetivos fijados se pueden cambiar el número de los jugadores, la superficie de juego y las medidas de las porterías.

### – Número de jugadores.

Por medio de un número más elevado de jugadores por equipo de atacantes, se puede facilitar el ataque. El número de jugadores tiene que ser utilizado sobre todo para un mejor aprovechamiento de las ocasiones de gol y tiro a portería. Los delanteros también pueden recibir instrucciones especiales: Recepción y tiro a portería; ataque en abanico, para separar a la defensa; cambio de orientación del ataque; cabecear a la portería. Los defensas pueden entrenarse en la resolución de distintas variantes de defensa para encontrar la mejor, si juegan en inferioridad numérica: Pérdida de tiempo, demora del ataque, estorbar la construcción del ataque (defensa dilatoria).

Si los defensas juegan en superioridad numérica, pueden entrenar la solidificación de la defensa, el pressing, el marcaje consecuente al hombre con los jugadores contrarios previamente fijados; los atacantes entrenan las resoluciones más oportunas jugando en inferioridad numérica: Lanzamientos a gran distancia, driblings, centros, ganar tiempo conservando el balón, etc.

También pueden fijarse distintas tareas cuando ambos equipos tienen el mismo número de jugadores, sea para los atacantes o sea para los defensas o bien para ambos equipos.

– La eficacia del entrenamiento también puede ser elevada aumentando o disminuyendo las medidas del campo de juego o de la portería.

Por añadidura, se pueden también cambiar las reglas de juego. Para los atacantes, por ejemplo, se puede fijar el número o el tiempo de pases o que puedan tirar libremente a portería fuera del área, pero dentro del área sólo directamente con una determinada pierna o que solamente puedan cabecear a la portería. Para los atacantes se puede fijar que no puedan efectuar interceptaciones de balón y solamente bloquear al jugador con balón; pero en todo caso tienen que atacar a los delanteros; o pueden defender con marcaje al hombre o en zona.

### Variantes del cambio de papeles:

– Después del tiempo fijado, los atacantes y los defensas intercambian sus papeles; por ejemplo, un equipo ataca constantemente mientras que el otro defiende; después de un ataque con o sin éxito devuelve el portero el balón en este caso a los atacantes. Pero si los defensas, por ejemplo, han recuperado el balón, lo entregan a los atacantes en una línea de demarcación previamente trazada o lo conservan y tienen que jugar al primer toque hasta que los atacantes lo vuelven a conquistar.

– Cuando los defensas han interceptado el balón, también puede llevarse a efecto un cambio de papeles. Pero el jugador que ha interceptado el balón, no puede tirar a portería directamente, sino al disparo a puerta tiene que preceder al menos un pase. En esta variante de cambio de papel los jugadores pueden entrenar la rápido transición de ataque a defensa y al revés.

## JUEGOS CON DOS PORTERÍAS

El empleo de juegos de esta categoría representan un paso más en el aumento del grado de dificultad, una progresión metodológica. El campo de juego se divide en dos o tres partes. Con estos juegos se entrenan en principio tareas parecidas a las del juego con una portería. La diferencia consiste en que se combina la construcción de juego con la preparación de ataque y también se perfecciona la compenetración de las distintas partes del equipo. Según unas condiciones de juego previamente fijadas se pueden practicar diferentes variantes de ataque y defensa, y planteamientos de táctica individual y colectiva. También se pueden variar el tamaño del campo de juego, el número de jugadores y número de equipos. También el número y la porción de atacantes o bien defensas pueden ser determinados previamente, teniendo que adaptar en este caso los objetivos metodológicos y el tamaño del campo de juego a estas condiciones de juego.

En función del elemento esencial del entrenamiento (técnica, táctica o condición física) se eligen las apropiadas formas de juego o bien se fijan las condiciones de juego (planteamientos).

### A) Juego de dos campos con dos porterías

Distinguimos las siguientes variantes:

– El campo de juego es dividido en dos mitades iguales por medio de una línea de demarcación;
– En el medio se marca una zona neutral, en la cual no pueden permanecer ni los atacantes ni los defensas. La anchura de esta zona puede variar.

En cada una de las zonas pueden permanecer solamente los atacantes y defensas previamente determinados que ejecutan las tareas correspondientes al objetivo de entrenamiento.

El juego es idóneo para la práctica de planteamientos tácticos específicos de ataque y defensa.

El número o bien las condiciones de juego de los atacantes y defensas en las respectivas zonas pueden ser variados en función del objetivo de entrenamiento:

– los atacantes en superioridad numérica;
– los defensas en superioridad numérica;
– igual número de atacantes y defensas.

### B) Juego de tres campos con dos porterías

El campo de juego es dividido en tres áreas. En los dos tercios exteriores juega un número fijo de atacantes y delanteros y en el medio los jugadores que construyen los ataques y que inician el juego o bien los defensas que quieren impedir el ataque. Todos los jugadores pueden jugar solamente en su respectiva sección. Esta forma de ejercicio es parecida al juego de dos campos en tanto que los jugadores en ambos campos exteriores tienen que resolver tareas parecidas; sin embargo, la relación con el juego aplicado a la competición a dos porterías es mayor, ya que los jugadores en la zona del medio preparan el ataque y remate de un ataque.

El ejercicio en tres zonas es apropiado sobre todo para el entrenamiento del cambio de ritmo. En el campo del medio se efectúan muchos pases, para encubrir la intención de ataque. Los puntos esenciales en los campos exteriores pueden ser la rápida conclusión de un ataque o salvar rápidamente el medio campo.

Los defensas en el campo del medio pueden entrenar el impedimento del ataque contrario por medio del contraataque o bien pasar rápidamente de ataque a defensa. En la zona exterior se practican la interceptación de balón o la defensa dilatoria, el impedimento del tiro a puerta y el rápido ataque después de una recuperación del balón.

Tanto en los campos exteriores como en la zona interior pueden ser fijadas tareas especiales de la técnica, táctica y condición física. Aumentando y disminuyendo los campos de juego o el número de jugadores pueden fomentarse otras interacciones metodológicas.

### JUEGO CON DOS PORTERÍAS EN UN CAMPO "ACORTADO"

Esta forma jugada se parece aún más al juego real a dos porterías. No se marcan zonas, el campo más pequeño acorta el camino a la portería. Hay menos actividad inútil en la preparación del ataque, muchos pases superfluos pueden ser evitados. La construcción del ataque y su preparación pueden combinarse mejor, el ataque se lleva más rápidamente a cabo.

En el campo acortado, los jugadores se encuentran más veces en una posición favorable de lanzamiento que en el campo normal, con un buen pase ya llegan a la zona peligrosa de gol. Al mismo tiempo, corresponde la preparación de ataque aproximadamente a la del juego en el campo grande, y también el remate se lleva a cabo bajo condiciones adecuadas a la competición. A consecuencia del campo acortado, la rápida transición de ataque a defensa y al revés cobran más importancia, ya que un pase preciso y exacto contribuye a una más rápida conclusión del ataque. La superficie de juego puede ser organizada como sigue:

– La portería portátil se coloca en la línea media, si el juego se disputa en una mitad del campo entero;
– la portería está a 16 metros detrás de la línea media, correspondiendo ésta a la línea del área grande;
– las porterías portátiles se colocan sobre las líneas del área grande;
– las porterías portátiles se ponen sobre las líneas laterales, el campo de juego abarca media cancha grande;
– pueden trazarse superficies de tamaño parecido fuera de las canchas.

El número de jugadores se varia en función del tamaño del campo, del objetivo fijado y de la edad de los jugadores. Pueden plantearse distintas tareas en relación a la construcción o conclusión de un ataque o bien con respecto a las acciones defensivas.

### FORMAS COMPLEJAS DE EJERCICIOS Y COMPETICIONES DE TIRO A PORTERÍA

Las formas de competición y de juego para la práctica del tiro y golpeo de cabeza a portería tienen únicamente un objetivo, el de conseguir goles. Los atacantes intentan meter goles y la tarea de los defensas es la de impedírselo y defender la portería. Estas formas de ejercicios se llevan a cabo directamente delante de la portería para poder elaborar un gran número de ocasiones de gol.

En partidos de liga, de copa y amistosos o en el entrenamiento deciden los goles logrados la victoria. La verdadera alegría por el juego viene dada por la consecución de goles, que son la coronación del juego. ¡El sentido del juego del fútbol consiste en marcar goles! A esta meta han de subordinarse todas las acciones en el campo de juego. En un partido de equipos equivalentes se dan por regla general solamente pocas ocasiones claras de gol. Bastantes ventajas tiene aquel jugador que sabe aprovechar a causa de sus cualidades las ocasiones de gol que se le ofrecen. Esta cualidad (aprovechamiento de ocasiones) naturalmente tiene que ser desarrollada también en partidos de entrenamiento. El hecho de que a los niños, pero también a los jugadores mayores, les gusta ejercitarse en el tiro a puerta lo facilita. El lanzamiento a puerta no puede ser aislado del conjunto del juego. El disparo a puerta preciso y duro es "únicamente" una condición elemental. Pero el entrenamiento no se puede limitar exclusivamente a ello. Hay que prestar mucha atención al ejercicio de tiro aplicado a la competición (incluido el golpeo de cabeza). Pocas veces sucede que el atacante puede tirar o cabecear a portería desde una posición libre. Cuanto más se acerca al portero, más lo marcan y menos tiempo le queda para la ejecución. Para ello los jugadores tienen que ser preparados no solo técnica y tácticamente, sino también psíquicamente.

El entrenamiento del portero bajo condiciones aplicadas a la competición se lleva a cabo con rigor y en el marco del entrenamiento de tiro a portería, ya que la defensa de los tiros a puerta apoya al mismo tiempo el ejercicio variado y entrenamiento aplicado a la competición de la técnica del portero. Condiciones elementales para el tiro a puerta son la precisión y la fuerza. Los jugadores normalmente disparan duro a portería, lo que, sin embargo, no puede ser a costa de la precisión. Por eso han de practicarse también cuidadosamente los disparos precisos (lanzamientos de precisión). Las exigencias de precisión también pueden ser destacadas exhortando a los jugadores iniciar los disparos con poca dureza para aumentarla después paulatinamente.

Para la ejecución técnica de un tiro resulta decisivo con que parte del pie se golpea el balón:

– Con el empeine total se logran los disparos más duros, ya que la pierna es lanzada en dirección de la portería y se da plenamente en el centro del balón. Este tiro se aplica por regla general en balones que van por alto en dirección del tiro o en balones que vienen por delante o bien sobre bote pronto, así como en disparos de volea y volea con giro. También puede ser enviado el balón por encima de un portero que sale con una vaselina como toque de empeine total.

– El golpe con el lado interior es uno de los tiros a portería más frecuentes. Los jugadores tiran muy frecuentemente balones que vienen rodando o desde el lateral con el lado interior. También se emplea muchas veces en los golpes francos a puerta, porque el balón puede ser golpeado con más precisión con el lado interior. Este tipo de golpeo se observa más frecuentemente en jugadores con las piernas en forma de X.

– El golpe con el empeine exterior es apropiado para el tiro a puerta de balones aéreos y de balones que vienen desde el lateral, ya que el empeine exterior representa una superficie relativamente grande; y la postura del cuerpo inclinado hacia fuera mantiene al contrario alejado del balón. A jugadores que tienen las piernas arqueadas les gusta tirar con el empeine exterior.

– Clases de toques menos usuales se emplean frecuentemente como tiro a portería, si la situación lo requiere así y si resultan oportunos. Estas no se enseñan independientemente, pero de vez en cuando hay que indicar en qué situación de juego se utilizan mejor.

También para el cabezazo, la precisión y la fuerza son requerimientos elementales. Condición previa para la correcta ejecución es golpear el balón en la medida de lo posible con el centro de la frente, porque la frente representa la superficie más grande en la cabeza. Además resulta oportuno si los jugadores que cabecean no pierden de vista la colocación del portero y las acciones de los defensas. La precisión en el golpeo de cabeza se desarrolla mejor con distintos ejercicios de golpeo de cabeza de precisión. El golpeo de cabeza puede ser efectuado desde parado, en salto y en carrera. El golpeo de cabeza en plancha se emplea cuando el balón llega más alejado y debajo de la altura de la cabeza. Esta técnica permite ejecutar el cabezazo repentinamente y con fuerza. También desviar el balón con la cabeza resulta ser un efecto de sorpresa y es eficaz. Con el golpeo de cabeza, el balón puede ser enviado hacia abajo, a media altura y alto. Un cabezazo que viene imprimido hacia abajo lo desvía el portero con más dificultad. Un centrochut puede ser cabeceado con más éxito a la portería que un balón aéreo que se encuentra mucho tiempo en el aire, ya que puede ser cabeceado con más fuerza y porque al contrario casi no le queda tiempo para su defensa.

La eficacia es todavía más grande, si el jugador corre al encuentro del balón, se anticipa y dispara el balón por medio de un cabezazo a la portería.

Para el entrenamiento del tiro a portería pueden ser recomendadas las siguientes formas de ejercicios:

- Formas de ejercicios y juegos sencillos del tiro a portería (y golpeo de cabeza);
- formas de ejercicios y competiciones complejas;
- formas de ejercicios y competiciones bajo condiciones facilitadas a una portería;
- juegos en el "minicampo" a dos porterías

## FORMAS SENCILLAS DE EJERCICIOS Y COMPETICIONES DE TIRO A PORTERÍA

La precisión y un correcto movimiento son las condiciones esenciales para el éxito del tiro a puerta. Otros factores a tener en cuenta son los siguientes: Empleo de la fuerza en el golpeo; la posición hacia el balón! Arranque y velocidad de arranque. Dado que la ejecución rápida es importante, se debe practicar el tiro a portería menos después de una recepción de balón, sino más bien directamente, con la siguiente progresión didáctica.

- Golpes a balones parados, rodados, botados y por alto;
- tiros a puerta sobre pase de un compañero
- progresión como arriba;
- Tiros a puerta tras regateo de un contrario activo. El ejercicio aplicado a la competición apoya esencialmente el desarrollo de la capacidad de tiro. En la disputa con el contrario el jugador siempre se esfuerza en vencer a su compañero de juego. En los ejercicios de tiro, se favorece con ello la capacidad de concentración, el jugador se fija más en el lanzamiento y no se vuelve tan rápidamente liviano (frívolo).
- Tiros a puerta tras regate de un contrario activo: En la competición se efectúan los tiros a puerta por regla general bajo acoso activo de un contrario. Para desarrollar el comportamiento en la disputa por el balón se recomienda enseñar su técnica y táctica también en combinación con el lanzamiento a portería. El jugador tiene que aprender de tal forma la carga y la defensa de la carga, el

control del balón, la protección del balón en la conducción por medio de fintas, el tiro a puerta con control y dominio de balón, para que pueda aplicar eficazmente estas capacidades y habilidades también en la competición.

Las formas de ejercicios 1:1 se prestan para el entrenamiento individual perfeccionando el empleo útil en la competición.

### Formas complejas de ejercicios y competiciones de tiro a portería

Los ejercicios complejos consisten en variantes distintas de trabajo combinado. Si estos ejercicios se llevan acabo sin contrario, con planteamientos técnico-tácticos en combinación con la práctica de tiro a portería aseguran la variedad en el entrenamiento. Dado que estos ejercicios se pueden efectuar en distintas formas, desarrollan la velocidad y velocidad resistencia. Es importante que los jugadores se ejercen también en el tiro a portería cuando ya están cansados. Ejercicios complejos pueden ser llevados a efecto por 2, 3 o más jugadores, eventualmente también por una parte del equipo, con el objetivo de entrenar comportamientos tácticos elementales en combinación con el tiro a portería. El entrenamiento se hace más aplicado a la competición, si los jugadores ejecutan los ejercicios complejos bajo inclusión de un contrario activo. El tiro a portería tiene lugar siempre en proximidad del adversario, en medio de sus acciones activas de defensa. Marcados estrechamente al hombre en el gentío apretado delante de la portería, los jugadores no luchan solamente por la posesión o defensa del balón, por la elaboración de una ocasión de tiro, sino también por la posición más favorable. Sólo romper con decisión y valentía en la defensa contraria conlleva una lucha dura.

Si los jugadores entrenan el tiro a portería aisladamente, sin acoso contrario, sucumbirán en las disputas duras de la competición y no podrán poner en juego la técnica y la táctica aprendidas. Por eso se puede experimentar una y otra vez, que muchos delanteros prefieren cargar con la responsabilidad de preparación del ataque que con la de la conclusión, del remate (a pesar del hecho que a cada jugador le gusta meter goles). A este nivel de entrenamiento, se puede crear con la ayuda de una segunda o varias parejas de jugadores las condiciones adecuadas de la competición. Con todo esto resulta importante que los ejercicios no estaban construidos, sino que fueron creados de forma aplicada a la competición. Por eso, no es que no importe que ejercicios se empleen para un determinado grupo de edad, un determinado nivel de conocimientos, sino que el entrenador reflexione muy bien que planteamientos, que interacciones fomentadas, etc., pueda exigir de sus jugadores. Para citar solamente algunos ejemplos:

- El jugador que inicia la jugada no es presionado por nadie, pasa el balón a su compañero en el momento más idóneo, cuando éste se ha desmarcado de su defensa;
- se limita el espacio motor o la actividad de los defensas a favor de una conclusión eficaz del ataque;
- los atacantes están en superioridad numérica, los defensas pueden moverse y robar el balón libremente.

## FORMAS DE COMPETICIÓN Y DE JUEGO EN UNA PORTERÍA BAJO CONDICIONES FACILITADAS

Esta formas jugadas se emplean bastante en el proceso de entrenamiento, ya que ofrecen la posibilidad de tirar muchas veces a portería bajo condiciones parecidas a la competición. Para poder satisfacer el objetivo metodológico elemental perfeccionamiento del tiro a portería hay que crear para los atacantes unas condiciones facilitadas. Esto es posible por medio de:

- Limitación de las libertades de acción de los defensas;
- disminución del número de defensas en relación con los atacantes;
- aumento de la superficie de juego (crear más espacio de juego para los atacantes).

## JUEGOS CON DOS PORTERÍAS EN "MINICAMPOS"

El juego en un "minicampo" es el más idóneo para la práctica del tiro a portería y su defensa bajo condiciones aplicadas a la competición. La meta decisiva del fútbol es y sigue siendo la consecución del gol o bien desde el punto de vista del defensa, su impedimento. Estos juegos contienen de forma comprimida la disputa de un remate con éxito o bien impedir un ataque y el rápido contraataque.

Las ventajas del juego aplicado a la competición con dos porterías en el "minicampo" son:

– Casi de minuto a minuto está en peligro una u otra portería, cada jugador obtiene la posibilidad de tirar portería;
– en contraposición a los juegos con una portería cambian los papeles de los atacantes o bien defensas con la posesión del balón;
– la rápida transición de ataque a defensa y al revés es entrenada muy intensamente;
– los atacantes permanecen siempre cerca de la portería, hecho que produce de por sí un gran número de ocasiones de lanzamiento a portería;
– los atacantes tienen que tirar a portería en espacios reducidos y bajo el acoso activo del contrario;
– los defensas tienen la posibilidad de enviar pases en largo y de tirar a portería desde cualquier punto del campo de juego;
– dado que los atacantes permanecen constantemente en proximidad a la portería, los defensas se encuentran bajo una presión permanente;
– el entrenamiento intenso del comportamiento de disputa en ataque y defensa;
– el planteamiento metodológico puede ser variado o bien facilitado aumentando o disminuyendo el numero de jugadores;
– la variación de la relación entre defensas y atacantes en cada una de las partes del campo de juego ofrece posibilidades de variaciones tácticas;
– los porteros están bajo una presión constante y entrenan adecuadamente con respecto a la competición, con un número elevado de repeticiones. En cada campo de fútbol se puede marcar una "minicancha":
– La portería portátil se coloca a 16 metros de la línea del área grande enfrente de la portería del campo de juego. La anchura puede ser la anchura total del campo o la delimitación prolongada del área de penalty;
– la portería portátil puede ser colocada a 5 metros de la línea del área de penalty, la anchura del campo de juego corresponde o a la anchura del área de penalty o a la del área pequeña;
– si no se dispone de ningún campo de fútbol, se fija el tamaño del campo de juego y de las porterías en función del objetivo metodológico del juego (p.ej. 32 por 40 m = línea prolongada del área de penalty o 18 por 22 m = línea prolongada del área pequeña.

## El partido de competición

El peldaño metodológico más alto en el marco de la preparación a largo plazo de los jugadores de fútbol representan los partidos en campos reglamentarios. Los jugadores pueden ensayar ya en el entrenamiento el partido de competición. Pero estos partidos solamente son eficaces si se fijan tareas y objetivos metodológicos. Aquí se realiza todo lo que los jugadores ya han aprendido en los juegos reducidos. Ordenados en función de sus tareas y planteamientos, se clasifican los partidos de competición de la siguiente forma:

– Partido con dos porterías con planteamiento de tareas;
– partidos de entrenamiento;
– partidos de preparación;
– partidos de liga, de copa y otros.

### PARTIDO CON DOS PORTERÍAS
### CON PLANTEAMIENTO DE TAREAS

El partido se juega en una superficie de juego correspondiente a la edad, y se plantean distintos problemas técnicos, tácticos y de desarrollo de la condición física con determinadas consignas y tareas adicionales.

Los atacantes o bien defensas realizan tareas tácticas en condiciones facilitadas o dificultadas. Tareas adicionales para elementos técnicos también sirven a los planteamientos tácticos.

### PARTIDOS DE ENTRENAMIENTO

Los jugadores tienen la posibilidad de entrenar las habilidades y destrezas técnicas, pero sobre todo también tácticas, de forma aplicada a la competición. El objetivo consiste en el adiestramiento específico de sistemas de táctica colectiva de ataque y defensa según los siguientes puntos de vista:

– organización del equipo;
– adiestramiento de distintas partes del equipo;
– compenetración del equipo;
– ensayos con determinados jugadores;
– mejora de la condición física por medio de tareas especiales.

Los partidos de entrenamiento se juegan generalmente en grupos dentro del equipo. De esta manera, el entrenador puede corregir errores, parar el juego si es necesario y dirigir la atención al correcto comportamiento táctico.

## PARTIDOS DE PREPARACIÓN

Los partidos de preparación se juegan normalmente contra otros equipos. Con la ayuda de estos partidos se puede evaluar el rendimiento de distintas partes del equipo y del equipo entero, el empleo de jugadas ensayadas de estrategia y la condición física. Luego se determinan, en base a esta evaluación, el planteamiento o bien los puntos esenciales de preparación para el siguiente partido.

Los partidos de preparación solamente tienen un sentido si sirven a un objetivo predeterminado: jugar a menudo sin más perjudica más que beneficia. Por eso hay que escoger al contrario –si es posible– conscientemente. Pero no es necesario disputar cada semana un partido de preparación, porque es imposible aprender y controlar de semana a semana un nuevo elemento de juego.

## PARTIDOS DE LIGA, DE COPA Y OTROS

Un equipo siempre tiene que prepararse bien para este tipo de encuentros. Las ventajas y puntos débiles del equipo, la forma y los rendimientos de los jugadores pueden ser evaluados según las observaciones del entrenador. Después de haber evaluado las conclusiones positivas y negativas de los partidos de preparación, se preparan en el entrenamiento los partidos decisivos. Este proceso perdura durante todo el campeonato. La fuerza, la capacidad de rendimiento y el saber hacer solamente dan buen resultado en el juego. A través de los partidos se consolida o se estabiliza el rendimiento. Cada partido es una nueva prueba para el equipo. Cada jugador rinde en el partido según lo que ha aprendido en el entrenamiento. La eficacia del entrenamiento llevado a cabo se muestra en el éxito o en el fracaso de los jugadores. Jugar al fútbol sin más ya es divertido, pero la verdadera alegría para los jugadores es la victoria. Hay que plantearse la cuestión si es necesario que los niños pequeños y principiantes deben de disputar ya partidos de competición, dado que sus destrezas y habilidades técnico–tácticas todavía no corresponden a las exigencias de una competición. A nuestro parecer, la participación en la competición es en todo caso necesaria, porque el fútbol se hace interesante y atractivo para los niños únicamente a través de una actividad de juego regular. Solamente en la competición pueden llegar a conocer y apreciar el juego en su totalidad; naturalmente con la forma y las reglas correspondientes a su edad. Las competiciones no pueden ser reemplazadas por partidos de entrenamiento. Los partidos de competición no son la meta a esta edad, sino el medio.

Hay que tratar adaptar el número de competiciones a la edad de los niños y que los planteamientos didácticos ocupen el primer plano. Muchas veces los niños son alineados en dos equipos; se les echa el balón y se les dice que tienen que disputar ahora un partido de competición. Tal partido sin meta no contribuye al desarrollo integral. Los niños no aprenden el variado empleo de la técnica y de la táctica, porque en la mayoría de los casos los más hábiles cogen enseguida el balón y los otros pocas veces tienen la posibilidad de evolucionar sobre el campo.

**Formas de juego y de competición para el entrenamiento de la táctica**

### *EDAD COMPRENDIDA ENTRE 4 Y 6 AÑOS*

109. Balón llamada. Los niños se colocan alrededor del monitor, quien lanza el balón al aire y llama por su nombre a uno de los niños. El jugador en cuestión coge el balón y llama: ¡Alto! Después lanza el balón dando a uno de sus compañeros. El juego continúa así (Figura 60).

110. Llenar la cesta. El monitor tiene una cesta, un cubo o una caja de cartón con balones, que lanza a distintas direcciones iniciando así el juego. La tarea de los niños es la de coger tantos balones como sea posible y de volver a meterlas en la cesta. Por cada balón reciben un punto. Los mismos niños cuentan los balones recogidos por ellos. Ganador es el que más puntos tiene (Figura 61).

111. Un campo de juego previamente marcado es dividido en dos partes por una cuerda tensada a una altura de 1,50 a 2 metros

**Figura 60**

**Figura 61**

(también red de voleibol). Dos equipos con 2 a 5 jugadores cada uno se lanzan el balón a través de la cuerda. La manera de lanzar puede ser libre, pero también predeterminada. El equipo consigue un punto con cada balón atrapado. 10 o 20 puntos cuentan como un gol. Gana el equipo que más goles ha conseguido (Figura 62).

*Figura 62*

112. Juego de gatos con la mano. De 6 a 8 niños se lanzan el balón por turno libre. El "gato" está en el medio. Si atrapa el balón, cambia el sitio con el jugador cuyo pase ha podido interceptar (Figura 62). Para los avanzados se puede aumentar el grado de dificultad, por ejemplo diciendo que los jugadores que pasan o cogen mal el balón tienen que cambiar con el "gato" (Figura 63).

**Figura 63**

113. Competición de tiros a una portería. Un niño tira el balón desde una distancia determinada a la portería. Otro niño juega de portero; cambian después de cada 10 lanzamientos o otro jugador tira. ¿Quién ha metido más goles (Figura 64)? Si después de cada 10 lanzamiento cambia el portero, gana el que menos goles ha encajado. El número de jugadores por grupo no ha de pasar de 3 a 4.

114. Competición de tiro con dos porterías. Juegan dos parejas, de las cuales uno de los dos jugadores tira a la portería de la otra pareja. Los otros jugadores recogen los balones. Cambian de papeles después de cada 10 tentativas. ¿Qué pareja pudo conseguir más goles (Figura 65)?

**Figura 64**

**Figura 65**

115. Competición de tiros de precisión a una portería pequeña. De cada una de tres parejas tira un jugador a portería; los compañeros recogen los balones detrás de la portería. Cambio de papeles después de cada 10 tentativas; o bien pueden tirar también del otro lado ¿Qué pareja pudo conseguir más goles (Figura 66)?

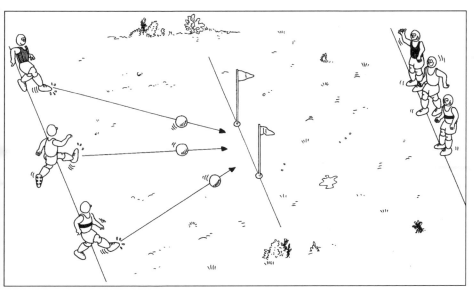

**Figura 66**

116. Juego 1:1 a una portería con portero. Los jugadores pueden tirar desde los dos lados (desde delante y desde atrás). De vez en cuando se cambia al portero. ¿Quién ha conseguido más goles (Figura 67)?

117. Juego con una portería, 2:2. Un jugador de la pareja de defensas protege la portería (portero) – él es el último defensa. La pareja atacante tiene que meter tantos goles como sea posible. Los goles pueden ser metidos por delante o por atrás. De vez en cuando cambian las parejas los papeles. ¿Qué pareja consigue más goles (Figura 68)?

**Figura 67**

**Figura 68**

118. Juego con dos pequeñas porterías. Dos parejas juegan una contra la otra. De cada pareja un jugador se coloca con las piernas separadas y forma una portería; los otros dos jugado-

**Figura 69**

res tienen que tirar a la portería contraria – pueden estar detrás o delante de la portería (Figura 69).

119. Juego con dos porterías con dos porteros. Juegan dos equipos de cuatro jugadores cada uno. Una pareja de cada equipo está en la portería, la otra ataca o defiende. De vez en cuando cambian de tarea dentro del equipo. ¿Qué equipo logra más goles (Figura 70)?

120. 3:3 con dos porterías con portero. Los goles pueden ser metidos por delante y por atrás. De vez en cuando cambian los porteros. ¿Qué equipo mete más goles (Figura 71)?

121. Juego por el pasillo. De 6 a 8 niños forman un círculo y se agarran de las manos. Un jugador que está en el medio trata de tirar el balón por un hueco fuera del círculo. Los otros tratan de impedirlo cerrando el hueco (Figura 72).

## EDAD COMPRENDIDA ENTRE 6 Y 8 AÑOS

122. Juego de gatos con la mano. De cuatro a seis jugadores en círculo se pasan el balón libremente. En el medio hay un "gato".

**Figura 70**

**Figura 71**

**Figura 72**

Un error en la recepción o cuando el "gato" ha interceptado el balón, se cambia con él el sitio. Los pases pueden efectuarse desde de pie o desde sentado previo acuerdo (Figura 73).

*Objetivo:* Desarrollo del dominio del balón; regatear a un defensa.

123. Juego de gatos con el pie. De cuatro a seis niños se colocan en círculo y se pasan el balón; en el medio el "gato". No puede coger el balón con la mano, sino tiene que intentar interceptarlo por medio de un juego de colocación perspicaz. El cambio de papeles se lleva a cabo con el jugador, cuyo balón fue interceptado por el "gato" (Figura 74).

**Figura 73**

*Objetivo:* Desarrollo del pase preciso y raso, de la interceptación del balón; regatear al defensa; disputa por el balón y desarrollo de la colocación.

124. 3:3; Pases con la mano. Cada tres o cuatro jugadores forman
dos grupos. Los jugadores de un grupo se lanzan el balón y el
contrario se esfuerza por interceptarlo. No está permitido golpear el balón de la mano (Figura 75).
*Objetivo:* Desarrollo del dominio del balón; formación de la
colocación en ataque y defensa así como del juego sin balón.

125. Juego por el pasillo. Juegan tres grupos; los grupos A y C se
colocan en los extremos y el grupo B en el medio. Los grupos
A y C se pasan cada uno dos balones. Si los jugadores en el
medio logran interceptar un balón, lo dejan a un lado. Luego

**Figura 74**

cambian los grupos de manera que cada uno juego una vez en el medio. Gana el grupo que menos tarda en interceptar todos los balones (Figura 76).

*Objetivo:* Reconocer el pasillo y percibir el momento más oportuno de pase, desarrollo de los pases a ras del suelo; conducción de balón; colocación del defensa.

126. Competición de tiros a una portería. Juegan dos jugadores; uno de ellos tira, el otro es el portero; si el jugador mete gol, sigue tirando. Si no logra conseguir un gol, cambio de papeles. Se pueden variar la distancia de tiro y el tamaño de la portería (Figura 77).

*Objetivo:* Entrenamiento del disparo duro y preciso a portería y del juego de portero.

**Figura 75**

127. Rey de los lanzamientos desde los 11 y 7 metros. Participan tres jugadores; uno está en la portería, un segundo tira desde los 7 u 11 metros y el tercero recoge los balones. Cambio de papeles después de cada 10 tentativas. ¿Quién ha conseguido más goles (Figura 78)? Si participan más de tres jugadores se coloca el que ha metido un gol detrás para el siguiente turno. El que no ha conseguido un gol, cambia el sitio con el portero y éste espera su turno. ¿Quién ha conseguido más goles en 10 minutos?
     *Objetivo:* Ejercicio de lanzamiento a portería en el área de penalti y entrenamiento de portero.
128. Tiro a portería con planteamiento de tarea. De cada lado tira un jugador por turno tras haber fijado previamente unas tareas; por ejemplo lanzamiento desde parado, sobre conducción de balón, sobre pase del portero. ¿Quién consigue más goles?

**Figura 76**

**Figura 77**

**Figura 78**

Después de cada 10 tentativas cambia un jugador con el portero (Figura 79).

**Figura 79**

También se puede hacer que el jugador que no mete gol tiene que cambiar con el portero. ¿Quién ha conseguido más goles en diez minutos?

*Objetivo:* Entrenamiento del disparo duro y preciso y del portero.

129. Competición de tiros a dos porterías. La secuencia del ejercicio corresponde a la del ejercicio 114. El tiro, sin embargo, tiene que ser llevado a cabo con el balón parado o pegándole a bote pronto. La distancia y las medidas de la portería pueden ser variadas.

*Objetivo:* Entrenamiento del tiro y del portero.

130. Tiro a portería sobre conducción de balón. Se traza una línea a una distancia de 2 a 3 metros de ambas porterías. En cada una de las porterías se coloca un jugador; los otros dos devuelven los balones. Uno de los jugadores conduce el balón hasta la línea y tira desde ahí. Al mismo tiempo sale también el otro jugador de su portería hasta la línea e intenta impedir el lanzamiento. Después de cada diez lanzamientos o de un determinado tiempo cambio de papeles. ¿Quién puede meter más goles (Figura 80)?

*Objetivo:* Entrenamiento del disparo duro y preciso y del portero.

131. Competición de tiro a portería de tres. Se divide por medio de una línea el campo entre dos porterías en dos partes. El juga-

*Figura 80*

dor número A conduce el balón desde la portería hasta la línea media y tira a la portería del jugador número B, quien trata de parar el balón. Luego intercambian los jugadores A y B rápidamente sus posiciones, y B conduce el balón hasta la línea media y tira a la portería de C. C defiende la portería, cambia su posición con el jugador número B y tira a la portería de A. El ejercicio se efectúa seguidamente. ¿Quién consigue más goles en un determinado tiempo (Figura 81)?

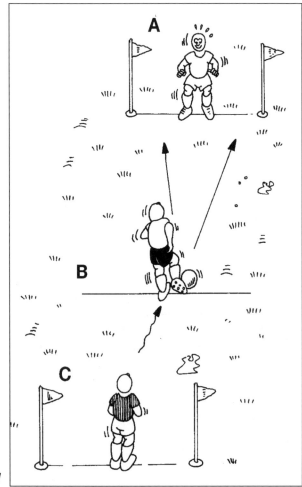

**Figura 81**

*Objetivo:* Entrenamiento del tiro a portería sobre conducción de balón y del portero.

132. Tiro a portería sobre pase. Dos parejas compiten una con la otra. Las parejas se colocan en las porterías. Uno de los jugadores pasa el balón a su compañero, quien lo tira a portería. El tiro puede efectuarse directamente o sobre recepción de balón. Luego continúa la segunda pareja el juego de la misma manera. ¿Qué pareja tira más goles (Figura 82)?

**Figura 82**

*Objetivo:* Entrenamiento del tiro a portería sobre pase y del portero.

133. 1:1 a una portería pequeña (Consecución de gol posible desde los dos lados). Dos a tres parejas juegan 1:1 con un balón cada una, a una portería. El jugador en posesión del balón tiene que tratar de meter un gol. Su contrario intenta impedírselo o de ganar la posesión de balón. En caso de gol la posesión de balón cambia al jugador contrario. ¿Qué jugador consigue más goles en un tiempo determinado? También se puede jugar como juego de equipo. En este caso se suman los goles del equipo (Figura 83).

**Figura 83**

*Objetivo:* Entrenamiento de tareas individuales de ataque y defensa, de fintas, de la interceptación y de la disputa por el balón.
134. 1:1 en una portería con portero. Dos parejas juegan, indepen-
dientes una de la otra, sobre una portería. En la portería está
un portero neutral. Cada pareja tiene un balón. El jugador que
tiene el balón en su poder trata de marcar un gol; la tarea del
otro es la de impedírselo o bien de recuperar el balón. Después
de un gol el portero lanza el balón a una zona neutral. ¿Quién

mete más goles en un tiempo determinado, o qué pareja ha conseguido más goles (Figura 84)?

**Figura 84**

*Objetivo:* Entrenamiento de tareas individuales de ataque y defensa, de las fintas de interceptación, del tiro a portería y del portero, así como de la disputa por el balón.

135. **2:1 con una portería.** Tres jugadores juegan uno contra el otro con un balón sobre una portería. El jugador que está en posesión del balón trata de marcar un gol y los otros dos tienen la tarea de impedirselo o bien de marcar ellos mismos un gol después de haber recuperado el balón. Se puede jugar este juego sin portero o con portero neutral. Tras la consecución de un gol el juego se reinicia lanzando el portero el balón a una zona neutral. El ganador es quien primero ha conseguido 10 goles (Figura 85).

**Figura 85**

*Objetivo:* Disputa individual por el balón; entrenamiento de fintas, de la interceptación de balón y del tiro a portería. 2:1 con una portería pequeña (es posible meter gol por ambos lados). Dos grupos de tres jugadores cada uno juegan independientemente una de la otra con un balón sobre una portería pequeña. Dentro de un grupo juegan dos atacantes contra un defensa. La portería está puesta en un círculo con un radio de dos a tres metros. El gol solamente es válido si el tiro se efectúa desde fuera del círculo. Si el defensa recupera el balón, cambia con el jugador que la ha perdido. (Figura 86)

**Figura 86**

*Objetivo:* Preparación del lanzamiento a portería (preparación de ataque) y remate (conclusión de ataque); pase; colocación en ataque y defensa, entrenamiento de fintas y de la intercepción de balón; desarrollo de la capacidad de juego.

137. 1:1 sobre dos porterías pequeñas. Se forman dos grupos de tres; dos jugadores de cada grupo forman sentados una portería. Los otros dos jugadores tiran a estas porterías. Se determina de antemano si se puede meter gol solamente por delante o por delante y desde atrás o bien solamente en la portería contraria o en ambas porterías. Cada dos o tres minutos se efectúa un cambio de papeles con uno de los jugadores sentados del propio equipo. Los goles de un equipo se cuentan seguidamente. Gana el grupo que más goles ha conseguido (Figura 87).

*Objetivo:* Entrenamiento de ataque individual y de acciones defensivas; práctica de conducción de balón, de fintas, de la interceptación; disputa por el balón.

**Figura 87**

138. 1:1 con cuatro porterías pequeñas. La idea del juego corres-
     ponde al ejercicio 118. Cuatro jugadores con la piernas separa-
     das forman pequeñas porterías. Se puede tirar a cada una de
     ellas. Meter gol solamente es posible por delante (Figura 88).
     *Objetivo:* ver objetivo 137.
139. 2:2 con dos porterías. De dos grupos de cuatro se sientan dos
     y marcan las porterías. Juegan cada vez dos jugadores contra
     dos. Se determina antes si los goles pueden ser metidos por
     delante o también por atrás. Cambian de papeles cada tres a

**Figura 88**

cinco minutos, se suman los resultados de las parejas. ¿Qué grupo ha conseguido más goles (Figura 89)?
*Objetivo:* Entrenamiento de formas sencillas de ataque; del pase, de la conducción, de las fintas y del tiro a portería; Entrenamiento de tareas defensivas y de la colocación sencillas; interceptación del balón.

**Figura 89**

140. **2:2 con cuatro porterías.** La idea de juego corresponde al ejercicio 139; cada dos jugadores forman en posición básica cuatro porterías. Se puede tirar a todas las porterías. Se puede determinar si los goles pueden ser conseguidos por delante o también por atrás (Figura 90).
*Objetivo:* Ver ejercicio 139.

141. **3:3 con seis porterías pequeñas.** De dos grupos de seis juegan tres de cada en una zona determinada; los otros tres jugadores se colocan como porteros fijos. Las tres porterías de un equipo se marcan una al lado de la otra. Los jugadores pueden tirar a cada una de las porterías contrarias. Cada cinco minutos se efectúa un cambio de papeles con los porteros. Se suman los goles conseguidos de un equipo. ¿Qué grupo consigue más goles (Figura 91)?
*Objetivo:* El entrenamiento de sencillas formas del juego colectivo de ataque y defensa, del cambio de orientación, del tiro a portería, de la colocación oportuna, de la interceptación del balón y del portero.

142. **3:3 con dos porterías con portero.** Tres jugadores, respectivamente, juegan con dos porterías; un jugador, respectivamen-

**Figura 90**

**Figura 91**

te, es el portero: Juegan en el campo, pero pueden parar con la mano. Los porteros son cambiados de vez en cuando (Figura 92).

*Objetivo:* Entrenamiento de tareas del juego de ataque y defensa individual y colectivo; entrenamiento del tiro a portería y del portero.

143. 3:3 con dos porterías con portero fijo. Dos jugadores, respectivamente, son los porteros; no se delimita el campo de juego (Figura 93).

**Figura 92**

**Figura 93**

*Objetivo:* Entrenamiento de tareas del juego de ataque y defensa individual y colectivo; entrenamiento del tiro a portería y del portero.

144. Torneo de fútbol en campo reducido. En una superficie delimi-
     tada juegan 3:3, 4:4, 5:5 jugadores (un portero en la portería).
     El sistema del torneo puede ser de liga o de copa (Figura 94).
     *Objetivo:* Entrenamiento aplicado al juego con dos porterías.

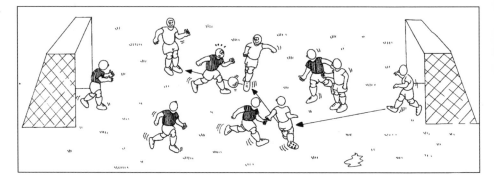

**Figura 94**

145. ¡Persígueme, si puedes! Los niños se colocan por parejas; ca-
     da jugador conduce un balón. De cada pareja un jugador con-
     duce el balón con muchos cambios de dirección y de ritmo, y
     el otro trata de alcanzarlo también con conducción de balón. Si
     lo logra, toca al primero y se cambian los papeles (Figura 95).
     *Objetivo:* Entrenamiento de conducción con cambio de direc-
     ción y de ritmo.
146. ¡Imítalo! Un jugador conduce el balón como quiere, y cinco a
     seis jugadores conducen también el balón y ejecutan los mis-
     mos movimientos como el primero. La tarea, por ejemplo, po-
     dría ser: Adopción de distintas posiciones corporales, cambios
     de ritmo y dirección, voltereta hacia adelante, etc. De vez en
     cuando se intercambia al jugador que guía (Figura 96).
     *Objetivo:* Entrenamiento del manejo de balón de forma lúdica y
     alegre.
147. ¡No pierdas el balón! Sobre una superficie marcada de 4 x 4
     hasta 6 x 6 metros, de seis a ocho niños conducen el balón li-
     bremente. El que carga a su compañero de juego, pierde el ba-
     lón o sale del campo de juego, recibe un punto negativo.
     ¿Quién tiene menos puntos negativos después de un determi-
     nado tiempo (Figura 97)?

**Figura 95**

**Figura 96**

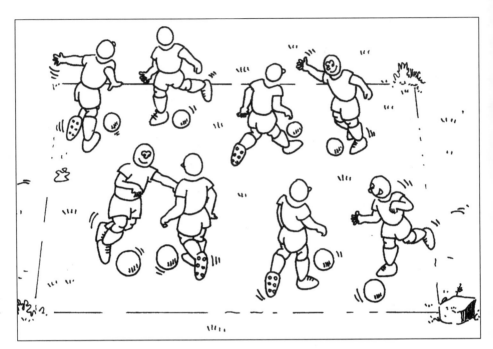

**Figura 97**

*Objetivo:* Entrenamiento de la conducción de balón con cambios de ritmo y dirección; entrenamiento de fintas.

148. Conducción con cambio de posición. Se trazan dos líneas paralelas de manera que se crucen con otras líneas que también están paralelas entre sí. Juegan cuatro grupos de tres jugadores. Cada jugador conduce un balón. A una señal, todos conducen el balón con velocidad hasta la línea opuesta. Tienen que tener cuidado que no tropiecen unos con otros o que pierdan el balón. Gana el grupo cuyos tres jugadores primero estén sentados sobre el balón en la línea opuesta (Figura 98).

*Objetivo:* Entrenamiento de la conducción a un ritmo elevado y de la protección del balón.

149. Tiro de precisión a través de la línea. Dos grupos de tres o cuatro jugadores juegan sobre una superficie delimitada. La meta es la de tirar el balón desde la línea de fondo hasta más allá de la línea de portería del contrario. Los jugadores pueden parar el

**Figura 98**

**Figura 99**

balón también con las manos y devolverlo desde el punto, donde lo han cogido. Se puede determinar antes si solamente se puede golpear el balón parado o bien golpearlo tras un bote en el suelo o si únicamente es válido el balón tirado con la mano.Tras conseguir un gol, el equipo que lo ha metido reinicia el juego (Figura 99).

*Objetivo:* Entrenamiento de pases golpeados con potencia y en largo.

150. Fútbol-tenis 1:1. Uno de los jugadores tira el balón a bote pronto por encima de la red al campo contrario. El contrario puede parar el balón también con las manos tras haber botado en el suelo. Por un tiro eficaz por encima de la red, el jugador obtiene un punto. Si el balón tras bote en el suelo no puede ser tocado con la mano y devuelto por el contrario, obtiene dos puntos (Figura 100).

*Objetivo:* Perfeccionamiento del dominio de balón y entrenamiento de balones aéreos.

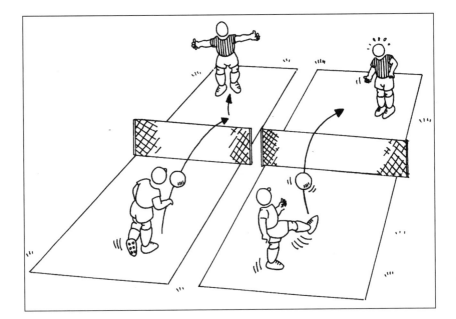

**Figura 100**

## EDAD COMPRENDIDA ENTRE 8 Y 10 AÑOS

151. Juego de gatos con recepción del balón o al primer toque. Tres niños se pasan el balón libremente, al primer toque o con recepción del balón. Al "gato" en el medio no le está permitido robar el balón, sino únicamente cortar su trayectoria y así tratar de recuperarlo. Los atacantes apoyan a su compañero ofreciéndose por el lateral. Quien comete un error, tiene que cambiar su sitio con el "gato" (Figura 101).

**Figura 101**

*Objetivo:* Entrenamiento de la colocación en ataque y defensa con el fin de la recepción de balón, del pase así como del corte de la trayectoria del balón en el pase; entrenamiento de pases precisos.

152. Juego de gatos con robo de balón. Cinco niños forman un círculo; en el medio se colocan dos "gatos". Los niños se pasan el balón libremente, al primer toque o tras recepción del balón. Los atacantes se ofrecen por el lateral para facilitar el pase del jugador que está en posesión del balón. Los gatos intentan

robar el balón corriendo rápidamente y por medio de otras
acciones. El "gato" que roba el balón cambia su sitio con el
último jugador en tocar el balón (Figura 102).

*Objetivo:* Entrenamiento de la colocación en ataque y defensa
con el fin de la recepción de balón, del pase así como del corte de la trayectoria del balón en el pase; entrenamiento del juego de pases precisos y de la interceptación del balón.

153. Pases con toque de precisión. Cuatro a seis niños forman un
círculo. Por medio de pases tratan de jugar el balón a través de
un círculo o un cuadrado dibujado en el medio. Uno o dos
defensas tienen la tarea de interceptar el balón sin utilizar las
manos, pero con anticipación y un juego de colocación perspi-

*Figura 102*

caz. Si los atacantes logran pasar y controlar el balón a través de la zona marcada, reciben un punto. Si los defensas interceptan el balón, lo reciben ellos. Después, el balón es devuelto a los atacantes. El juego continúa cada dos o tres minutos con una nueva pareja de defensas. ¿Quién ha conseguido más puntos (Figura 103)?

*Objetivo:* Entrenamiento del toque preciso y de la recepción del balón; del corte de la trayectoria del balón; de la colocación

**Figura 103**

oportuna; desarrollo de la capacidad de evaluación de situaciones.
154. 3:3 con un jugador neutral. Tres atacantes ejecutan pases libres con mucho trabajo en carrera y un juego de colocación perspicaz; son apoyados por un "jugador neutral". Juegan hasta que el grupo contrario obtiene la posesión del balón. Después cambia la tarea y el jugador neutral apoya ahora a este equipo. Esto quiere decir que cuatro atacantes siempre juegan contra tres defensas (Figura 104).
*Objetivo:* Entrenamiento del juego en conjunto, directo o con control del balón; juego colectivo de ataque y juego sin balón; entrenamiento de la colocación oportuna, del desmarque y de la interceptación del balón.

**Figura 104**

155. Tiro a portería por turnos sobre conducción de balón. Se colocan dos porterías a una distancia de 15 a 20 metros. La zona entre las porterías es dividida en dos por una línea. En cada portería se colocan dos niños. Uno de los jugadores tira a portería sobre conducción de balón. Dos jugadores contrarios defienden la portería, o uno de los jugadores trata de acosar al atacante en el tiro saliendo de la portería. Luego inicia la otra pareja el ataque de la misma manera. Tanto el atacante como los defensas pueden moverse solamente en su mitad del campo. Los jugadores de una pareja tiran por turnos a portería (Figura 105).

**Figura 105**

*Objetivo:* Entrenamiento de tiros precisos y duros; entrenamiento de la colocación de los defensas; practicar la defensa.

156. Tiro a portería sobre pase. Dos parejas compiten una contra la otra. La pareja de defensas se coloca en la portería. Un jugador de la pareja atacante juega el balón con un pase largo a su compañero en carrera, para que éste pueda tirar directamente a portería. Después de haber iniciado la jugada, uno de los de-

fensas puede salir para evitar el tiro. Luego continúa la pareja de defensas el juego de la misma manera. Cambio de papeles dentro de la pareja después de 10 tentativas (Figura 106).
*Objetivo:* Entrenamiento del tiro directo a portería; práctica de pases precisos y golpeados con fuerza; colocación del defensa; entrenamiento del portero.

**Figura 106**

157. Ejercicio de tiro con dos porterías. A una distancia de 15 a 20 metros se marcan dos porterías y el campo de juego es dividido en dos por una línea. Una pareja de atacantes y una de defensas juegan una contra la otra. La pareja atacante recibe el balón. Ambos defensas se encuentran en la zona de portería. Un jugador de la pareja de defensas se coloca en la portería y el otro recoge los balones detrás de la portería. Después de un determinado número de ataques (por ejemplo 10) cambio de papeles dentro del equipo. Gana la pareja que más goles ha conseguido (Figura 107a hasta 107 e).
*Variante a)* Tiro a portería sobre pase y desde un ángulo corto. El jugador que inicia la jugada, envía el balón con un pase largo a su compañero en carrera, quien lo tira aún delante de la línea directamente a portería (Figura 107 a).
*Objetivo:* Entrenamiento del tiro directo a portería sobre pase desde un ángulo corto; entrenamiento del portero.

**Figura 107a**

**Variante b)** Tiro a portería sobre un pase enviado en diagonal. El pasador juega el balón con sincronización a su compañero en carrera, quien lo tira directamente a portería delante de la línea (Figura 107b).
*Objetivo:* Entrenamiento del tiro directo a portería sobre pase sincronizado; entrenamiento del portero.
**Variante c)** Tiro a portería sobre pase transversal. El pasador conduce el balón hasta la línea media y lo juega transversal-

**Figura 107b**

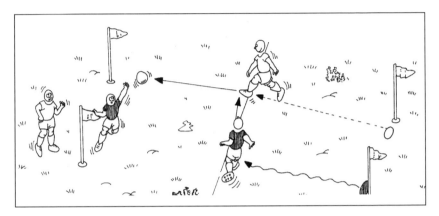

**Figura 107c**

mente a su compañero quien corre con él, para tirarlo directamente a portería (Figura 107c).
*Objetivo:* Entrenamiento de la colocación en ataque, del tiro directo a portería; entrenamiento del portero.
**Variante d)** Tiro a portería sobre pase hacia atrás. El jugador
conduce el balón hasta más allá de la línea media y lo juega dia-
gonalmente hacia atrás a su compañero quien le esta siguiendo
para tirar el balón directamente a portería (Figura 107d).

**Figura 107d**

**Figura 107e**

*Objetivo:* Práctica del pase preciso y sincronizado hacia atrás, del tiro directo y del juego del portero.

**Variante e)** Tiro a portería con defensa activa por parte del portero. El tiro a portería se efectúa según las variantes a hasta d, pero el portero trata de impedir el ataque saliendo de la portería y desviar el lanzamiento. El atacante puede tirar según cada situación directamente tras recepción de balón, sobre conducción de balón, tras fintas (Figura 107e).

*Objetivo:* Entrenamiento del tiro a portería con regate al portero, juego del portero para el impedimento del tiro o interceptando el balón.

158. 2:1 con dos porterías. Tres parejas compiten unas con otras. De dos parejas de defensas siempre un jugador se coloca en la portería, el otro defiende. La pareja del medio es la pareja atacante. Su tarea consiste en rebasar a los defensas por medio de pases, conducción de balón o una finta y de tirar a portería. A continuación de la conclusión de un ataque, juegan a la otra portería. Cambio de papeles después de 10 tentativas (cada una de las tres parejas desempeña una vez el papel de pareja atacante). ¿Qué pareja ha metido más goles (Figura 108)?

*Objetivo:* Entrenamiento de medios individuales y colectivos de ataque; de medios individuales de defensa y del portero.

**Figura 108**

**Figura 109**

159. Golpeos de precisión con la cabeza. En el suelo se marca como meta un círculo o un cuadrado. Los jugadores se colocan
uno enfrente del otro con el círculo en el medio, lanzan el balón
al aire y lo cabecean a la meta. Cada acierto cuenta como un
punto. ¿Quién consigue más aciertos con 10 tentativas? Esta
forma de ejercicio también puede ser llevada a cabo en forma
de competición entre las parejas (Figura 109).
*Objetivo:* Entrenamiento del juego de cabeza.
160. Cabecear a la portería. Uno o más jugadores cabecean desde
una línea a la portería en la que hay un portero. El cabezazo se
ejecuta o sobre un autopase o sobre un pase de otro jugador.
¿Quién logra más goles con 10 tentativas (Figura 110)?
*Objetivo:* Entrenamiento del cabeceo preciso y del portero.

**Figura 110**

161. Cabeceo sobre dos porterías. Se colocan dos porterías a una distancia de 3 a 6 metros. Hay un jugador en cada portería. El jugador que tiene el balón se lo lanza al aire y cabecea a la portería contraria para meter gol. Su oponente puede parar el balón con la mano o devolver el cabezazo directamente o tras bote en el suelo. La consecución de un gol directo cuenta el doble. Cada jugador tiene 10 tentativas. ¿Quién logra el mayor número de goles (Figura 111)?
*Objetivo:* Entrenamiento del golpeo de cabeza y de la creatividad.

**Figura 111**

162. Juego con una portería con dos balones. Cinco niños juegan con dos balones; en la portería se coloca un portero. Los jugadores en posesión de un balón tratan de meter un gol, mientras que los otros tres jugadores intentan impedírselo o recuperar el balón para meter ellos mismos el gol. Se puede determinar si el gol vale solamente por delante o por ambos lados. De vez en cuando se cambia el portero. ¿Quién consigue más goles en un tiempo fijo (Figura 112)?

**Figura 112**

*Objetivo:* Práctica de fintas, de la conducción y del tiro a portería; entrenamiento de la interceptación de balón, del portero, del comportamiento en la disputa por el balón, de la creatividad e improvisación.

163. 1:1 con cuatro porterías pequeñas. Cuatro jugadores con las piernas separadas forman las porterías, colocadas en distintas posiciones. Dos parejas juegan cada una 1:1 y tratan de meter goles que pueden ser conseguidos desde todas las direcciones o, con el correspondiente acuerdo, solamente en las porterías de los jugadores contrarios. Cada tres minutos se lleva a cabo un cambio de papeles entre los que juegan y las parejas que forman las porterías. Según el objetivo didáctico se puede fijar el número de vueltas (Figura 113).

*Objetivo:* Práctica de fintas, de la conducción, del tiro preciso, de la interceptación de balón, del comportamiento en las disputas y de la capacidad de improvisación.

164. 3:1 con una portería con portero. Tres atacantes juegan contra dos defensas. Uno de los defensas tiene que proteger la porte-

**Figura 113**

ría. Los atacantes pueden tirar desde ambos lados a portería. ¿Quién consigue más goles (Figura 114)?

*Objetivo:* Desarrollo de ataques en superioridad numérica con medios de la táctica de ataque individual y colectiva; entrenamiento del comportamiento defensivo jugando en inferioridad numérica, de la interceptación, del juego del portero y de la capacidad de improvisación.

165. 4:2 con una portería con portero. Cuatro atacantes juegan contra dos defensas. Cada cinco a diez minutos cambian dos atacantes y la pareja de defensas sus posiciones. Los goles para los atacantes se cuentan continuadamente (Figura 115).

**Figura 114**

**Figura 115**

*Objetivo:* Desarrollo de ataques en superioridad numérica con medios de táctica colectiva de ataque; entrenamiento del tiro a portería, de la colocación de la defensa en inferioridad numérica, de la interceptación y del portero; fomento de la capacidad de improvisación.

166. 2:1 con tres porterías pequeñas. Las porterías son marcadas por un triángulo; en sus extremos se colocan banderolas. Tres parejas compiten entre sí. Dos parejas atacan y una defiende para que juegue siempre una pareja contra un defensa. Se puede tirar a las tres porterías. Cada cinco minutos cambian los defensas. ¿Qué pareja consigue más goles (Figura 116)?
*Objetivo:* Desarrollo de planteamientos individuales y colectivos con los atacantes en superioridad numérica; entrenamiento de la colocación, del comportamiento defensivo en inferioridad numérica así como de la interceptación.

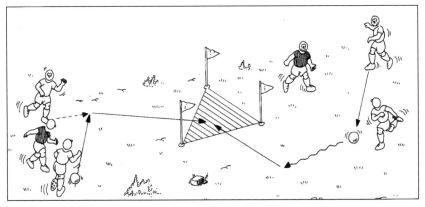

**Figura 116**

167. 2:1 con una portería con portero. Dos parejas juegan una contra la otra. De la pareja de defensas un jugador protege siempre la portería. Se puede acordar si se puede tirar solamente por delante o también por atrás a la portería. Cambio de papeles cada cinco minutos entre defensa y portero y luego entre las parejas. ¿Qué pareja logra más goles (Figura 117)?
*Objetivo:* Desarrollo de planteamientos de táctica colectiva e individual jugando los atacantes en superioridad numérica; entrenamiento del tiro a portería, del juego defensivo en inferioridad numérica, de la interceptación y del portero.

168. 3:2 con una portería con portero. Dos grupos de tres. Tres atacantes contra dos defensas y un portero. Cada cinco minutos

**Figura 117**

cambio de papeles, para que se coloque cada vez otro defensa en la portería. Luego cambio de papeles entre los grupos. ¿Qué grupo consigue más goles (Figura 118)?

**Figura 118**

*Objetivo:* Desarrollo de sencillas formas de táctica colectiva jugando los atacantes en superioridad numérica; entrenamiento de tiro a portería, de medios individuales y colectivos de defensa jugando en inferioridad numérica y del juego de portero.

**Figura 119**

169. 1:1 con parejas de cambio. Dos grupos de tres se dividen en las parejas A, B y C. B empieza y juega 1:1. Los goles solamente pueden ser metidos por delante. Existe la posibilidad de jugar en ambas porterías o solamente a la portería contraria, previamente determinada. Las otras dos parejas (A y C) se colocan detrás de cada una de las porterías. Tras la llamada "Cambio!" continúa con el juego la pareja C y la pareja B se coloca detrás de la portería. El juego puede resultar más interesante, si las parejas no cambian según el turno fijo, sino independientemente del tiempo y según un turno variado. En este caso se llama por ejemplo: "Cambia A!" Se suman los goles conseguidos por las parejas. Gana el grupo que más goles ha logrado (Figura 119).

*Objetivo:* Desarrollo de tareas técnico-tácticas de ataque y defensa, adaptación a diferentes cargas de condición física, fomento de la capacidad de improvisación.

170. 1:1 con dos porterías con portero. Dos porterías se colocan a una distancia de 20 a 25 metros. Delante de las porterías se traza una línea a una distancia de 5 a 7 metros. Se forman cinco parejas a partir de dos grupos de cinco. Una pareja pone los dos porteros y las otras cuatro juegan cada una 1:1. El gol es válido solamente cuando el disparo se ha efectuado delante de la línea marcada y a la portería contraria. Cada tres minutos defiende otra pareja las porterías (porteros). Al final del juego se suman los goles de los grupos. ¿Qué grupo ha sido el más eficaz (Figura 120)?

*Figura 120*

*Objetivo:* Entrenamiento de tareas técnico-tácticas de ataque y defensa, del tiro a portería, del juego de portero, del comportamiento en la disputa por el balón.

171. 2:2 con dos porterías con portero. De dos grupos de tres jugadores, uno está en la portería y los otros dos juegan los unos contra los otros. Los goles pueden ser metidos por delante y por atrás. Cada tres minutos se determinan dos nuevos porteros. ¿Qué grupo mete más goles (Figura 121)?

*Objetivo:* Desarrollo de medios colectivos e individuales de ataque y defensa, del tiro a portería y del juego de portero; desarrollo de la capacidad de improvisación y de percepción de las situaciones de juego.

**Figura 121**

172. 2:2:2 con tres porterías pequeñas. Las porterías se marcan en los extremos de un triángulo. Tres parejas juegan con tres porterías. Cada pareja defiende su propia portería y ataca las otras dos. Se puede jugar también por detrás de las porterías.

Pero meter gol solamente es posible por delante. Gana la pareja que más goles ha conseguido (Figura 122).
*Objetivo:* Desarrollo de tareas de táctica individual y colectiva de ataque, desarrollo de la capacidad de improvisación y de percepción de situaciones de juego.

173. 3:3 con cuatro porterías con portero. Delante de cada portería es trazada una línea a todo lo ancho (zona de defensas); de cada grupo de cuatro jugadores uno juega en la portería y los

**Figura 122**

**Figura 123**

otros tres en la zona media. Los goles solamente son válidos si el disparo a puerta fue efectuado desde esta zona. El portero puede llevar a cabo sus tareas defensivas solamente en la zona de defensa, pero puede incorporarse al ataque si lo estima oportuno. Se cambia a los porteros cada tres a cinco minutos. ¿Qué grupo ha logrado más goles (Figura 123)?

*Objetivo:* Desarrollo de medios individuales y colectivos del juego de ataque; desarrollo de las rápidas transiciones y del cambio de orientación; fomento de la capacidad de improvisación y de percepción de situaciones de juego.

174. 4:4 con limitación metodológica para los defensas. El campo de juego es dividido en tres zonas. La zona de delante de la portería ocupa aproximadamente una cuarta parte de la cancha. Juegan dos grupos con cuatro jugadores cada uno. Los cuatro atacantes se mueven libremente en todo el campo. De los defensas juegan dos en la zona media y dos en la zona defensiva como portero y defensa. Los dos pueden parar el balón en la línea de gol con las manos. En el contraataque cambian los papeles. El antiguo equipo atacante se coloca en las posiciones defensivas. Después de 10 minutos cambio en el equipo de defensas; entre los jugadores de la zona media y los de la zona de defensa (Figura 124).

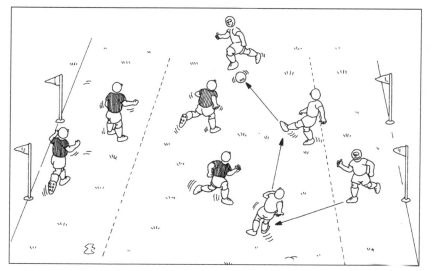

**Figura 124**

*Objetivo:* Desarrollo de un juego constructivo en superioridad numérica; práctica de tiro a portería, de medios de ataque individuales y colectivos, de la colocación de los defensas en profundidad, de los medios individuales y colectivos del juego defensivo en inferioridad numérica y del juego de portero.

175. 3:3 con dos porterías con portero. Dos equipos de cuatro jugadores juegan sobre sendas porterías, uno de cada equipo es el portero: Los porteros pueden jugar fuera, pero pueden parar el balón en un tiro a portería también con la mano. De vez en cuando se cambia a los porteros (Figura 125).

*Objetivo:* Desarrollo de tareas de táctica individual y colectiva del juego de ataque y defensa, del tiro a portería y del juego de portero.

**Figura 125**

176. Juego en campo reducido 4:4, 5:5 con dos porterías con porteros que son cambiados de vez en cuando (Figura 126).
     *Objetivo:* Entrenamiento aplicado a la competición del juego con dos porterías.

177. Torneo en campo reducido. Dos equipos de 4 o 5 jugadores y un portero juegan en un campo de juego de 40 por 30 metros (Figura 127).

**Figura 126**

**Figura 127**

178. Robo de balón. Dos grupos de tres o cuatro jugadores; cada grupo con dos balones. En un campo de juego previamente marcado conducen el balón libremente con fintas y protección de balón. El que no tiene balón, se lo "roba" al contrario. Si el balón sale fuera del campo de juego, hay que dejarlo al jugador contrario. A una señal se para de vez en cuando el juego y se cuentan los balones de cada equipo. Luego se reparten otra vez. Este recuento se repite varias veces para obtener el resultado total. Gana el grupo que más balones ha robado.

*Objetivo:* Entrenamiento de la conducción, de fintas y de la interceptación así como del comportamiento en la disputa por el balón (Figura 128).

**Figura 128**

179. Balones fuera. Juegan dos grupos de cuatro o cinco jugadores con dos o tres balones por grupo. Se marca el campo de juego; también se puede jugar en un pabellón. En el medio se tensa una red o una cuerda a una altura de 30 o 50 centímetros. Tras una señal tratan de lanzar tantos balones como sean posibles al campo contrario a través de la red. Lo mismo hace el equipo adversario. Se puede enviar el balón parado desde el suelo, desde la mano o a bote pronto; cabeceando sobre autopase, etc. Después de un tiempo determinado y tras una señal

se para el juego y se cuentan los balones de cada mitad del campo. Luego continúa el juego con el mismo número de balones. Gana el grupo que menos balones tiene después de haber sumado varias vueltas (Figura 129).
*Objetivo:* Entrenamiento de pases, del cabeceo y de la condición física.

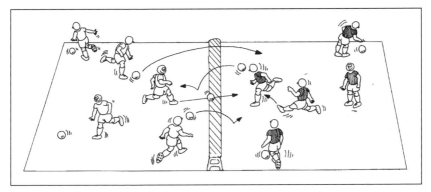

**Figura 129**

180. Juego con dos porterías con saque de banda. De dos grupos de cuatro jugadores juegan tres de cada fuera de banda; dos están en las porterías. Pases y lanzamientos a portería solamente son posibles tras un saque de banda reglamentario. Cuando el contrario recupera el balón, continúa este grupo el juego. Gana aquel grupo que más goles ha conseguido (Figura 130).
    *Objetivo:* Práctica del saque de banda correcto.
181. Juego de desplazamiento con dos porterías. En las líneas de fondo se colocan sendas porterías. Dos equipos de tres jugadores tiran por turno desde donde han logrado recibir el balón. El lanzamiento puede ser efectuado a balón parado, a bote pronto o bien desde la mano. El gol vale si el balón pasa la línea de portería por debajo de la altura de cabeza. No se puede parar con las manos. Después de un gol, se pone el balón en juego desde la línea de saque inicial (Figura 131).
    *Objetivo:* Ejercicio de despejes.
182. Pase debajo de una cuerda. Dos grupos de tres jugadores se pasan el balón en largo y a ras del suelo por debajo de una

**Figura 130**

**Figura 131**

cuerda tensada a una altura de 30 a 50 centímetros. Por cada pase correcto a ras del suelo y recepción del balón recibe el jugador un punto; si devuelve directamente el balón recibe dos puntos. También se puede jugar al mismo tiempo con dos balones. ¿Qué grupo obtiene más puntos (Figura 132)?

**Figura 132**

*Objetivo:* Entrenamiento del pase preciso y a ras del suelo con recepción y juego directo.

183. Lanzamiento de balones colgados a través de una cuerda. En ambas mitades del campo juegan dos o tres niños. Lanzan el balón por turno a través de una cuerda tensada a una altura de 120 a 150 centímetros. En el campo contrario el balón puede ser atrapado también con las manos. Se puede acordar antes si se pueden enviar los pases con la mano o tras un bote en el suelo. Jugada de falta es cuando el balón no traspasa la cuerda y si no bota en el campo del adversario. Cada lanzamiento

efectuado con éxito da un punto. Si el contrario no recibe el balón tras el primer bote, sino si lo puede devolver directamente, recibe dos puntos. ¿Qué equipo obtiene más puntos (Figura 133)?

*Objetivo:* Práctica de balones aéreos altos y precisos.

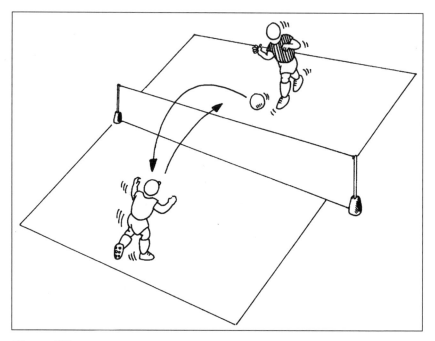

**Figura 133**

184. Fútbol-tenis 1:1. En el medio del campo se encuentra una cuerda o una red tensada a una altura de 50 centímetros. Uno de los jugadores lanza el balón sobre bote a través de la red al otro lado. Su compañero trata de devolverlo con el pie o con la cabeza. Juegan continuamente hasta que un jugador cometa un error. Como error cuenta cuando el balón se estrella contra la red, cuando bota fuera del campo o cuando bota más de tres veces en uno de los campos. Pierde quien primero llega a cometer 10 o más errores (Figura 134).

**Figura 134**

*Objetivo:* Desarrollo del dominio de balón; práctica de balones aéreos precisos.

## EDAD COMPRENDIDA ENTRE 10 Y 12 AÑOS

185. Juego de gatos 2:1. En un campo de juego delimitado se pasan dos jugadores el balón jugando contra un perseguidor. Los dos atacantes tratan de desbordar, o sea rebasar al "gato" desmarcándose continuamente, conduciendo el balón y por medio de fintas. El "gato" tiene que pelear por la posesión del balón (Figura 135).
*Objetivo:* Desarrollo de soluciones tácticas del juego individual y colectivo de ataque; entrenamiento de defensa y de la interceptación de balón.
186. 3:1 con campo neutral. En un campo de juego delimitado se divide la cancha en dos partes por una zona neutral. En cada parte juegan 3:1. Los jugadores pueden pasar libremente el balón a sus compañeros de la otra parte. La zona media no puede ser invadida. Se puede jugar al mismo tiempo con dos balones para intensificar el juego (Figura 136).

**Figura 135**

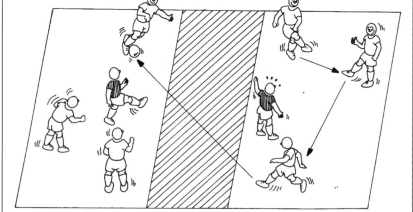

**Figura 136**

*Objetivo:* Entrenamiento del juego de ataque individual y colectivo, de la colocación de los defensas y de la interceptación del balón.

187. Jugar por encima del gato con balones aéreos. Dos jugadores se pasan balones altos. El gato solamente puede moverse a lo largo de la línea media en dirección lateral. Pero no puede tocar el balón con la mano. El jugador cuyo balón no llega al otro lado o si el gato logra interceptarlo, recibe un punto negativo. El gato es cambiado cada 3 a 5 minutos. También se puede acordar cuantas veces puede botar el balón. Gana el jugador que menos puntos negativos tiene (Figura 137).

*Objetivo:* Entrenamiento de lanzamientos precisos con el empeine interior.

188. 3:3 o 4:4. Dos grupos juegan el 3:3 o 4:4. Los jugadores de un equipo se pasan el balón en movimiento. El adversario trata de

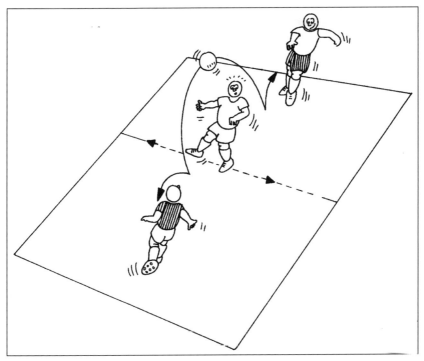

**Figura 137**

robar el balón. Si lo logra, continúa el juego con cambio de papeles. Se cuentan los pases. ¿Qué grupo consigue más pases en cinco minutos (Figura 138)?
*Objetivo:* Entrenamiento del juego de ataque individual y colectivo; entrenamiento de la defensa individual y colectiva.

**Figura 138**

189. **4:4 con capitán.** Dos grupos juegan con tres jugadores y un capitán cada uno. Los jugadores de un equipo se pasan el balón moviéndose continuamente. Cada pase logrado cuenta como un punto. Si pueden pasar el balón al capitán, cuenta el pase cinco puntos. El contrario tiene que tratar de recuperar el balón. Si consigue la posesión del balón, se efectúa un cambio de papeles. Se suman continuamente los puntos. Cada tres minutos se determinan nuevos capitanes. ¿Qué grupo obtiene más puntos (Figura 139)?

*Objetivo:* Entrenamiento del juego individual y colectivo de ataque y defensa; mayor carga para el capitán por el elevado número de pases enviados hacia él.

190. 3:3 en dos campos con zona neutral. El campo de juego es dividido en tres campos iguales. Los dos equipos juegan el 3:3 en sendas zonas exteriores (seis jugadores respectivamente).

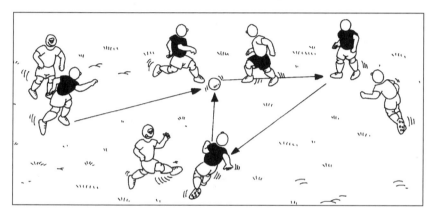

**Figura 139**

**Figura 140**

Uno de los equipos pasa el balón en largo a la otra zona. El equipo que consigue la posesión del balón, continúa con el juego. Un punto obtiene el equipo cuyos jugadores conservan el balón en su poder en el otro lado tras un nuevo pase. ¿Qué equipo obtiene más puntos (Figura 140)?

*Objetivo:* Entrenamiento del juego individual y colectivo de defensa y ataque así como de pases diagonales.

191. Fútbol de líneas. 3:3 en un campo marcado. La tarea consiste en conducir el balón más allá de la línea de fondo del contrario. Se continúa el juego desde el otro lado si el balón sale fuera del campo o si un equipo consigue un gol. El juego puede hacerse más variado, si el balón puede ser conducido más allá de todas las líneas. ¿Qué equipo logra más goles (Figura 141)?

*Objetivo:* Entrenamiento del juego de ataque individual y colectivo; entrenamiento del juego de defensa individual y colectivo; fomento de la capacidad de improvisación.

**Figura 141**

192. 3:1 con tiro a puerta. Dos grupos de tres juegan 3:1. Desde una distancia determinada juegan tres atacantes contra un defensa. Uno de los defensas está en la portería y el otro recoge los balones. Los pases y tiros se ejecutan solo directamente. Después de cada 10 tentativas, cambio de papeles. Los defensas intercambian sus posiciones por turnos regulares. Luego cambio entre los grupos. ¿Qué grupo logra más goles (Figura 142)?

**Figura 142**

*Objetivo:* Entrenamiento del tiro con jugadas de ataque rápidas, de la defensa individual en inferioridad numérica y del juego de portero.

193. 3:2 con tiro a puerta. Juegan dos grupos de tres. Tres atacantes inician el juego desde una línea previamente marcada. Dos defensas se posicionan en profundidad. En la portería se coloca un portero. Los atacantes tienen que intentar meter goles con el menor número de pases posible. Los defensas tratan de impedírselo. Cambio de papeles después de 10 tentativas. Después de cada tentativa el portero ha de ser cambiado. ¿Qué grupo ha obtenido más goles (Figura 143)?

*Objetivo:* Entrenamiento de rápidas jugadas individuales y colectivas de ataque con remate, de la defensa individual y colectiva en inferioridad numérica y del juego de portero.

194. Tiro a puerta con director de juego. Juegan dos grupos de tres, un portero y dos defensas contra tres atacantes. Los atacantes empiezan desde una línea determinada. Un atacante adopta el

**Figura 143**

papel de director de juego. Tratan de meter un gol con el menor número de pases posible. Al director de juego no le está
permitido tirar a portería. después de 10 tentativas, cambio de
papeles entre los dos grupos. Con cada cambio cambian también el director de juego y el portero. ¿Qué grupo ha conseguido más goles (Figura 144)?
*Objetivo:* Entrenamiento del tiro directo a portería tras pocos
pases; entrenamiento del papel de director de juego; entrenamiento de la defensa colectiva e individual en inferioridad numérica y del juego de portero.

195. 1:1 con tiro a dos porterías. Dos grupos de tres juegan una
contra la otra. Un jugador de cada grupo juega en la portería.
Un defensa juega en la propia mitad de juego y un atacante de
cada grupo en la mitad contraria. No se puede cruzar la línea
media. El portero pasa el balón a su compañero de juego quien
trata de tirar directamente a portería o pasa el balón al tercer
jugador de su equipo en la otra mitad de juego, para que tire
éste. Tras haber concluido con o sin éxito el ataque, el portero
pone el balón de nuevo en juego y el otro equipo inicia su ataque. Cada tres minutos cambio de papeles; todos los jugado-

**Figura 144**

res deben haber jugado una vez en cada posición. ¿Qué grupo ha conseguido más goles (Figura 145)?

*Objetivo:* Entrenamiento de acciones individuales de ataque y defensa, del tiro a puerta, del juego de portero y del comportamiento en la disputa por el balón.

196. 2:2 con tiro a dos porterías. El campo de juego es dividido en tres zonas más o menos iguales. Se forman dos grupos de tres jugadores cada una; dos jugadores de cada grupo juegan en la zona media y tiran desde ahí a puerta. Un jugador de cada gru-

**Figura 145**

po está en la portería. El portero inicia el ataque. Su compañero tira directamente a portería o pasa el balón. Cuando el contrario recupera el balón, lo pasa a su propio portero. Después
inicia el otro equipo el ataque. cada cinco minuto se cambia al
portero. Cada jugador debe de estar una vez en la portería.
¿Qué grupo mete más goles (Figura 146)?
*Objetivo:* Entrenamiento del juego de ataque individual y colectivo; del tiro a portería; de la defensa individual y colectiva, del
juego del portero y del comportamiento en la disputa por el
balón.

**Figura 146**

197. 4:2 con dos porterías con una pareja neutral. Juegan cuatro
     parejas, una pareja pone los porteros. Dos parejas juegan una
     contra la otra, y la cuarta pareja siempre juega con el equipo
     que tiene el balón en su poder (es decir el juego 4:2). Pero la
     pareja que apoya el ataque no puede tirar a portería. Los ata-
     cantes juegan al primer toque y pueden tirar solo directamente
     a portería. Tras un robo de balón o al terminar el ataque cam-
     bian de papel. La pareja de defensas ataca ahora y es apoyada
     por la pareja neutral. Después de cada cinco minutos inter-
     cambian la pareja neutral y los porteros la posición. Los anti-
     guos atacantes adoptan el papel de la pareja neutral, los porte-
     ros se convierten en atacantes, etc. ¿Qué pareja ha consegui-
     do más goles (Figura 147)?

**Figura 147**

*Objetivo:* Entrenamiento del juego al primer toque jugando los atacantes en superioridad numérica; entrenamiento de tiro a portería, de la defensa en inferioridad numérica y del juego de portero.

198. Tiro por el pasillo. El campo de juego es dividido en tres zonas iguales. Juegan cuatro grupos de tres jugadores cada una. Dos miembros de un equipo están en la portería. El tercer miembro siempre estorba a los atacantes en el tercio medio; el otro grupo ataca. El tercer y el cuarto grupo se encargan de tareas defensivas en el tercio delante de las porterías. Los atacantes juegan en el tercio medio contra un defensa (3:1) y tienen que encontrar un hueco para tirar a puerta por medio de pases y conducción de balón. Los defensas, colocándose hábilmente, tratan de impedir el tiro. Los atacantes pueden tirar por turno a una u otra portería o pueden disparar a ambas porterías tantas veces que quieran. Los tres grupos pueden jugar solamente en las zonas marcadas. Cambio de papeles cada cinco minutos. Primero cambian los atacantes con los porteros, luego los dos grupos de defensas y los atacantes, etc. ¿Qué grupo consigue más goles (Figura 148)?

*Objetivo:* Provocar la separación de la defensa y protección del espacio expuesto al peligro; entrenamiento del tiro a puerta y del juego de portero.

199. Cabeceo a dos porterías con malabarismo. Dos jugadores compiten uno contra el otro. Ambos se colocan en la portería. Uno de ellos empieza con el malabarismo de cabeza moviéndose en dirección a la portería contraria y cabecea a portería desde

**Figura 148**

un punto cualquiera. Si en el malabarismo comete un error, continúa su contrario con el juego desde donde el balón cayó al suelo. Gana aquel jugador que más goles ha cabeceado (Figura 149).

*Objetivo:* Desarrollo del dominio de balón, entrenamiento del cabezazo y del juego de portero.

200. Cabeceo a dos porterías con jugador neutral. Juegan tres niños; dos en la portería, el jugador neutral pone el balón en juego con un golpeo de cabeza, cabeceándolo una vez a un jugador y la otra vez al otro jugador quienes a su vez lo cabecean en dirección a la portería contraria. Cambio de papeles después de cada 10 tentativas. (¡Cada uno de ellos debe desempeñar una vez también el papel del jugador neutral!) ¿Quién ha cabeceado más goles (Figura 150)?

*Objetivo:* Entrenamiento del cabezazo sobre pase y del juego de portero.

201. Golpeo de cabeza de precisión con cambio de posición. Juegan tres niños; dos jugadores se colocan detrás de líneas que marcan la zona media y un jugador está sentado en el medio de esta zona. Uno de los jugadores cabecea o juega el balón a

**Figura 149**

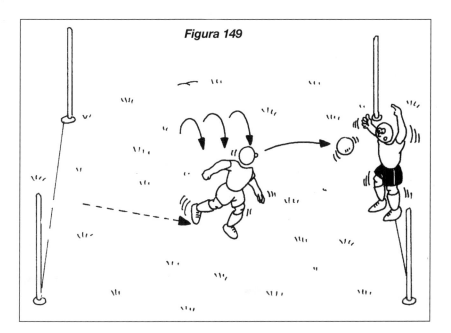

**Figura 150**

su compañero en el otro lado quien trata de dar por medio de
un cabezazo al jugador sentado en el medio. Si lo logra es él
que ahora pone el balón en juego. Si no, cambia su sitio con el
jugador que está sentado. ¿Quién consigue más aciertos (Figura 151)?

*Objetivo:* Entrenamiento del cabezazo preciso (empujar el balón hacia abajo).

**Figura 151**

202. Juego de cabeza a través de líneas. Dos parejas compiten una
contra la otra en un campo de juego marcado. Una de las
parejas empieza desde la línea de fondo. Si logran cabecear el
balón más allá de la línea de fondo del contrario, consiguen un
gol. Si los jugadores contrarios cogen el balón antes de botar
en el suelo, pueden desplazarse tres pasos hacia adelante. Si
devuelven directamente el balón mediante golpe de cabeza,
pueden repetir el cabezazo desde esta posición. Después de
haber metido gol, reinicia el juego el equipo que lo encajó.
¿Qué equipo cabecea más veces el balón más allá de la línea
de fondo contraria (Figura 152)?

*Objetivo:* Entrenamientos de golpes de cabeza en largo y en
forma de despejes.

**Figura 152**

**Figura 153**

203. Juego de cabeza por encima de una red. Juegan cada vez dos jugadores en un campo de juego marcado, dividido por una red a una altura de 1,50 a 2 metros. Los equipos juegan con dos balones. El equipo en cuyo campo no se encuentra ningún

balón, recibe un punto. Los jugadores tienen que lanzar con un autopase el balón al aire y cabecearlo o bien devolver directamente los balones que llegan del contrario por encima de la red con un cabezazo. Si no lo logran, el jugador que ha cometido un error tiene que ir a buscar el balón y llevarlo otra vez a su campo. ¿Qué equipo obtiene más puntos (Figura 153)?

*Objetivo:* Entrenamiento del cabeceo de precisión.

204. Juego de balonmano. Los goles solamente pueden ser metidos con la cabeza. En un campo de juego juegan 3 o 4 niños según las reglas de balonmano. Pero los goles solo pueden ser metidos por medio de un cabezazo sobre el pase de un compañero. ¿Qué equipo mete más goles con la cabeza (Figura 154)?

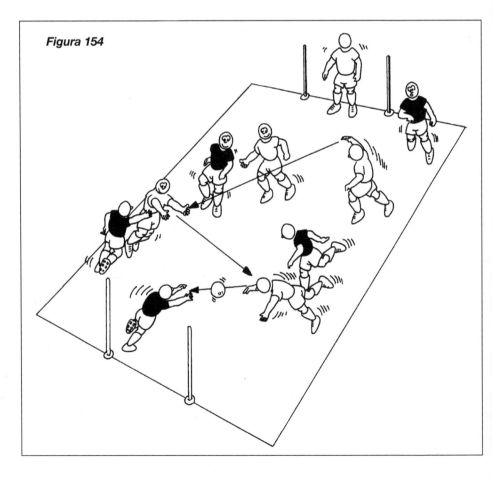

**Figura 154**

*Objetivo:* Entrenamiento del cabezazo, de la colocación en ataque y defensa.

205. 2:2 con una portería con portero. Varias parejas atacantes y de defensa juegan una contra la otra. La primera pareja atacante empieza desde una línea determinada. Al mismo tiempo sale desde la línea de fondo la pareja de defensas para impedir el tiro a portería de los atacantes. Después de un gol ambas parejas se colocan otra vez en su posición inicial. Si una pareja no consigue meter un gol, cambian de papeles (Figura 155). *Objetivo:* Ejercicio de ataques rápidos, de tiro a portería, de la rápida ocupación de posiciones defensivas y de interceptación de balón.

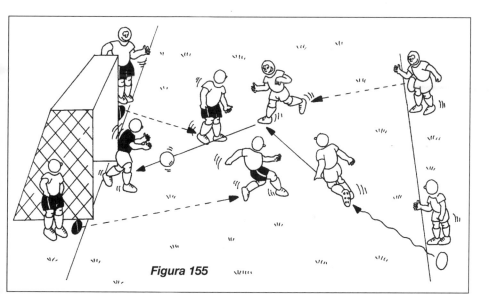

**Figura 155**

206. Ataque cronometrado a una portería. Se alinean tres atacantes contra dos defensas y un portero. Se mide el tiempo de diez ataques de la siguiente forma: Gol = 0 segundos; tiro a portería parado = tiempo de ataque hasta el tiro; pérdida de balón, no dar a la portería, etc. = 30 segundos de penalización. Cambio de papeles cada 10 ataques. Gana el grupo cuyo tiempo definitivo es menor (Figura 156).

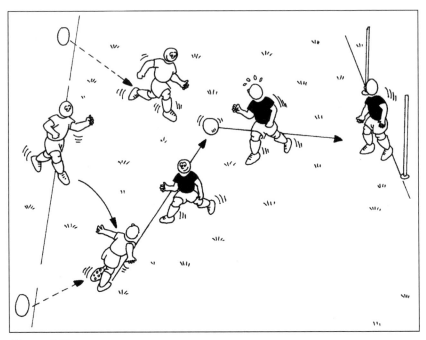

**Figura 156**

*Objetivo:* Ejercicio de ataques rápidos con remate, de colocación en defensa y de interceptación de balón.

207. 3:2 sobre una portería con portero – la consecución de un gol
solo es posible con tiros desde lejos. Tres atacantes juegan
contra dos defensas y un portero. Dentro de una línea trazada
a una distancia de 10 a 15 metros delante de la portería juegan
dos atacantes contra los dos defensas. La tarea de la pareja
atacante es la de pasar el balón al tercer jugador colocado fuera del área de penalty, ya que solamente éste puede tirar desde ahí a puerta (Figura 157).
*Objetivo:* Ejercicio de pase a un jugador libre, de tiro a distancia, de marcaje individual y de cobertura de espacios expuestos al peligro.

208. Juego sobre una portería con tres balones. Juegan cinco contra cinco en una portería con portero. A una señal empiezan
cinco atacantes desde la línea opuesta. Tres jugadores tienen

**Figura 157**

cada uno un balón y tratan de llegar a una posición favorable
de tiro para disparar a puerta, por medio de conducción de
balón o jugando con un compañero. Los defensas tratan de
impedir el ataque. Se elimina a cada balón del juego que fue
interceptado o con el que se logró meter un gol. El ataque termina cuando todos los balones están fuera de juego. Después
cambio de papeles. ¿Qué equipo logra meter más goles después de varios turnos (Figura 158)?
*Objetivo:* Desarrollo del ataque individual y colectivo, entrenamiento de tiro a portería y de la defensa individual y colectiva
así como del juego de portero, fomento de la capacidad de
improvisación y de percepción de situaciones de juego.

**Figura 158**

209. Juego de hockey. Juegan a dos porterías pequeñas 4:4 o 5:5.
El juego continúa detrás de las porterías. Pero goles solamente
pueden ser metidos desde delante. ¿Qué equipo obtiene más
goles (Figura 159)?
*Objetivo:* Desarrollo de medios individuales de ataque y defensa, fomento de la capacidad de improvisación, desarrollo de la
capacidad de percepción y evaluación de situaciones de juego.
210. 3:2 con tres porterías. Dos grupos juegan uno contra el otro; en
uno juegan tres jugadores a una portería; en el otro dos jugadores sobre dos porterías. ¿Qué grupo consigue más goles
(Figura160)?

**Figura 159**

*Objetivo:* Entrenamiento de tareas de ataque individuales y colectivos en inferioridad o bien superioridad numérica; fomento de la capacidad de improvisación.

**Figura 160**

211. Juego con dos porterías con dos extremos neutrales. 3:3 con dos porterías con portero en un campo marcado. Los dos jugadores neutrales se mueven fuera de la delimitación del campo de juego y apoyan siempre al equipo que está en posesión del balón. Cambian por turnos regulares las posiciones. ¿Qué equipo mete más goles (Figura 161)?
*Objetivo:* Entrenamiento del ataque en superioridad numérica, del juego por las bandas (extremos), de tiro a portería, del comportamiento defensivo en inferioridad numérica y del juego de portero.

212. Juego por encima de líneas con cambio de jugadores. De dos equipos (de ocho jugadores cada uno) juegan 4 jugadores de cada en el campo y 4 jugadores defienden las "líneas de fondo". Se puede meter gol cuando se logra jugar el balón a la al-

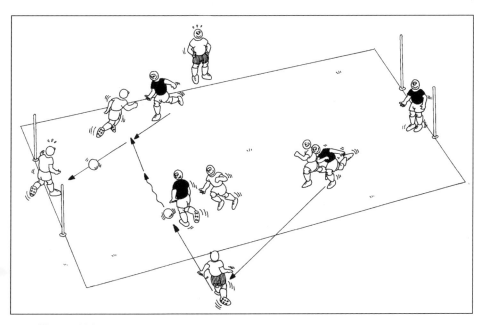

**Figura 161**

tura de las rodillas por encima de la "línea de fondo" del contrario. Los defensas solamente pueden desplazarse lateralmente sobre la línea; el balón no puede ser parado con la mano. El árbitro llama cada determinado período: "¡Cambio!". A
esta señal, los jugadores dejan el balón en el campo y adoptan
el papel de defensas en las líneas y al revés. ¿Qué equipo ha
metido más goles (Figura 162)?
*Objetivo:* Entrenamiento del ataque individual y colectivo y de
la separación de una defensa, de la solidificación de la defensa, del cambio de orientación, de la creatividad (facultad de improvisación).

213. Juego en dos campos con dos porterías con portero. Dos
     equipos de seis jugadores juegan uno contra el otro en un
     campo de juego. De cada equipo juegan en una mitad de la
     cancha dos jugadores que no pueden pasar más allá de la lí-
     nea media. Dos jugadores de cada equipo pueden jugar en to-
     do el campo. En la línea media se emparejan dos jugadores ju-

**Figura 162**

gando uno contra el otro. Cada seis a ocho minutos se efectúa
un cambio de papeles. Primero cambia la pareja interior con los
porteros, etc.; cada pareja debe haber jugado una vez en cada
posición. ¿Quién consigue más goles (Figura 163)?
*Objetivo:* Insistir en el desarrollo de tareas de ataque y defensa
y mayor presión para la pareja interior, entrenamiento de tiro y
del portero.

214. Juegos en campo reducido con interacciones fomentadas. 3:3
o 4:4 en campo reducido con portero. Las interacciones fomentadas pueden ser las siguientes:
    – Juego a dos o tres toques;
    – no permitir las fintas y la conducción de balón (no acatar es-
      tas reglas se castiga con golpes francos);
    – el tiro a puerta solo es posible después de haber tocado to-
      dos los jugadores del equipo por lo menos una vez el balón;
    – juego libre – tiro a puerta solo directo.

**Figura 163**

*Objetivo:* Práctica del juego directo, del control de balón y del tiro (directo) a puerta.

215. Juego con dos porterías con dos o tres balones (5:5, 6:6). Los equipos pueden jugar con porterías pequeñas, con porterías de balonmano o –en la mitad del campo– a la portería grande y con portero.
*Objetivo:* Desarrollo de la capacidad de concentración, fomento de la creatividad, mejora de la capacidad de soportar cargas más elevadas.

216. Torneo en campo reducido. 5:5 juegan en el campo pequeño con porteros.
*Objetivo:* Entrenamiento aplicado a la competición.

217. Tiro de precisión contra la pared. Se marcan distintos puntos de meta en una pared, a los que los jugadores tiran desde distintas distancias. El golpe puede ser efectuado a balón parado, a bote pronto, sobre conducción o sobre pase ejecutando un tiro directo, con el pie derecho o con el izquierdo. Cada acierto cuenta un punto. Gana el que más puntos ha conseguido (Figura 164).
*Objetivo:* Mejora de la precisión de tiro.

**Figura 164**

218. Tiros de precisión desde distintas distancias. A una distancia de cuatro a cinco metros de un cuadrado se trazan líneas cada dos o tres metros. Compiten de dos hasta cinco jugadores. Según cada tarea, los golpes pueden ser ejecutados a balón parado, a bote pronto, de volea y después de haber pasado un obstáculo (listón, cuerda, portería, etc.), con la zurda o con la diestra. Un jugador empieza en la línea más cercana al cuadrado. Si acierta cambia al la siguiente línea. Si yerra el tiro empieza otro jugador. Cuando le toca otra vez al jugador número 1, continúa el juego desde la línea desde la cual cometió el error. El vencedor es el jugador que primero llega a la línea más lejana (Figura 165).
*Objetivo:* Mejorar la precisión en el tiro.

219. Tenis contra la pared de tiro. En una pared se traza una línea a una altura de aproximadamente un metro y delante de la pared se marca una zona. Tres jugadores envían balones aéreos según un turno fijo contra la pared por encima de la línea marcada y para que bote al suelo dentro de la zona marcada. Los ju-

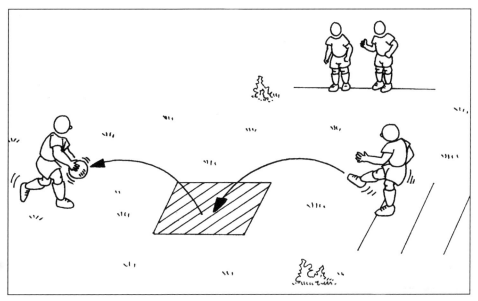

**Figura 165**

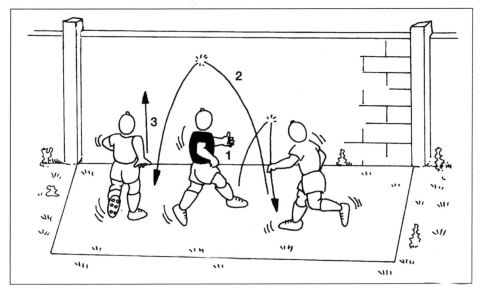

**Figura 166**

gadores que no logran volver a tirar el balón por encima de la
línea marcada contra la pared, obtienen puntos negativos;
también cuando el balón toca el suelo (bota) fuera de la zona
marcada y cuando bota más de una a tres veces (según cada
acuerdo) al suelo antes de poder jugarlo otra vez. El ganador
es el jugador con menos puntos negativos (Figura 166).
*Objetivo:* Desarrollo del dominio de balón y entrenamiento de
técnica de tiro y de la precisión en balones aéreos.

220. Juego de saque de banda por encima de líneas. Cada vez dos
jugadores se lanzan el balón ejecutando saques de banda reglamentarios en un campo de juego marcado. Si los jugadores
atrapan el balón antes de botar en el suelo, pueden adelantarse tres pasos. Si el balón toca el suelo, tienen que volver a lanzar desde ahí. Se consigue gol, si el balón traspasa la línea de
fondo del equipo contrario. En este caso el juego continúa
desde esta línea de fondo. ¿Qué pareja consigue más goles
(Figura 167)?
*Objetivo:* Práctica de saques de banda en largo.

221. Fútbol-tenis. Un jugador inicia el juego con un lanzamiento a
bote pronto o de volea. El balón puede botar solamente una
vez al suelo, pero puede ser devuelto también directamente. El
juego continúa hasta que un jugador cometa un error. Como

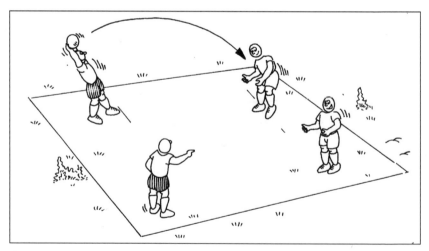

**Figura 167**

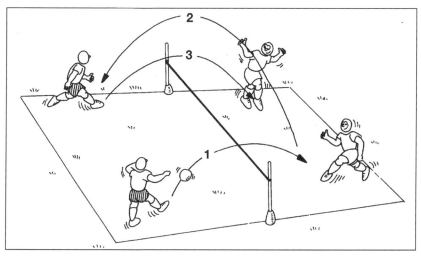

**Figura 168**

error cuenta si el balón toca más de una vez el suelo del propio campo; si se estrella en la red; si toca el suelo fuera del campo de juego; si es tocado con la mano; si no pudo ser jugado de la forma anteriormente acordada. Se juega a 21 puntos, pero también es posible determinar un tiempo fijo. Después de cada cinco puntos cambia el saque al equipo contrario (Figura 168).

## *EDAD COMPRENDIDA ENTRE 12 Y 14 AÑOS*

222. 2:1 con secuencias de pases en diagonal. Dos jugadores se pasan el balón en diagonal hacia adelante; entre ellos juega un defensa. Se marca el recorrido y se puede pasar el balón solamente hacia adelante o como mínimo jugar pases horizontales, pero nunca hacia atrás. Si el defensa intercepta el balón, lo devuelve al atacante. El jugador cuyo balón es interceptado por el defensa o el que lo pasa hacia atrás, recibe un punto negativo. Después de haber llegado de vuelta a la posición inicial, el siguiente jugador pasa a ser defensa. El juego resulta más variado e intenso, si el "gato" cambia enseguida con el jugador que acaba de cometer el error. Vencedor es quien menos puntos negativos ha sumado (Figura 169).

**Figura 169**

*Objetivo:* Desarrollo del ataque en superioridad numérica y del comportamiento individual en defensa.

223. 4:2 con cambio de papeles. En un campo marcado juegan 4 atacantes al primer toque. Son estorbados por dos "gatos" que intentan robar el balón. El que comete un error tiene que cambiar su papel con el "gato" que llegó a tener el balón en su poder. ¿Quién hizo menos veces de "gato" (Figura 170)?

*Objetivo:* Entrenamiento de pases precisos y sincronizados, de la colocación así como del comportamiento defensivo.

224. 5:2 o 4:2 con cambio de posición. Cuatro a cinco jugadores se pasan el balón a través de un círculo marcado, pero tienen que

**Figura 170**

**Figura 171**

correr detrás del balón en dirección del pase. Dos "gatos" tratan de interceptar el balón por medio de un trabajo perspicaz
de colocación y de carreras. El jugador que comete un error en
el pase recibe un punto negativo. Cada cinco minutos se determinan nuevos "gatos". ¿Quién ha obtenido menos puntos
negativos (Figura 171)?
*Objetivo:* Entrenamiento de pases con cambio de posición y
del comportamiento individual en defensa.
225. 5:4 con planteamiento de tareas. En un campo marcado juegan 5:4. Los jugadores del grupo de cinco juegan solamente al
primer toque, los del grupo de cuatro pueden jugar libremente.
Cuando ellos recuperan el balón, se lo pasan entre sí. Cada
cinco minutos se pueden cambiar las tareas para los grupos
cambiando siempre un jugador del grupo de cinco al grupo de

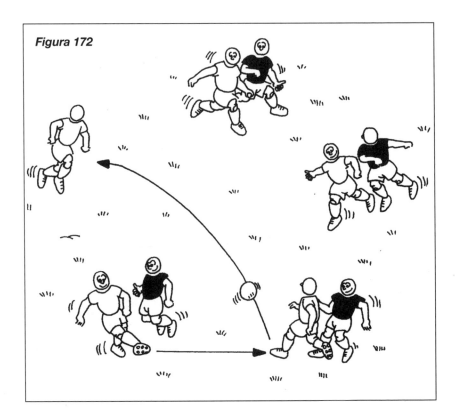

Figura 172

cuatro. Se suma el número de pases directos. ¿Qué grupo ha conseguido ejecutar más pases directos (Figura 172)?

*Objetivo:* Entrenamiento del juego de ataque, del juego sin balón, del cambio de posición, del control de balón, y del comportamiento individual y colectivo de defensa.

226. Juego sobre tres campos con jugador central. Se divide el campo de juego en tres zonas. Con todo ello, la zona interior es un poco más estrecha que las dos exteriores. Juegan dos grupos de cinco jugadores uno contra el otro. En el campo interior juegan los dos jugadores centrales y en las zonas exteriores dos jugadores de cada equipo. Los jugadores del tercio exterior intentan pasar el balón a su compañero interior, el cual a su vez tiene que tratar de jugar con sus compañeros del campo exterior. Por cada jugada a través de las zonas al otro lado y con el apoyo del jugador central obtiene el equipo un punto. Cada tres minutos se cambia la pareja interior (Figura 173).

*Objetivo:* Entrenamiento de pases, del juego sin balón, de la colocación en ataque, del cambio de orientación, del marcaje al hombre y de la interceptación de balón.

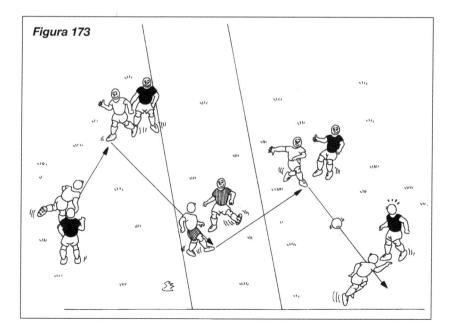

**Figura 173**

227. Juego sobre tres campos con portero y jugada de penetración individual. El campo de juego es dividido en tres zonas. En el tercio interior se pasan tres jugadores de un equipo el balón hasta que uno de ellos puede penetrar y tirar a portería sin acoso contrario (Figura 174).
   *Objetivo:* Entrenamiento del ataque colectivo, del control de balón, del desmarque, del tiro a puerta, del comportamiento individual y colectivo en defensa y de la interceptación de balón.

228. Tiro a puerta tras una disputa por el balón. Seis jugadores se colocan en doble fila. Un pasador envía el balón con precisión en dirección a la portería. Los primeros jugadores de ambas filas corren al mismo tiempo detrás del balón para alcanzar y tirarlo a portería directamente o sobre un control orientado. Luego vuelven al final de su fila. El juego sigue de forma continua hasta que le ha tocado una vez a cada jugador. Se pueden

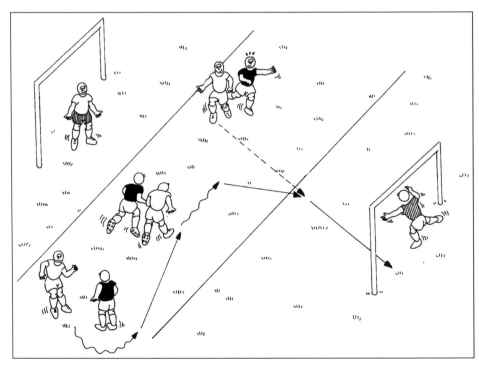

**Figura 174**

variar o sea determinar las posiciones iniciales de los jugadores, la forma de pase (pase por el aire, a ras del suelo) y el tiro (directo, tras interceptación, sobre conducción de balón, etc.). ¿Qué grupo mete más goles (Figura 175)?

*Objetivo:* Disputa por el balón, entrenamiento de tiro y de interceptación de balón.

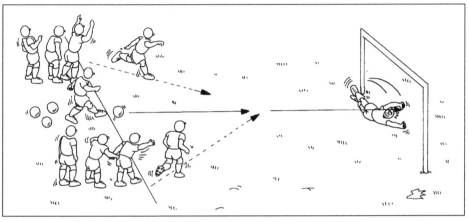

**Figura 175**

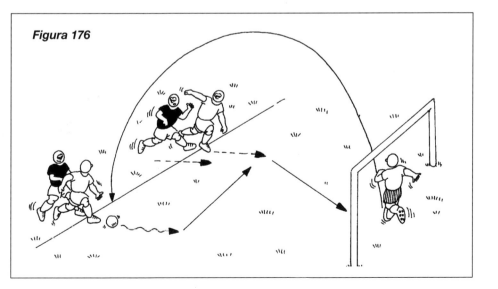

**Figura 176**

229. 2:2 con una portería. Tres parejas compiten una contra la otra; el compañero de juego del respectivo portero recoge los balones. El portero lanza el balón al campo (más allá de la línea donde están situadas las otras dos parejas). El que gana la posesión del balón intenta tirar directamente a portería o pasa el balón a su compañero de juego. Si el contrario gana la posesión del balón, lo devuelve al portero y éste inicia la jugada de nuevo. Cada diez minutos cambian las parejas. ¿Qué pareja mete más goles (Figura 176)?
   *Objetivo:* Entrenamiento del ataque individual y colectivo, del tiro a puerta, del comportamiento individual en defensa, de la interceptación y de la disputa por el balón.

230. Tiro a puerta con acoso. Se trazan dos líneas a una distancia de 15 a 18 metros de la portería. El defensa pasa el balón a su compañero de juego, corre detrás del pase y le acosa en el tiro a puerta. El defensa también puede volver a robar el balón. Cambio de papeles después de cada diez tentativas. Otro jugador recoge los balones en la zona de la portería. ¿Qué pareja consigue más goles (Figura 177)?
   *Objetivo:* Entrenamiento del tiro directo a portería y de la interceptación.

**Figura 177**

231. 2:1 con una portería. Dos parejas compiten entre sí; una pareja pone al portero y al defensa, la otra pareja ataca. Un jugador conduce el balón fuera del área de penalti paralelamente a la línea de 16 metros, ida y vuelta. Su pareja y un defensa se colocan dentro del área. En cuanto que el jugador dentro del área se haya desmarcado, se le pasa el balón para tirar directamente a portería. Después de cada diez tentativas cambio de papeles entre las parejas y luego dentro de las parejas. ¿Qué pareja metió más goles (Figura 178)?

*Objetivo:* Ejercicio de desmarque del defensa, de pases finos y precisos, de tiro a puerta, de marcaje al hombre, de interceptación de balón, de juego de portero y de conducta en la disputa por el balón.

232. Minijuego 3:2 con dos porterías. A otros 16 metros del área de penalti se coloca una portería portátil. Juegan dos grupos de seis jugadores cada uno. En cada equipo un jugador es el portero, dos jugadores son defensas y tres jugadores son delanteros. Se juega el 3:2 a dos porterías. No se puede pasar la línea

*Figura 178*

media. Los jugadores solamente pueden tirar a puerta desde dentro del campo contrario. Después de 15 minutos cambio de papeles dentro del equipo. El portero y los defensas se convierten en atacantes y al revés. ¿Qué grupo mete más goles (Figura 179)?

*Objetivo:* Entrenamiento del ataque individual y colectivo, del desmarque, del tiro a puerta en superioridad numérica, del comportamiento individual y colectivo de defensa en inferioridad numérica, de la interceptación de balón y del juego de portero.

**Figura 179**

233. Minijuego 2:3 con dos porterías. El juego se lleva a cabo de la misma forma como el juego 3:2, pero la defensa juega en superioridad numérica. En cada equipo juegan un portero, dos defensas y tres atacantes. Cada uno de ellos puede tirar desde cualquier posición a portería. ¿Qué grupo mete más goles?

*Objetivo:* Entrenamiento de preparación y conclusión de ataque en inferioridad numérica, del tiro desde más lejos, del marcaje al hombre y de la interceptación de balón.

234. Minijuego con dos porterías con director de juego. Las porterías portátiles se colocan a 16 metros de la línea del área. Juegan dos equipos de seis jugadores cada uno: En cada equipo un portero, dos defensas, dos atacantes y un director de juego.

Cada uno puede jugar solamente en la zona determinada, con excepción de los directores de juego: Los defensas en su propia mitad del campo, los atacantes en el lado del equipo contrario, los directores de juego en todo el campo. Las posiciones dentro del equipo deben ser intercambiadas de vez en cuando. ¿Qué equipo ha conseguido meter más goles (Figura 180)?

**Figura 180**

*Objetivo:* Entrenamiento del juego de ataque individual y colectivo, de tiro a puerta, del comportamiento individual y colectivo en defensa, del juego de portero; desarrollo de la capacidad de percepción y análisis de situaciones de juego, de resolución de las condiciones de superioridad numérica así como una mayor presión para los directores de juego.

235. Competición de cabezazos. Un pasador lanza el balón a un grupo de dos a seis jugadores. Se cambia al pasador después de diez lanzamientos. ¿Quién consigue cabecear más veces a portería (Figura 181)?
     *Objetivo:* Entrenamiento del golpeo de cabeza bajo acoso contrario.

236. Cabeceo con eliminación. Los jugadores se colocan en dos filas poco distantes. El portero lanza el balón alto a la primera

**Figura 181**

pareja. Los jugadores tratan de devolver el balón mediante un golpeo de cabeza. El jugador que lo logra se coloca al final de su fila, el otro queda eliminado. El jugador eliminado puede ser redimido por sus compañeros por medio de un gol para participar así de nuevo en el juego, incorporándose también al final de la fila. ¿Qué fila consigue que toda la fila contraria quede eliminada (Figura 182)?

*Objetivo:* Entrenamiento del golpe de cabeza peleando dos jugadores por el balón y del juego de portero.

237. Cabeceo en círculo. Forma de competición para dos y más equipos. Se colocan en círculo cada vez seis jugadores. Un jugador está en el medio y cabecea el balón a los otros jugadores por turno libre. Si el balón cae al suelo, recibe el equipo un punto negativo. Gana el equipo que menos puntos negativos ha sumado en un tiempo determinado (Figura 183).

*Objetivo:* Desarrollo del dominio de balón, entrenamiento del juego de cabeza.

**Figura 182**

238. Cabeceo sobre dos porterías con portero. Dos equipos juegan con dos o tres jugadores cada uno. El balón puede ser tocado o tirado a puerta solamente de cabeza. Los jugadores se cabecean el balón acercándose a la portería para poder golpear de cabeza a puerta. Si no logran pasarse continuadamente el balón, el jugador que lo ha recuperado continúa el juego con un autopase lanzándolo al aire y pasándolo de cabeza. Para poder meter un gol, un jugador del propio equipo o bien un jugador contrario tiene que haber tocado antes el balón. ¿Qué equipo cabecea más goles (Figura 184)?
*Objetivo:* Aprendizaje del golpe de cabeza preciso bajo acoso contrario, entrenamiento de cabeceo a portería.

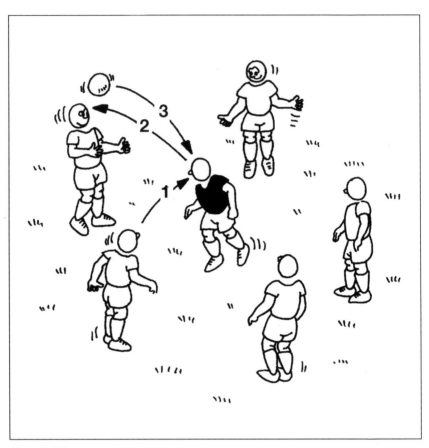

**Figura 183**

239. Cabeceo a dos porterías con portero. Cada una de las porterías portátiles se colocan a 16 metros de la línea media. Dos equipos de cuatro o cinco jugadores y un portero juegan uno contra el otro. Goles solamente pueden ser metidos de cabeza. Tres pases de cabeza dentro de un equipo cuentan también como un gol. ¿Qué equipo consigue más goles (Figura 185)?
*Objetivo:* Aprendizaje del golpe de cabeza con precisión bajo acoso contrario, con remate.

**Figura 184**

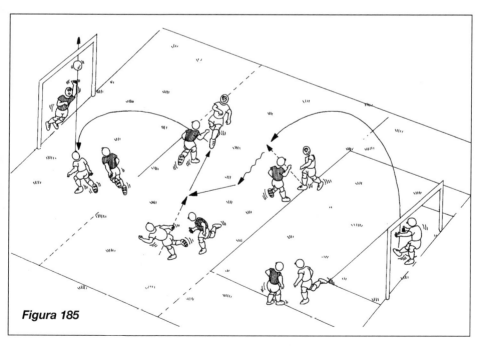

**Figura 185**

240. Fútbol-tenis de cabeza. Dos equipos de dos a cuatro jugadores juegan según las reglas del fútbol-tenis (ver ejercicio 221). Sin embargo, los envíos se efectúan con la cabeza. El juego es iniciado por medio de un cabezazo sobre un lanzamiento del balón al aire. Los jugadores se pasan el balón o lo envían directamente al lado contrario. Se comete un error cuando el balón toca el suelo del propio campo, cuando bota fuera del campo de juego o si se estrella en la red. Al haber cometido un error, el equipo contrario obtiene un punto. ¿Qué equipo llega primero a los 21 puntos (Figura 186)?
*Objetivo:* Entrenamiento de dominio de balón y del golpe de cabeza con precisión.

241. Cabeceo según las reglas de voleibol. En un campo de voleibol juegan dos equipos de seis jugadores según las reglas de

**Figura 186**

voleibol. Se permiten tres toques entre los jugadores de un equipo. Se comete un error cuando el balón toca el suelo del propio campo, si no puede ser devuelto por medio de un golpe de cabeza, si el balón se estrella en la red o si pasa por debajo, si toca el suelo fuera del campo de juego, si es tocado con otra parte del cuerpo que no fuera la cabeza o si es tocado más de tres veces. Se puede jugar con la red alta o baja. Gana el grupo que antes llega a conseguir 15 puntos o que obtiene más puntos en 15 minutos (Figura 187).

*Objetivo:* Entrenamiento de dominio de balón y del golpe de cabeza con precisión.

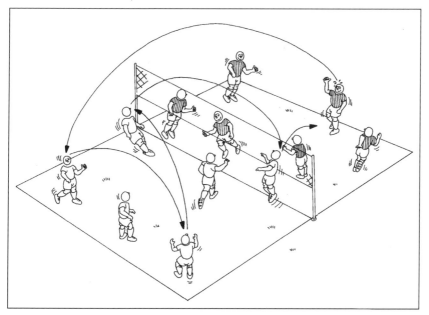

**Figura 187**

242. Remate de cabeza a puerta sobre pase. Juegan dos equipos de tres jugadores uno contra el otro. Uno de los atacantes conduce el balón y centra para que sus compañeros puedan rematar de cabeza, directamente o tras recepción del balón. A los atacantes se enfrentan un portero y un defensa. El tercer

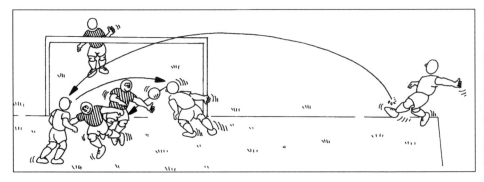

**Figura 188**

defensa recoge los balones o juega también. Cada equipo tiene diez tentativas del lado derecho y diez del lado izquierdo.
Luego cambio de papeles entre ambos grupos. Repartición de
puntos. Cuando un atacante cabecea, recibe un punto, si da a
la meta dos y si mete gol cinco puntos. Si la defensa despeja el
balón de cabeza, obtiene dos puntos. ¿Qué equipo ha conseguido más puntos (Figura 188)?
*Objetivo:* Entrenamiento del golpe de cabeza bajo acoso contrario como pase, como lanzamiento a puerta y como despeje.
243. 5:3 sobre una portería, pase y tiro al primer toque. Dos equipos
de cinco jugadores juegan uno contra el otro. Cinco atacantes,
tres defensas, un portero y uno que recoge las pelotas. Los
atacantes solamente pueden jugar al primer toque y tirar directamente a portería. No se puede ni recibir ni conducir el balón.
Tres defensas estorban a los atacantes y tienen que intentar
recuperar el balón. El juego se puede hacer más difícil empleando también como defensa al recogepelotas. Después de un
remate, de una interceptación de balón o de un fuera de juego
se reinicia el juego dentro del área de penalti. Después de 10
minutos cambio de papeles entre los dos grupos. ¿Qué grupo
ha metido más goles (Figura 189)?
*Objetivo:* Juego al primer toque y tiro directo a puerta, jugando
los atacantes en superioridad numérica; entrenamiento del comportamiento individual y colectivo en defensa jugando en inferioridad numérica y del juego de portero.

**Figura 189**

244. 3:3 con tres porterías. Tres atacantes juegan sobre una portería guardada por un portero. Tres defensas intentan estorbar el ataque o bien robar el balón. después de un robo de balón, su tarea es la de tirar a una de las dos porterías pequeñas. Son los atacantes los que inician cada vez de nuevo el juego, tanto si han metido ellos el gol como si lo han metido los defensas. Cambio de papeles entre los dos grupos cada cinco minutos. ¿Qué grupo consigue meter más goles (Figura 190)?
*Objetivo:* Entrenamiento del comportamiento de ataque individual y colectivo y del tiro a puerta, práctica del comportamiento individual y colectivo en defensa, de las transiciones rápidas y del juego de portero.

245. Juego sobre una portería con director de juego. Dos equipos de tres jugadores juegan uno contra el otro. Dos jugadores de cada equipo juegan dentro del área de penalti o dentro de otra zona marcada. Un jugador de cada equipo hace las veces de portero. El director de juego pasa el balón a uno de sus compañeros que se ha podido desmarcar. Es la tarea de este jugador tiarar directamente a puerta (eventualmente se puede admitir también otro pase, si la situación no permite un tiro. Cam-

**Figura 190**

bio de papeles después de cada diez tentativas. Cada jugador tiene que haber desempeñado una vez el papel de director de juego y de portero. ¿Qué grupo mete más goles (Figura 191)?
*Objetivo:* Desmarque del defensa, práctica de pases sincronizados, de tiro a puerta, de marcaje al hombre, de interceptación de balón y del juego de portero.

246. Juego sobre una portería con centros. Dos equipos de cinco jugadores juegan en una mitad del campo grande, en la portería un portero. Los dos centrocampistas se pasan el balón entre sí hasta que un jugador en la banda se desmarca para enviarle el balón. La tarea de éste es de recibir el balón bajo acoso contrario y de centrar para que otro de sus compañeros pueda rematar. Se puede facilitar la tarea del extremo diciendo que los defensas solamente le pueden acosar en la recepción del balón y no en el centro (Figura 192).

**Figura 191**

**Figura 192**

*Objetivo:* Ejercicio de preparación de ataque por la banda, de separación del ataque, de tiro a puerta o sea de cabezazo, de comportamiento individual en defensa y del juego de portero.

247. Juego con dos hasta seis porterías pequeñas. En un campo de juego marcado se pueden colocar las porterías como lo representa la Figura 193. Juegan dos equipos uno contra el otro. Los goles solamente pueden ser metidos según los acuerdos previamente fijados. ¿Qué equipo metió más goles (Figura 193a hasta e)?

*Objetivo:* Entrenamiento de la capacidad de improvisación y de percepción y análisis de las situaciones de juego.

248. Juego con porterías de distinto tamaño. Sobre las líneas laterales del campo de juego se colocan dos porterías pequeñas. Sobre la línea de fondo está puesta la portería grande. Dos equipos de cinco jugadores cada uno juegan a la pequeña por-

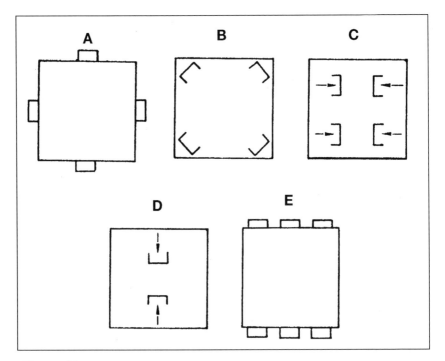

**Figura 193**

tería del contrario. La portería grande la defiende un portero neutral. Ambos equipos pueden tirar o cabecear también a esta portería. Los goles logrados en la portería grande cuentan el doble (Figura 194).

*Objetivo:* Desarrollo de la capacidad de percepción y análisis de situaciones de juego por medio de la inclusión de la portería grande, entrenamiento del comportamiento individual y colectivo de ataque y defensa.

**Figura 194**

249. Juego con tres porterías grandes, marcadas sobre las líneas de fondo y la línea media. Dos equipos de cinco o seis jugadores juegan uno contra el otro. Pueden tirar o cabecear a la portería contraria o a la del medio. En cada portería hay un portero. ¿Qué equipo mete más goles (Figura 195)?

*Objetivo:* Desarrollo de medios individuales y colectivos de ataque y defensa, entrenamiento de tiro a puerta y desarrollo de la capacidad de percepción y análisis de situaciones de juego así como de la capacidad de improvisación.

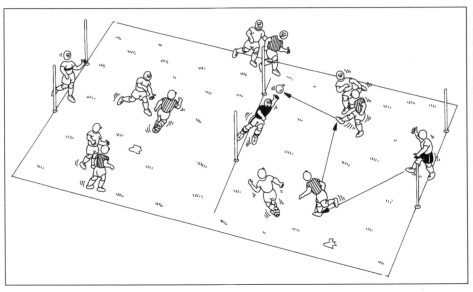

**Figura 195**

250. Juego con varias porterías pequeñas con portero. Se colocan lateralmente de tres a cinco porterías pequeñas en una línea con una distancia de dos a tres metros entre cada una de ellas. Juegan dos equipos de dos o tres jugadores uno contra el otro. Un jugador hace las veces de portero. Se puede seguir jugando detrás de las porterías, pero los goles solamente pueden ser metidos por delante. La consecución de gol se valora distintamente según el planteamiento de cada tarea, puntuación sencilla, doble, etc. (ver p. ej. Figura 196). El juego puede resultar más variado colocando a un portero en los dos lados, haciendo posible la consecución de gol por delante y por atrás. Se puede aumentar también la intensidad de ejercicio, jugando a la vez con dos balones. ¿Qué equipo mete más goles?

*Objetivo:* Entrenamiento de medios individuales y colectivos de ataque y defensa, de separación del ataque, de las transiciones, de la percepción y análisis de situaciones de juego así como el desarrollo de la capacidad de improvisación.

**Figura 196**

251. Juego con dos porterías de triángulo. Un equipo se compone de cuatro jugadores. A una "portería de triángulo" del contrario se puede tirar desde todos los ángulos. Los porteros se ponen delante de las porterías. ¿Qué equipo mete más goles (Figura 197)?
*Objetivo:* Entrenamiento del comportamiento individual de ataque y defensa, de la percepción y análisis de situaciones de juego y de la capacidad de improvisación.

252. Juego con porterías móviles. Dos jugadores con un palo en los hombros se mueven a través de todo el campo de juego y forman una portería móvil. Dos equipos de cuatro jugadores pueden meter goles desde cualquier ángulo. el juego se hace más intenso empleando dos porterías móviles. ¿Qué equipo mete más goles (Figura 198)?
*Objetivo:* Entrenamiento del comportamiento de ataque individual y colectivo, desarrollo de la percepción y evaluación de situaciones de juego y de la capacidad de improvisación.

**Figura 197**

**Figura 198**

253. Juego con dos porterías. Los goles solamente pueden ser metidos a consecuencia de centros. Las esquinas anteriores del
área de penalti son marcadas por dos banderolas. Dos equipos de cinco a ocho jugadores juegan uno contra el otro. En
cada una de las porterías hay un portero. Los goles solamente

son válidos, si los centros se han efectuado en el espacio entre la línea de fondo y el área de penalti. ¿Qué equipo metió más goles (Figura 199)?

*Objetivo:* Entrenamiento del ataque por la banda, de la separación del ataque, de medios individuales de ataque y defensa, de tiro a puerta y del juego de portero.

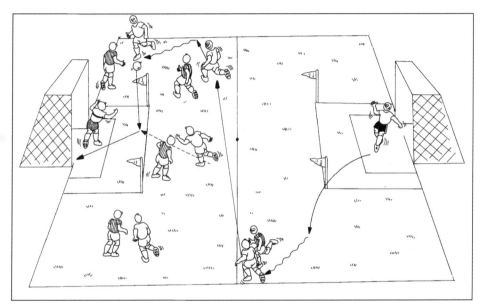

**Figura 199**

254. Ataque hacia ambos lados 4:3. El campo entre las dos porterías se divide en tres zonas. Juegan tres grupos de cuatro jugadores uno contra el otro. Los dos grupos de defensas se componen de tres defensas y un portero. Tres atacantes inician el juego desde la zona interior en dirección a la portería. Los defensas tratan de impedir el ataque. Tras una interceptación de balón o después de un remate con éxito, comienza el ataque hacia el otro lado, etc. Cada diez minutos se lleva a cabo un cambio de papeles. ¿Qué grupo metió más goles (Figura 200)?

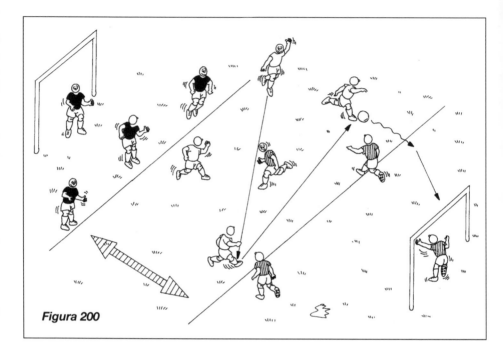

**Figura 200**

*Objetivo:* Entrenamiento del ataque individual y colectivo en superioridad numérica, del tiro a puerta, del comportamiento individual y colectivo en defensa jugando en inferioridad numérica, del juego de portero y la aplicación de cargas máximas de entrenamiento (entrenamiento de sobrecarga para los atacantes).

255. Ataque hacia ambos lados, 4:2:2 en la mitad del campo grande. Sobre la línea media se coloca una portería portátil. A una distancia de 16 metros se marca una zona de defensa, o sea una línea de 16 metros es prolongada lateralmente. Juegan dos equipos de cinco jugadores cada uno: Un portero y cuatro jugadores de campo. Cuando los cuatro jugadores de campo tienen el balón en su poder, pueden participar en el juego de ataque y no importa en que zona se encuentran. El equipo que juega en defensa tiene que colocar dos jugadores en el tercio interior y dos en el tercio de defensa. Los atacantes tienen que efectuar los pases y tiros al primer toque. ¿Qué equipo mete más goles (Figura 201)?

**Figura 201**

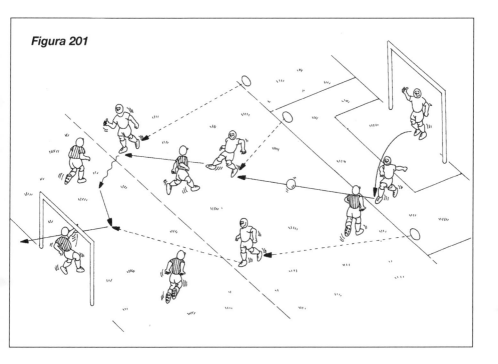

*Objetivo:* Entrenamiento del ataque individual y colectivo, del juego al primer toque en superioridad numérica, del tiro a puerta, del comportamiento defensivo en inferioridad numérica y del juego de portero.

256. Fútbol-tenis fijando tareas e interacciones. Las reglas de juego de fútbol-tenis ya fueron explicadas en el ejercicio 221. El juego puede ser jugado libremente, pero también se pueden fijar determinadas interacciones, como por ejemplo pases directos, pases solamente de cabeza, pase sobre recepción obligada o solamente con la derecha o zurda. Además se puede prescribir que la recepción tiene que ser efectuada con una pierna y el pase con la otra. También el número y la secuencia de los pases dentro de un equipo pueden ser determinados de antemano (Figura 202).

*Objetivo:* Desarrollo del dominio de balón, de la recepción, de los pases con precisión y del juego de cabeza.

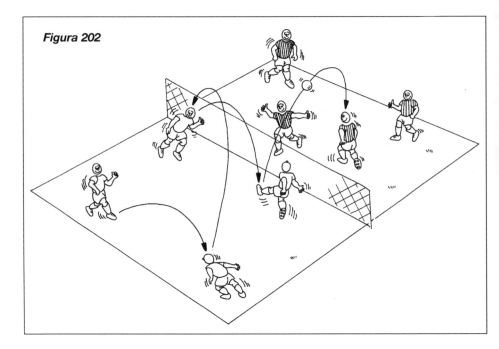

**Figura 202**

257. Fútbol-tenis con cambio de posición. Cuatro jugadores compiten uno contra el otro. Al comienzo se encuentran dos jugadores en cada mitad del campo de juego. Se puede determinar el turno por el cual los jugadores pueden pasar el balón al equipo contrario. El jugador A, por ejemplo, envía el balón alto por encima de la red, pasa alrededor de la red por el lado derecho a la otra mitad del campo de juego y ahí espera hasta que le toque otra vez el turno. En el otro lado del campo, el jugador B procede del mismo modo, y luego también los jugadores C y D hasta que uno de ellos cometa un error. Cada error se penaliza con un punto negativo. El juego siempre lo continúa el jugador al que le toque el turno. Gana el jugador que al final tiene menos puntos negativos (Figura 203).

*Objetivo:* Entrenamiento de pases y del golpeo de cabeza, desarrollo del dominio de balón y de la velocidad resistencia.

258. Fútbol-tenis incluyendo el juego de gatos. Se marca en el área de penalti o sobre una superficie de más o menos igual tamaño una zona de cuatro o cinco metros de anchura. Juegan tres

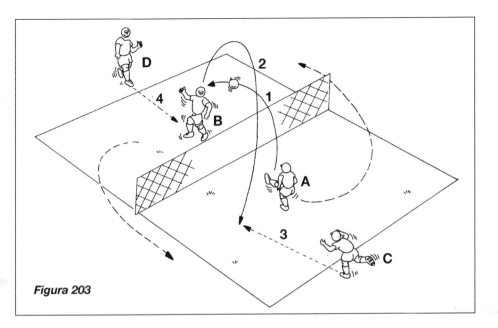

**Figura 203**

**Figura 204**

grupos de cuatro personas cada uno. Un grupo forma en el medio una "red viva", los otros dos grupos se envían el balón según las reglas del fútbol-tenis. Si uno de los jugadores comete un error o si por su culpa los "gatos" pueden interceptar el balón, su equipo tiene que cambiar el sitio con los "gatos" (Figura 204).

*Objetivo:* Desarrollo del dominio de balón, entrenamiento de los pases de precisión y del cabeceo.

259. Juego a dos porterías. Con el fin de un juego a dos porterías se marcan campos de juego de distintos tamaños, en función del número de jugadores y del objetivo didáctico (ver Figura 205: Parque o patio).

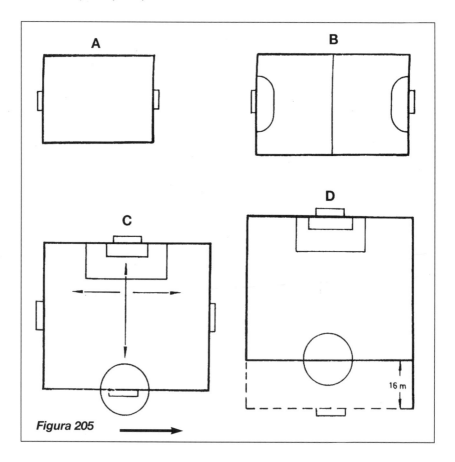

**Figura 205**

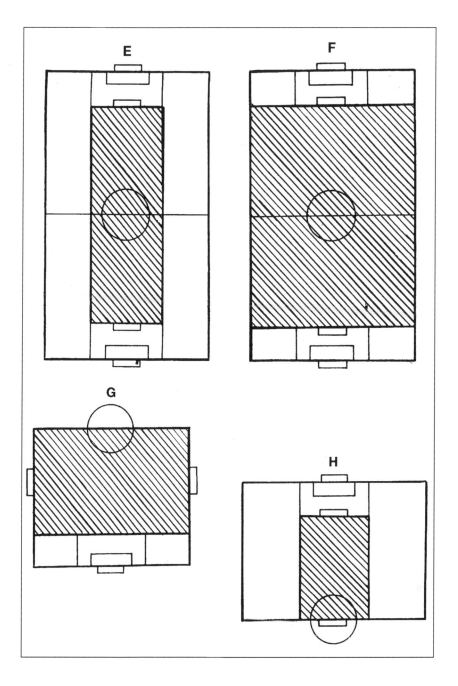

260. Torneos de fútbol. Se organizan torneos en canchas de distintas medidas y con equipos de distintos números de jugadores. 261 a 263. Competiciones. Competiciones de liga, de copa o de colegios.

# CAPÍTULO 5

# LA CONDICIÓN FÍSICA

## LAS CUALIDADES DE LA CONDICIÓN FÍSICA, LOS MÉTODOS PARA SU DESARROLLO

Las cualidades y habilidades técnicas y tácticas de un jugador tienen valor en la medida en que el jugador sea capaz de emplearlas eficazmente en el juego. Para ello es necesario que tenga velocidad y resistencia, que sea capaz de recuperar el balón en la disputa con el contrario, de dominarlo y pasarlo, también en velocidad o bien de orientarse en las situaciones de juego más complicadas y de actuar rápida y adecuadamente. La preparación física y psíquica del futbolista es una condición necesaria para la consecución de las habilidades técnicas y tácticas. El desarrollo de las cualidades físicas básicas no siempre corresponde a las necesidades en el fútbol. Las cualidades físicas solamente pueden ser desarrolladas hasta un nivel adecuado, en combinación con movimientos típicos del fútbol y teniendo en cuenta al mismo tiempo los requerimientos especiales de este juego. Un alto nivel de preparación física y atlética es la condición previa para la aplicación de las destrezas y habilidades técnico-tácticas en el juego.

El desarrollo de las cualidades físicas se lleva a cabo con métodos que motivan al futbolista, que reclaman sus capacidades corporales tan intensamente como sea posible, que movilizan sus energías de la manera más activa posible. En la elección de los métodos hay que considerar distintos aspectos:

a) Sucede, aunque no demasiadas veces, que una u otra cualidad física tiene que ser desarrollada aisladamente.

– En las sesiones de entrenamiento por grupos, lo que mejor se presta a ello son las formas de competición. La cualidad prevista para la parte principal de la sesión de entrenamiento puede ser desarrollada por ejemplo con competiciones de carreras, relevos, etc.

– En el entrenamiento individual en casa, en la escuela o en el marco del entrenamiento organizado en los clubes, se puede formar la cualidad en cuestión por medio del empleo de medios de entrenamiento específicos (así por ejemplo se puede mejorar la resistencia general básica por medio de un entrenamiento regular de carrera continua, de larga duración, a un ritmo moderado).

– Con tests se controla de vez en cuando el nivel de rendimiento alcanzado de la cualidad a desarrollar (p. ej. carrera de 60 m cronometrada, test de Cooper: Carrera de 12 minutos).

b) Sin embargo, en la práctica hay que desarrollar por regla general varias cualidades simultáneamente, o sea en combinación, porque en la práctica del fútbol, estas cualidades no aparecen separadamente, sino de forma compleja, se correlacionan y tienen efectos mutuos.

– El entrenamiento en circuito es muy apropiado para el desarrollo de varias cualidades físicas a la vez. Las distintas estaciones pueden combinarse de modo que los ejercicios sirvan para el desarrollo de las cualidades fijadas en la parte principal del entrenamiento, tomando en consideración la estructura de los movimientos específicos de fútbol. La intensidad puede ser aumentada, elevando el número de repeticiones en un tiempo determinado.

– Empleando formas de competiciones hay que procurar que se elijan y combinen de un modo que pueda facilitar el desarrollo de varias cualidades físicas; por ejemplo en los relevos: Alternar el salto de potro con el deslizamiento por las piernas separadas y como vuelta una carrera en eslalon, con varias repeticiones (velocidad, flexibilidad, velocidad resistencia, potencia, agilidad); juegos de persecución con conducción de balón (velocidad, capacidad de reacción, velocidad resistencia, agilidad y movilidad).

– Tests: Los tests de condición física (pág. 258) sirven para el control de la fuerza y fuerza resistencia.

c) El desarrollo de las cualidades físicas de forma compleja en combinación con ejercicios específicos de fútbol (técnico-tácticos) es más eficaz.

– Apropiado es el empleo de formas jugadas, destacando el desarrollo de cualidades físicas en el juego. Por ejemplo ejercicios de marcaje-desmarque con pocos jugadores en un campo relativamente grande, jugando al primer toque. Esto requiere un elevado trabajo de carrera –juego sin balón– (velocidad, velocidad resistencia, capacidad de reacción, agilidad).

– Método de competición: Ejercicios complejos en forma de competición o formas jugadas contando los puntos o goles; por ejemplo 3:3 en la mitad del campo, a dos porterías (velocidad, velocidad resistencia, destreza, fuerza en la disputa con el contrario, fuerza de tiro).

### Formación de las cualidades físicas en las fases de desarrollo del niño

Es importante saber qué cualidades físicas se pueden formar en las distintas fases de desarrollo del niño teniendo en cuenta la primacía de la formación técnico-táctica. El entrenamiento de los niños hasta los 10 años está caracterizado por el juego libre. Por eso, la intensidad, el volumen y la frecuencia de los entrenamientos tienen que estar adaptados a esta edad. Aunque el niño sea capaz de jugar mucho tiempo, no se puede llevar a cabo con él un entrenamiento de condición física, dado que en el juego ya se desarrollan la velocidad, la agilidad, la flexibilidad y la resistencia generalmente de forma compleja. Pero también se puede destacar el desarrollo de una determinada cualidad física:

– Velocidad: Juegos de carreras y relevos, cambios de ritmo y de dirección con y sin balón;
– Resistencia; Juegos complementarios y de fútbol, carreras de ritmo moderado con pausas de recuperación;
– Fuerza: Fondos de brazos de forma jugada, trepar, escalar, juegos de lucha;
– Fuerza velocidad: Brincar, saltar;
– Agilidad: Juegos de pelota con las manos, los pies y competiciones de obstáculos.

A la edad de 10 a 12 años comienza la formación general, variada de las cualidades físicas del niño. Con todo ello hay que prestar una especial atención a la mejora de la resistencia general básica, teniendo en cuenta la carga del sistema cardio-respiratorio. Paralelamente a la formación de las habilidades técnicas, tienen que desarrollarse también la agilidad y la capacidad de juego. Tampoco se debe olvidar el desarrollo de la flexibilidad, de la velocidad y de la fuerza velocidad. Las cualidades físicas también pueden ser desarrolladas en casa poniendo "deberes".

– Velocidad: Carreras de ritmo rápido, salidas desde distintas posiciones, relevos, formas jugadas y de competición, juegos de persecución, ejercicios de velocidad con balón combinados con cambios de ritmo y de dirección, competiciones, en general aspirar a una velocidad gestual y mental;
– Resistencia: Correr, juegos, formas de competición, juegos complementarios, intervalos cortos de pausas de recuperación. La aplicación de las cargas debe efectuarse en dirección a la resistencia y carga específicas. Hay que aumentarla sistemática y continuamente;
– Fuerza: Un típico desarrollo de la fuerza no se practica; se efectúan ejercicios variados con carácter de fuerza y efectos generales: Prueba de la cuerda, trepas, desplazamientos en la escalera horizontal, ejercicios de tracción, la carretilla, transportes a cuestas, juegos para el desarrollo de la fuerza;
– Fuerza velocidad: ejercicios de salto, formas jugadas con carácter de competición, salto de altura y longitud, cabezazos en salto;
– Agilidad: Ejercicios gimnásticos, juegos y deportes complementarios para el desarrollo de la agilidad en general; ejercicios de técnica con balón, formas de competición y juegos para el desarrollo de agilidad específica y de la capacidad de juego.

El punto esencial en la formación de las edades comprendidas entre 12 y 14 años es el acondicionamiento físico básico y general en combinación con elementos técnico-tácticos. Los partidos de entrenamiento con carácter competitivo y las competiciones son muy exigentes con respecto a la velocidad resistencia. Por eso se debe empezar con el desarrollo de la fuerza específica, necesaria para el juego sin balón y para la técnica. La resistencia a la velocidad se desarrolla en el marco de las formas de juego y de competición variando el ritmo de juego y la relación trabajo-pausa. La agilidad se realiza en la aplicación oportuna de la técnica, en la resolución de las tareas tácticas y no en último lugar en la capacidad de juego.

– Velocidad: Además de la velocidad gestual específica con y sin balón, la velocidad de acción y la rápida percepción de la situación de juego cobran cada vez mayor importancia;
– Resistencia: Junto a la mejora de la resistencia general básica, es importante también el desarrollo de la resistencia específica con la ayuda de formas jugadas y de ejercicios con balón;
– Fuerza: Además de la fuerza general se debe empezar a desarrollar también la fuerza específica: Fuerza de tiro, fuerza de disputa por medio de ejercicios de disputa con el contrario y juegos de lucha;
– Fuerza velocidad: Se desarrolla más intensamente por medio de saltos por encima de los compañeros, brincar, saltos en la escalera, multisaltos, saltos de altura y de longitud, cabezazos en salto y bajo el acoso contrario (disputa por el balón).

## LAS CUALIDADES FÍSICAS

### La velocidad

Una de las condiciones mas importantes del fútbol moderno es la velocidad. El ritmo de juego elevado ya no deja tiempo para el "mero juego". La eficacia es lo que caracteriza al fútbol moderno. El que no asimila el juego rápido, no se puede adaptar a la elevada intensidad y al elevado ritmo del juego y desempeñará un papel subordinado. Por eso hay que tener en cuenta en la selección de los niños el nivel general de velocidad y la velocidad gestual.

El futbolista rápido es aquel que más rápidamente resuelve su tarea en la respectiva situación de juego. Tiene ventaja el que más rápido se mueve, piensa y actúa; el jugador rápido le gana a su contrario tiempo y espacio. De esta manera, puede actuar más libremente, resuelve sus tareas más fácilmente sin ser estorbado. Según esto, la rapidez del futbolista es una cualidad variada y universal.

En el juego sin balón frecuentemente decide la velocidad de arranque (la capacidad de aceleración) sobre el éxito. También se tienen que tener en cuenta elevadas exigencias a la coordinación: Salidas rápidas, frenazos repentinos, paradas y cambios de dirección. Sobre distancias cortas es muy ventajoso tener una buena velocidad de arranque, para poder ganar la posición al contrario, en la recepción y en el pase. El juego de hoy se caracteriza –en función de la velocidad– por la sencillez, el oportunismo, la elevada intensidad y el rápido cambio de ritmo. También la elección de los elementos técnicos se orienta a formas rápidas, sencillas y oportunas de pase y recepción de balón.

La velocidad de acción, la rapidez en la percepción, en el análisis y en la decisión (encontrar la resolución táctica oportuna) son el objetivo verdadero en el desarrollo de la velocidad. Los jugadores tienen que prever el posible desenlace de una situación de juego, tomar decisiones rápidas y ejecutarlas inmediatamente. La rápida percepción de situaciones es entonces una condición previa para la velocidad de acción. Aunque la velocidad depende de factores genéticos, puede ser mejorada sustancialmente también por un entrenamiento bien dirigido. Dado que la velocidad se manifiesta en el fútbol en distintas formas, tiene que ser desarrollada también por distintas formas de entrenamiento. Es en la infancia cuando mejor se pueden desarrollar las cualidades motrices. Por eso los niños tienen que ser educados ya desde el comienzo por una rapidez mental y de ejecución, así como por encontrar y resolver rápidamente las resoluciones técnico-tácticas.

– Hasta la edad de 10 años, lo que mejor se presta para el desarrollo de la velocidad, son los relevos de carreras y de conducción de balón, las formas de competiciones y de juegos y los juegos de persecución.
– A la edad de 10 a 12 años se añaden además los juegos motrices sin balón, los relevos y las formas de competición con elevadas exigencias en cuanto a velocidad y correcta ejecución de la técnica. A la edad de 12 a 14 años, además de los ya mencionados ejemplos, pasan al primer plano la rápida aplicación de la técnica bajo unas condiciones parecidas a la competición, que incitan la velocidad gestual y mental.

## DESARROLLO DE LA VELOCIDAD SIN BALÓN

El desarrollo de la velocidad sin balón es, por un lado, necesario para aumentar la velocidad de desplazamiento y, por otro lado, para asimilar el juego rápido sin balón. Puede ser desarrollada por:

– rápidas salidas y esprints;
– correr a un ritmo moderado;

– relevos y formas de competiciones para el desarrollo de la velocidad;
– juegos para el desarrollo de la velocidad.

### Ejercicios de arranque (aceleración)

Un arranque explosivo es importante para la toma de posición, para la recepción de balón y para el desmarque:

– Salidas desde distintas posiciones (sentado, tendido boca abajo, cuclillas, etc.)
– Salidas con tareas adicionales (Voltereta hacia adelante, fondos de brazos, tendido boca arriba, medio giro, etc.)
– Salidas rápidas hacia adelante, atrás, yendo al trote hacia el lateral (pasos laterales).

### Ejercicios de carrera

En el fútbol moderno se producen sobre el campo de juego continuos duelos de carrera entre atacantes y defensas con el objetivo de meterse en una posición favorable. Los ejercicios de carrera pueden ser ejecutados con cambios de dirección y de ritmo y con giros:

– Ejercicios de carrera todo seguido, sobre distintas distancias yendo alrededor de marcas (banderolas, balón medicinal, etc.)
– Competiciones de carreras en círculo y en eslalom
– Competiciones de carrera con resolución de problemas
– Progresiones y carreras con cambios de ritmo a ritmos moderado y rápido.

### Relevos y formas de competición para el desarrollo de la velocidad

– Ejercicios de salida como competición
– Relevos rectilíneos, en eslalom, en círculo y con otras tareas distintas
– Relevos sobre distintas distancias

## Juegos para el desarrollo de la velocidad

Los juegos elegidos deben contener salidas rápidas y esprints, que al mismo tiempo incitan a actuar y pensar rápidamente, teniendo un carácter divertido. Los más eficaces son los juegos de persecución, tienen como objetivo las salidas rápidas y el desarrollo de la agilidad, requieren un ritmo elevado, cambios de dirección y de ritmo y fintas corporales:

– Juegos de persecución individuales
– Juegos de persecución por parejas
– Juegos de persecución con fintas corporales
– Juegos de persecución con balón

## • FORMAS DE COMPETICIÓN Y DE JUEGO

264. **El pescador de Balatón.** Los jugadores se colocan dentro de una zona previamente marcada. Uno de ellos es el "pescador". El que es tocado por el pescador, se agarra de su mano y forma con el una "red". Ambos siguen pescando juntos y así la "red" crece cada vez más. Si sueltan las manos, la captura no vale. Gana el último jugador en ser capturado (ver el juego 89).
265. **Blanco y negro.** Los jugadores se colocan en un pasillo sobre dos líneas trazadas paralelamente, a dos o tres metros de distancia una de la otra. Un equipo es el blanco y el otro el negro. El equipo que es llamado corre en dirección a una línea trazada a 15 hasta 20 metros detrás de él, mientras el otro equipo lo persigue. El que fue tocado delante de la línea, tiene que adoptar la posición de cuclillas. Luego se cuentan los jugadores capturados. Gana el equipo que más jugadores ha capturado. *Variante:* Las salidas se efectúan desde distintas posiciones.
266. **A través de la frontera.** Dentro de un sector de dos a cinco metros de anchura se encuentra un jugador. A la señal de salida, los jugadores corren a través del sector. El que es tocado por el cazador, tiene que quedarse en el sector y se convierte también en cazador. Gana el último en ser tocado. *Variantes:* Los jugadores saltan por encima de un foso de dos metros de anchura de una orilla a la otra, mientras el cazador intenta tocarles. El que es tocado o cae en el foso también se vuelve cazador.

El cazador es una pareja de jugadores agarrada de la mano. Cada jugador que es tocado por ellos pasando por el sector tiene que formar una cadena con la pareja. El ser tocado solamente es válido si la cadena no se rompe.

Dentro del sector de la línea prolongada del área pequeña y del área grande se coloca un cazador. Los jugadores pueden pasar la frontera corriendo. El que es cazado se convierte también en cazador. Ganan los jugadores que han logrado pasar la frontera por lo menos diez veces.

*Observación:* El juego puede ser llevado a cabo también como sigue:

– ¿Quién queda como último sin ser tocado?

– Después de haber cazado seis jugadores, el juego se reinicia.

– Dentro del sector se encuentran de dos a cinco cazadores que cambian su sitio con cada jugador que tocan.

267. ¡Toca al segundo! Los jugadores forman un círculo. Fuera del círculo un cazador trata de tocar a un jugador que se escapa. En cuanto el escapado se pone delante de un compañero de juego, éste se convierte en el nuevo cazador y el que antes era cazador, ahora escapa. También se puede amagar el ponerse delante.

**Variantes:** Los jugadores que forman el círculo están tendidos boca abajo, sentados o han ocupado alguna otra posición. El que se escapa, cambia con el jugador que se convierte en nuevo cazador, adoptando la misma postura. El que se escapa no solamente puede correr alrededor del círculo, sino también a través de el. El perseguidor tiene que seguir al perseguido por el mismo camino.

268. ¡La última pareja hacia adelante! Los jugadores se colocan por parejas una detrás de la otra (en fila). Delante de la primera pareja se encuentra el perseguidor. A la señal, la última pareja corre, cada uno por un lado, para colocarse como primera. El jugador que es tocado por el cazador se convierte en nuevo cazador. Si el cazador no puede tocar a ninguno de los jugadores, sigue siendo cazador. Si es necesario, se puede marcar una zona dentro de la cual los jugadores se pueden mover.

269. ¡Ven conmigo! Cuatro a cinco grupos se colocan en forma de estrella. Un jugador corre lentamente alrededor de la estrella, toca al último jugador de uno de los grupos y llama: "¡Ven conmigo!" Le sigue todo el grupo una vez alrededor del círculo. El

último en ocupar otra vez su posición inicial, es el siguiente cazador. Los jugadores también pueden empezar desde distintas posiciones iniciales.

## DESARROLLO DE LA VELOCIDAD CON BALÓN

Para ganar la posesión del balón, los jugadores tienen que tener la necesaria velocidad. Pero en el fútbol cada movimiento –así también la carrera rápida– es determinado por la posición del balón. Por eso, los ejercicios de velocidad que pueden ser ejecutados con balón desempeñan un papel importante en el desarrollo de la velocidad de arranque y de desplazamiento. En el proceso de entrenamiento han dado buen resultado los siguientes:

– Ejercicios de velocidad individuales
– Ejercicios de velocidad por parejas
– Empleo de elementos rápidos y económicos de la técnica en forma de competición y de relevos
– Ejercicios que requieren una técnica y táctica específicas.

## • EJERCICIOS Y FORMAS JUGADAS

### Ejercicios individuales con balón

Las posibilidades de los ejercicios individuales ofrecen grandes ventajas. 270. El jugador toca ligeramente el balón con el lado interior, corre detrás de el, da la vuelta y ejecuta el ejercicio hacia el lado opuesto. Este ejercicio se hace todo seguido (Fig. 206). Pueden ser llevadas a cabo las siguientes variantes:

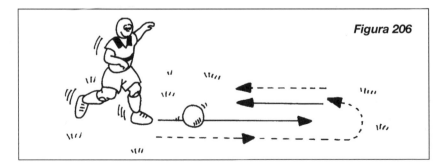

Figura 206

– Parar el balón y volver a pasarlo
– Ir corriendo hacia el balón y volver a pasarlo directamente
– Ir conduciendo el balón hacia atrás.

271. Conducción libre a un ritmo elevado con cambios de dirección y de ritmo; tocar el balón ligeramente, correr detrás de él y pararlo; fintas de sombra; cambios de dirección repentinos y seguir conduciendo el balón, etc.

272. El jugador tira el balón contra una pared, luego corre alrededor de una marca señalada detrás de él y vuelve a tirar el balón contra la pared. El ejercicio es ejecutado todo seguido de las siguientes variantes:

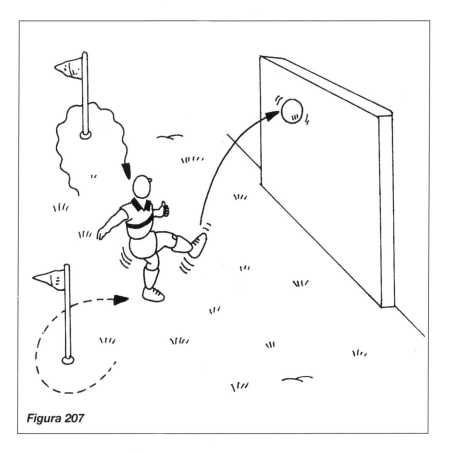

**Figura 207**

- A ras del suelo
- como balón aéreo
- tras recepción de balón
- tras recepción y conducción del balón alrededor de obstáculo
- correr alrededor de un obstáculo sin balón y alrededor de un segundo obstáculo con conducción de balón (Fig. 207).
273. El jugador lanza, cabecea o tira el balón alto hacia adelante, corre detrás de él y lo controla rápidamente
   –en carrera hacia adelante
   - pasando alrededor de un obstáculo (Fig. 208).

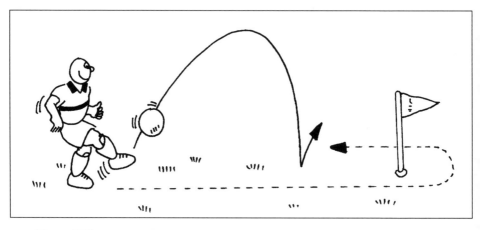

**Figura 208**

274. El jugador efectúa un golpeo de cabeza hacia arriba, corre alrededor de un obstáculo y tira el balón a una meta previamente marcada (Fig. 209):
   - tras recepción
   - directamente

### Ejercicios de velocidad por parejas

Estos ejercicios son apropiados para el desarrollo de la velocidad con balón así como para la ejecución de pases con precisión y de envíos desde la carrera.

**Figura 209**

275. El jugador A pasa el balón al jugador B quien devuelve el pase a A. A a su vez envía el balón en cualquier dirección y B corre detrás del balón aéreo, lo recibe y lo conduce al punto de partida. Luego cambio de papeles (Fig. 210).

276. Un jugador mantiene el balón en el aire y lo pasa después en cualquier dirección como balón aéreo. Su compañero esprinta hacia el balón y devuelve el pase. Dos parejas se colocan a una distancia de 15 a 20 metros.

277. Los dos primeros jugadores se pasan el balón; uno de los jugadores colocados detrás de ellos corre hacia adelante saliendo con un arranque explosivo, controla el balón y lo pone otra vez en juego. El balón puede ser enviado:
    – a ras del suelo
    – como balón aéreo (Fig. 211)
    – de cabeza
    **Variante:** Los jugadores corren alrededor de marcas laterales.

278. Dos jugadores conducen cada uno un balón corriendo hacia su encuentro. Cuando casi llegan a la misma altura, juegan un suave pase en profundidad, arrancan y esprintan detrás del

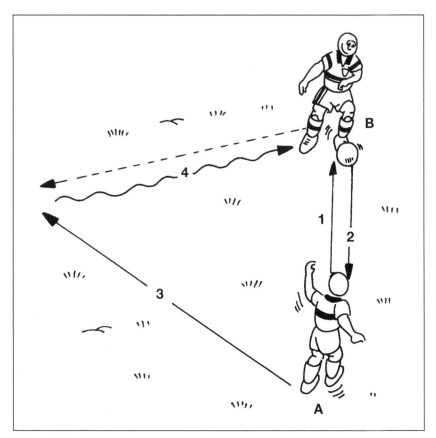

**Figura 210**

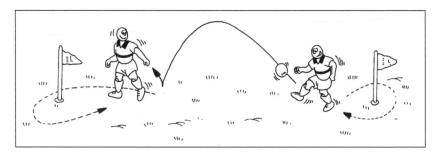

**Figura 211**

**Figura 212 a**

balón de su compañero, para pararlo aún antes de pasar la línea de salida (Fig. 212a):
– el mismo ejercicio, pero con pase lateral (Fig. 212b)
– como antes pero con pase hacia atrás (Fig. 212c).

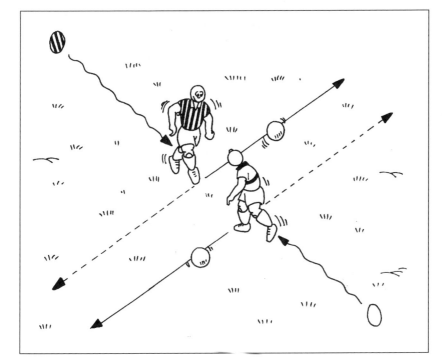

**Figura 212 b**

**Figura 112 c**

279. El jugador A juega el balón al jugador B, quien lo devuelve directamente. A cabecea ligeramente y devuelve un balón aéreo a B, quien lo recibe y devuelve de nuevo a ras de suelo. El ejercicio puede ser ejecutado:
– siempre en la misma dirección
– en cualquier dirección.

### Una técnica rápida (útil, económica)

En el entrenamiento de los gestos técnicos hay que tener en cuenta además de la precisión también la ejecución rápida del movimiento. La velocidad gestual tiene que adaptarse al ritmo de juego, porque los jugadores pueden alcanzar el necesario nivel de habilidad técnica solamente por medio de esta intensidad.

Para el entrenamiento de la técnica, en el sentido de alcanzar unos objetivos previstos, sirven las siguientes formas de relevos y competiciones:

280. Dos grupos se colocan en fila a una distancia de 15 a 20 metros una de la otra. A cabecea el balón a B y esprinta al final de la otra fila. B corre al encuentro del balón, efectúa un control orientado del balón, lo conduce por delante de A y lo pasa al siguiente jugador del grupo A para colocarse él también al final del otro grupo (Fig. 213).

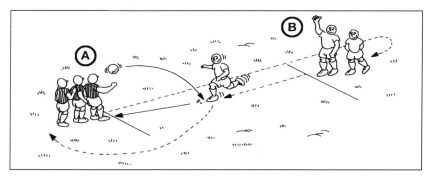

**Figura 213**

281. Tres jugadores forman un grupo. Se ponen dos banderolas a una distancia de 8 a 10 metros. El jugador A conduce el balón alrededor de una de las banderolas, lo pasa al jugador B y vuelve corriendo a su punto de partida. El jugador B pasa el balón otra vez al medio, A lo controla y lo conduce alrededor de la segunda banderola para pasarlo luego al jugador C quien lo deja botar enviándolo de vuelta al medio (Fig. 214).

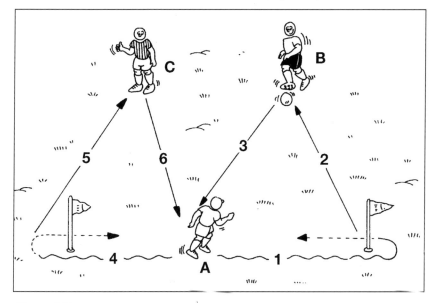

**Figura 214**

282. Compiten dos grupos de tres jugadores. De cada grupo se coloca un jugador en la línea media del área grande, uno a la derecha y otro a la izquierda en las líneas de los limites laterales del área. Un jugador pone el balón en juego hacia el extremo derecho; los jugadores ahí colocados tienen que enviarlo a los jugadores del lado opuesto, quienes lo pasan otra vez al medio. Los jugadores del medio concluyen el ataque con un remate a portería. Por ganar la posesión del balón y por el siguiente remate reciben un punto, respectivamente y por un gol tres puntos. ¿Qué grupo obtiene más puntos (Fig. 215)?

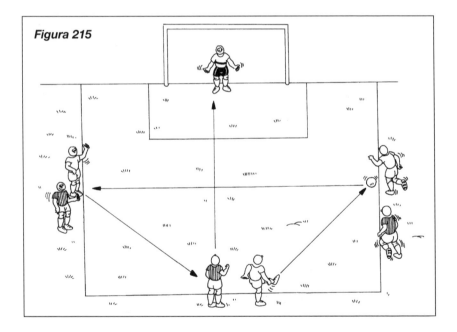

**Figura 215**

## Juegos con elevadas exigencias de la velocidad de acción

La llamada "velocidad mental" o velocidad de reacción (lapso de tiempo entre la percepción, el análisis y la decisión) se deja entrenar –mejorar– por medio de formas de juegos aplicados a la competición.

283. Ataques por oleadas. Tres grupos de tres jugadores compiten entre sí. Un grupo recibe tareas defensivas (un portero y dos

defensas), los otros dos son atacantes. A una señal empieza el primer grupo con el ataque. Se cronometra el tiempo hasta la conclusión del ataque. Si los defensas ganan la posesión del balón, los atacantes reciben una penalización de 30 segundos. Si rematan, pero no meten gol, se fija el tiempo hasta la conclusión del remate. Conseguir un gol cuenta como 0 segundos. Cambio de papeles después de 10 tentativas. ¿Qué grupo tiene un tiempo total menor (Fig. 216)?

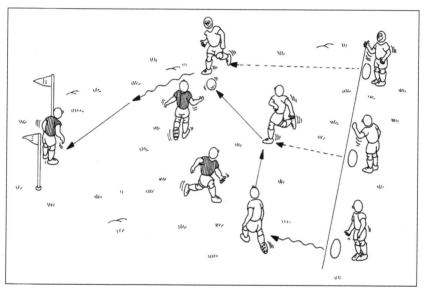

**Figura 216**

284. Juego directo ida y vuelta. Un campo de aproximadamente 30 metros de longitud es dividido en tres de igual tamaño. Tres grupos de tres jugadores juegan uno contra el otro. Un grupo es el grupo de atacantes, los otros son los grupos de defensas. Los tres atacantes juegan en ambas porterías por turnos estrictos. Los defensas se colocan en la portería y con el comienzo del ejercicio corren al encuentro de los atacantes. Se puede jugar solamente al primer toque. Cambio después de cinco tentativas, primero con uno y después con el otro grupo de defensas. ¿Qué equipo mete más goles (Fig. 217)?

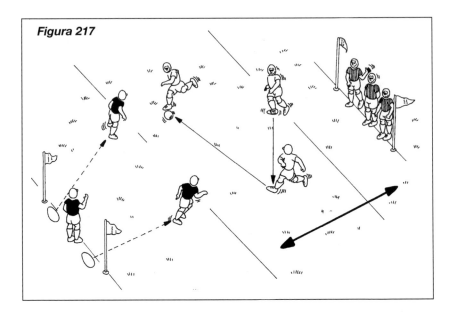

**Figura 217**

285. Cambio de ritmo. En un campo de juego dividido en tres zonas juegan en cada uno de ambos extremos dos y en el medio un jugador de cada equipo, con porteros en las porterías. El balón enviado al medio tiene que ser transmitido directamente al compañero de juego en la zona de ataque (Fig. 218).

286. Juego de tres campos con portero. En ambos campos exteriores se juega 2:1, en el campo interior 2:2. En el tercio interior se pasan el balón libremente, en los tercios exteriores juegan al primer toque y tiran directamente a portería.

287. Tiro directo a portería sobre un pase. A una distancia de 16 metros de la portería se coloca una portería portátil. Tres atacantes se colocan en la línea de 16 metros, tres defensas en la línea de fondo y con porteros en las porterías. El portero pasa el balón a los atacantes cuya tarea es de tirar a portería tan rápidamente como les sea posible. Pero cada jugador tiene que haber tocado el balón por lo menos una vez. Después del pase al portero o al mismo tiempo, los defensas esprintan al espacio delante de la portería amenazada, para tratar de impedir el ataque. Después de cambiar los papeles inician el ataque a la otra portería. ¿Qué equipo mete más goles (Fig. 219)?

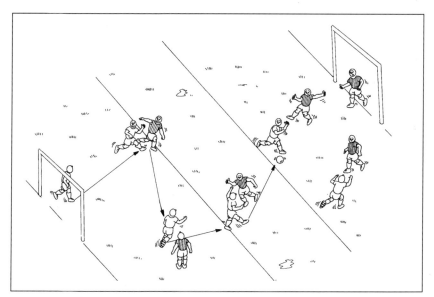

**Figura 218**

**Figura 219**

288. Contraataque con tiro directo a portería. El portero pasa el balón como en el ejercicio 287, pero dos defensas ya se han posicionado en el tercio de defensa. El tercero corre desde la línea de fondo contraria para apoyar los otros dos en el espacio amenazado. Luego cambio de papeles y ataque a la otra portería. Los atacantes juegan libremente sin restricciones metodológicas. ¿Qué grupo mete más goles (Fig. 220)?

*Figura 220*

## La fuerza

La ejecución eficaz de un movimiento requiere un determinado potencial de fuerza. El juego del fútbol es muy exigente con respecto a la fuerza explosiva, la fuerza de tiro, la fuerza en la disputa uno contra uno o la fuerza resistencia. Resulta importante que el desarrollo de la fuerza del futbolista corresponda siempre a las exigencias del juego. En la infancia, el desarrollo de la fuerza hasta los 14 años de edad se lleva a cabo sobre todo a través de un perfeccionamiento de las funciones musculares, en el marco de una formación polifacética. Un desarrollo de fuerza exagerado influye negativamente en los procesos de coordinación, en el desarrollo de la técnica. Si los ejercicios para el desarrollo de la fuerza no se preparan adecuadamente, pueden producirse daños irreversibles en el sistema de locomoción pasivo. En la formación de los futbolistas son necesarias formas generales y especiales de desarrollo de la fuerza.

## PREPARACIÓN FÍSICA GENERAL

En la infancia, el crecimiento de la musculatura sigue solo lentamente al desarrollo del sistema nervioso y al crecimiento en altura. Por eso, la preparación física general es muy importante en la infancia y necesaria, pero la manera y la forma de tonificación son diferentes en las distintas etapas de desarrollo.

– Hasta los 10 años son suficientes las competiciones y los juegos adaptados a esta edad (p.ej. la carretilla, la prueba de la cuerda, la pata coja, etc).

– Para la edad de 10 a 12 años es característico el crecimiento en altura del niño. El empleo de ejercicios para un fortalecimiento general se hace necesario. Para garantizar un desarrollo físico harmónico y fortalecimiento se emplean diversas formas de ejercicios, competiciones y juegos, que provocan el desarrollo de la fuerza preferentemente por medio de la superación del propio peso del cuerpo y de material de mano ligero.

– A la edad de 12 a 14 años se comienza prudentemente con el empleo de ejercicios para el desarrollo de la fuerza especial. La preparación física general se hace más variada a través de la aplicación de medios de entrenamiento que corresponden a la edad. A ello se suma también el fortalecimiento de determinados grupos musculares:

• ejercicios gimnásticos con material de mano de 1 a 2 kg de peso (balones medicinales, pesas, sacos de arena, cuerdas elásticas), ejercicios por parejas;
• ejercicios en las espalderas o con el banco de gimnasia;
• ejercicios con el balón medicinal;
• flexiones de brazos, fondos de brazos, escalar, trepar, la carretilla, a cuestas;
• relevos y otras formas de competiciones

## • *JUEGOS*

289. Fútbol de cangrejos. Dos equipos juegan con dos porterías. Los jugadores se mueven a cuatro patas como los cangrejos. El balón solamente puede ser jugado en esta postura. No se puede parar el balón con las manos. ¿Qué equipo mete más goles?

290. Juego de jinetes con balón. Los jugadores forman un doble círculo, siendo los jugadores exteriores llevados en la espalda de los jugadores interiores (caballos) para pasarse el balón a cuestas. Si uno de los jugadores no atrapa el balón, todos los jinetes tienen que saltar de sus caballos y escapar. Uno de los caballos coge el balón y trata de dar a uno de los jinetes. Si acierta se produce un cambio de papeles y si no, queda el reparto como antes.
   *Observación:* Los jugadores más hábiles pueden cabecear el balón.

291. Dos equipos juegan en un campo pequeño con dos porterías. Los jugadores se dividen en parejas. De cada pareja uno se sienta en la espalda del otro. Los que llevan a su compañero a cuestas, se pasan el balón y tratan de meter goles. Cambio de papeles cada tres a cuatro minutos. ¿Qué equipo mete más goles?
   *Variante:* Los jinetes se pasan el balón con las manos. Goles sólo se pueden meter de cabeza, teniendo la portería una anchura de tres a cinco metros.

292. Balón al otro lado del campo. Dos equipos juegan en un campo de 10 por 20 metros. En cada equipo juegan seis a ocho jugadores. Ambas mitades del campo de juego son separadas por una raya de dos a tres metros de anchura. Esta raya no puede ser pisada por los jugadores. Cada uno de los equipos recibe tres o cuatro balones medicinales. Tras una señal, los jugadores intentan rodar el balón al otro lado del campo (no se puede lanzar). Cuando todos los balones se encuentran en un lado del campo, aunque sea solo por breves momentos, se procede a un nuevo reparto de los balones.

293. Juego de desplazamiento por parejas con saque de banda de balones medicinales. Dentro de la línea de 16 metros compiten cada vez dos jugadores entre sí. Uno empieza con el saque de banda desde la línea prolongada del área pequeña (desde ahí

se reinicia el juego también después de un gol). Desde el sitio donde el otro jugador coge el balón, puede continuar con el juego. Como gol vale cuando el balón es lanzado más allá de la línea de 16 metros. El juego puede ser llevado a cabo también por grupos de dos jugadores, que tienen que turnarse para lanzar.

## DESARROLLO DE LA FUERZA ESPECIAL

A la edad de 12 a 14 años hay que empezar paulatinamente con el desarrollo de la fuerza especial, teniendo en cuenta la madurez corporal, que puede ser individualmente bastante distinta y ser diferente entre uno y dos años.

### A) Desarrollo de la fuerza velocidad

La fuerza velocidad se manifiesta en la explosividad de la contracción muscular, de la fuerza de aceleración y de salto, que hacen que el jugador desarrolla en un mínimo de tiempo una fuerza máxima. En el fútbol moderno, la fuerza velocidad dinámica explosiva es una condición previa para un juego eficaz.

La fuerza velocidad se manifiesta en el fútbol de dos formas: Por un lado, en el juego explosivo sin balón (salidas rápidas, esprints, aceleraciones, frenadas, cambios de dirección, y paradas repentinas), por otro lado en la fuerza de salto en el juego de cabeza (sin embargo, hay que tener en cuenta, que para un juego de cabeza eficaz es decisivo el momento justo de batida, el timing). Por eso, el golpeo de cabeza en salto se debe entrenar siempre con el acoso del contrario activo. A los niños hay que enseñarles a saltar valientemente sin miedo e inhibición hacia el balón, para luchar por el balón.

La fuerza de salto puede ser entrenada solo con restricciones en el marco del desarrollo de la velocidad.

– A la edad de 10 a 12 años, la fuerza de salto puede ser desarrollada ya conscientemente, así como todas las otras cualidades físicas.
– A la edad de 12 a 14 años se intensifica el desarrollo de la fuerza de salto y se comienza con la formación del juego de cabeza en salto; primero sin y después con contrario.

## • FORMAS DE EJERCICIOS Y JUEGOS

### Desarrollo de la fuerza de salto sin balón

294. Ejercicios de salto. Las formas más sencillas para el desarrollo de la fuerza de salto son los distintos ejercicios de brincar. Pueden ser ejecutados como ejercicios gimnásticos o como ejercicios de salto separados, con material y por parejas, en forma de relevos, competiciones o juegos, por ejemplo:
   – Saltar en pie lateralmente o en cuclillas, sobre una o dos piernas, mutuamente sobre una y otra;
   – saltar por encima de un compañero, a una silla, saltos de potro (arriba y abajo), saltar por encima del banco;
   – saltos en la escalera (con ambas piernas, con la izquierda, con la derecha, mutuamente con las dos, saltos con flexión de piernas, detentes verticales);
   – saltar la comba en pie, en cuclillas, sobre ambas piernas, con una o con las dos mutuamente;
   – formas de competición y relevos.
295. Series de saltos. Los saltos –sobre todo las series de saltos hacia adelante– significan mayores cargas de esfuerzo que el brincar. El ejercicio puede hacerse más variado, si se componen combinaciones de saltos y se llevan a cabo competiciones:
   – Salto de altura, de longitud y triple salto desde parado y con algunos pasos de impulso;
   – multisaltos con ambas piernas, con una pierna, mutuamente con las dos, en pie o en cuclillas;
   – detentes verticales desde de pie y con carrerilla, tocando una marca con una o con ambas manos o bien con la cabeza;
   – "cabezazos de sombra" en salto con carrerilla;
   – multisaltos hacia adelante en zig-zag, con o con ambas piernas;
   – saltos por encima de la barrera con apoyo de una o dos manos, batida con una o ambas piernas;
   – saltos de potro;
   – saltos en formas de competición.
296. Relevos de pica. Los jugadores se colocan en fila. El primer jugador corre con una pica de un metro de largo alrededor de un obstáculo. Cuando vuelve agarra junto con el segundo jugador

de la fila la pica de forma que los otros puedan saltar justamente por encima de la pica. Después de haber saltado todos, todos los jugadores se dan la vuelta. Ambos jugadores corren la pica otra vez al comienzo de la fila y todos sus compañeros tienen que saltar de nuevo por encima de la pica. Luego el primer jugador se coloca al final de la fila, el segundo corre con la pica alrededor del obstáculo y forma con el tercer jugador la valla, etc., hasta que todos los jugadores han recuperado otra vez sus posiciones iniciales.

297. El círculo saltante. Los jugadores forman un círculo y se numeran de uno en dos para ser divididos en dos equipos. En el medio del círculo está el monitor que tiene un balón fijado a una cuerda que mueve en círculo a 20 hasta 25 cm por encima del suelo. Los jugadores saltan con ambas piernas por encima del balón. Si un jugador de un equipo comete un error, el otro equipo recibe un punto. Gana el equipo que más puntos ha conseguido.

298. Competición de salto por equipos. Los jugadores se ponen boca abajo en una fila y a una distancia de un metro uno del otro. Tras una señal el primer jugador salta hacia atrás por encima de los otros jugadores que aún están tendidos boca abajo. El segundo empieza a saltar cuando el primero llega al final de la fila y se ha puesto otra vez boca abajo. El concurso continua así hasta que a todos los jugadores les ha tocado una vez. Se puede saltar con la pierna derecha o izquierda o con las dos a la vez.

299. Concurso de saltos (con el balón cogido entre las piernas). Los jugadores se colocan en fila. El primero sujeta el balón entre las piernas. Así recorre una determinada trayectoria saltando. Si pierde el balón, tiene que metérselo otra vez entre las piernas y seguir desde el punto donde le cayó al suelo. Cuando llega al punto de salida, pasa el balón al siguiente para seguir así la competición de relevos.

### Desarrollo de la fuerza de salto y del sentimiento de ritmo

En remates de cabeza que solamente pueden ser realizados con un salto, resulta importante el momento justo del salto, el sentimiento de ritmo. La elección del momento justo depende de la dirección,

velocidad y trayectoria del balón así como de la distancia entre jugador y balón. Con todo ello tiene que tener en cuenta naturalmente
también la posición de sus compañeros de juego y del contrario.

300. Un jugador lanza el balón hacia adelante por encima de un jugador, por encima del cual efectúa después un salto de pídola,
con el objetivo de parar o controlar el balón antes de que toque
éste por segunda vez el suelo (Fig. 221).

**Figura 221**

301. Uno de los jugadores se coloca detrás de una marca (p.ej. un
balón medicinal o una valla), y su pareja le lanza el balón de tal
modo, que tiene que devolverlo por encima del obstáculo con
golpeo de cabeza en salto (Fig. 222).
302. Un jugador sujeta el balón en alto, con una mano y su pareja
tiene que cabecearlo en salto a una meta (Fig. 223).
303. Un jugador lanza el balón por encima de un listón de un saltómetro (cuerda o red), que se encuentra a la altura de la cabeza.
Los jugadores colocados en fila en el lado opuesto tienen que
devolver el balón en salto uno detrás del otro (Fig. 224).
304. El jugador A salta e intenta devolver el balón lanzado por C por
encima del jugador B. El ejercicio se hace más difícil si también
B puede saltar (Fig. 225).

**Figura 222**

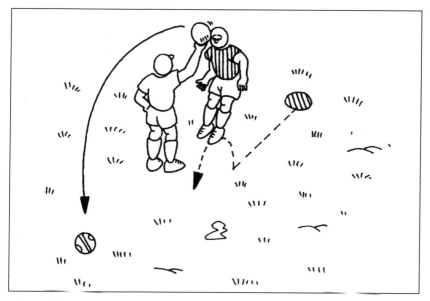

**Figura 223**

**Figura 224**

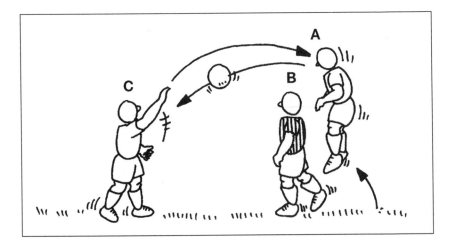

**Figura 225**

## B) Desarrollo de la fuerza de disputa uno contra uno

El fútbol es un juego de lucha. En el fútbol moderno y rápido ha aumentado la contribución de la disputa uno contra uno en el éxito de un equipo. Aprovechandose hasta los límites de las reglas de juego, se juega cada vez más duro y se emplea cada vez más el cuerpo en las disputas por el balón. Por eso, los jugadores jóvenes han de ser acostumbrados en su iniciación a la lucha y a las disputas uno contra uno.

### Ejercicios por parejas y por grupos para el desarrollo del comportamiento en la disputa por el balón

Para el desarrollo de la fuerza de disputa se prestan los ejercicios de empuje y las tracciones, por parejas, en pie y en cuclillas, en la posición de tierra inclinada, lateralmente opuestos o de espaldas, luchas por parejas, pero también las peleas de gallos.

### Juegos de lucha

Desarrollan el vigor y el espíritu de lucha.

305. Las cadenas que luchan. Los jugadores se dividen en dos grupos más o menos iguales, forman una cadena enganchandose por los brazos, se colocan en el medio de un pasillo de cuatro a cinco metros de anchura e intentan tras una señal empujar al equipo opuesto más allá de la línea lateral. El concurso puede realizarse en distintas posiciones iniciales (p.ej. sentados o de espaldas).

306. El círculo tirante. Los jugadores forman un círculo y se agarran de las manos. En el medio del círculo se coloca un palo o una banderola. Los jugadores tiran hasta que uno toca o derriba el palo o la banderola. Luego el juego se inicia de nuevo.

307. Pelea de gallos. Los jugadores saltan sobre una pierna dentro de un círculo y su tarea es la de empujarse uno al otro fuera del círculo o de cargar al otro para que éste tenga que poner ambas piernas en el suelo. El que es empujado fuera del círculo o se apoya sobre ambas piernas, queda eliminado. Gana el último en mantenerse en el círculo.

Variante: Los jugadores se dividen en dos equipos según un modo previamente fijado (ver ejercicios de lucha por parejas), los jugadores de un equipo tienen que empujar a los del otro equipo fuera del círculo. Gana el equipo que ha empujado a todos los jugadores del otro equipo fuera del círculo.

308. Ocupa el castillo. En función del número de jugadores se traza un círculo de diferente tamaño. Un equipo se mantiene dentro del círculo y defiende el "castillo". Tras una señal de salida los jugadores del otro equipo tratan de desplazar a los defensores. Los defensores que son empujados fuera del círculo, quedan eliminados. El castillo queda conquistado después de haber desplazado a todos los defensores. Luego los dos equipos intercambian sus papeles. Gana el equipo que menos tiempo necesita para conquistar el castillo.

   *Variante:* Se traza un pasillo de uno a dos menos de anchura y tras una señal cada equipo trata de secuestrar a los jugadores del otro equipo y de llevarlos a su lado. Los "prisioneros" se quedan en el lado opuesto. Gana el equipo que ha atrapado a todos los jugadores del otro equipo.

309. Depositar los balones en un cajón superior de plinto invertido. En ambos extremos del campo de juego cuyas medidas son determinadas por el número de jugadores participantes se colocan invertidos dos cajones superiores de plinto. La idea del juego consiste en deponer los balones medicinales o de fútbol en los cajones invertidos. Para cada juego llevado a cabo con éxito recibe el equipo un punto. El balón es llevado con las manos y el otro equipo trata de robarlo empujando o cargando a sus adversarios. Juego sucio, como poner la zancadilla, etc., no se admite. Tampoco está permitido: derribar a jugadores en plena carrera, agarrar violentamente, lo que puede provocar lesiones, etc.

   *Variantes:* Se pueden poner también dos cajones a una distancia de cinco metros en cada lado.

   También se puede jugar con dos balones, lo que hace que el juego sea más variado e interesante.

## C) Desarrollo de la fuerza de disputa uno contra uno por medio de formas de ejercicios del ámbito técnico-táctico

Un partido de fútbol eficaz se compone –aunque sea un juego de equipo– de una suma de disputas directas e indirectas. La fuerza de disputa solamente se hace notar, si se emplea contra el adversario en combinación con elementos técnico-tácticos. La técnica y la táctica solamente se corresponden a las exigencias modernas, si pueden ser ejecutadas eficazmente por los jugadores tanto en formas jugadas con carácter de competición, como en la misma competición bajo el acoso activo y duro del contrario. Por eso es necesario que los niños sean educados y formados ya en el ámbito de base en este sentido. De este modo son ya antes capaces de adaptarse a las cambiantes condiciones. Este deseo se deja realizar de la mejor manera en los entrenamientos por el empleo de ejercicios como:

- Competiciones 1:1
- Ejercicios, competiciones y partidos de entrenamiento con el objetivo dirigido a la disputas uno contra uno, en combinación con tareas y planteamientos didácticos;
- partidos de entrenamiento con carácter de competición empleando consciente y consecuentemente estos requerimientos.

### D) Desarrollo de la fuerza para la ejecución técnica

Hay elementos técnicos en los que la fuerza es muy importante. Según esto se deben los elementos técnicos en combinación con el desarrollo de la fuerza de determinados grupos musculares, p. ej.:

- Tiros a distancia, despejes, saques de portería largos, pases en largo y golpes francos;
- tiros a puerta;
- golpeo de cabeza como remate, como despeje y en salto;
- saques de banda largos.

### Desarrollo de la resistencia

La resistencia la utiliza el jugador que sabe emplear sus habilidades técnico-tácticas durante todo el tiempo de juego en base a una buena condición física. Un determinado nivel elemental de resistencia es una condición previa para un juego eficaz. El organismo no solamente está expuesto a unos esfuerzos prolongados (resistencia general básica), sino las cargas de esfuerzo cambian continuamente de intensidad según el transcurso del partido (resistencia especial).

Un déficit de resistencia repercute en la coordinación motriz, en la capacidad de concentración y en la capacidad de contracción de la musculatura. Para el desarrollo de la resistencia también son decisivas las cualidades psíquicas, sobre todo la fuerza de voluntad. En el proceso de entrenamiento han de desarrollarse tanto la resistencia general como la especial.

## DESARROLLO DE LA RESISTENCIA GENERAL BÁSICA

El entrenamiento de la resistencia general básica contribuye a la mejora de las capacidades cardio-vascular y respiratoria. Ésta es una condición esencial para entrenar a un nivel permanentemente alto. La intensidad de entrenamiento tiene que ser tal que el organismo pueda cubrir sus necesidades energéticas sin tener que entrar en estados de deuda de oxígeno.

El desarrollo de la resistencia general básica es una tarea permanente y regular que requiere una progresión sistemática dentro de la dinámica de esfuerzos. Ésta es la primera fase en la preparación de los jugadores de base para las exigencias que se les plantean a la edad de adultos. Con ello mejoran la capacidad de resistencia del organismo, las funciones y la capacidad general de los órganos que participan en la locomoción.

– En jugadores jóvenes de fútbol con menos de diez años de edad se entrena la resistencia general básica a través del juego y de las distintas formas de competición, llevando a cabo de vez en cuando también un ligero entrenamiento de carreras.

– A la edad de diez a doce años ya se puede desarrollar la resistencia general básica consciente y regularmente, sobre todo por medio de carreras, otros deportes de asociación y a través de los medios de entrenamiento de los así llamados deportes complementarios.

– A la edad de 12 a 14 años hay que seguir con el desarrollo de la resistencia general básica de forma continuada y sistemática, ya que el organismo se adapta muy bien al esfuerzo. Resulta importante tener en cuenta el principio de que a cada sesión de entrenamiento tiene que preceder siempre un calentamiento a fondo.

Para el desarrollo de la resistencia general básica se prestan casi todas las formas de competición, juegos y ejercicios que pueden ser llevados a cabo durante un período de tiempo prolongado, como por ejemplo:

– Deportes complementarios: ciclismo, natación, esquiar;
– deportes colectivos: balonmano, baloncesto, voleibol, tenis;
– correr –como base elemental de todas las disciplinas deportivas– es uno de los medios más apropiados para el mantenimiento y mejora de la condición física. Influye positivamente en la función cardio-vascular, aumenta la capacidad vital y del sistema nervioso, tiene un efecto calmante.

## DESARROLLO DE LA RESISTENCIA ESPECIAL

La resistencia general, aunque se mejore constantemente, por sí sola no es suficiente para jugar eficazmente al fútbol. Para ello es necesaria también la resistencia especial, cuya dinámica de esfuerzos se caracteriza por la utilización de cargas de esfuerzo específicas de la competición. Cuanto más se parezca un ejercicio de entrenamiento a situaciones de juego características de la competición, tanto más especial se hace el esfuerzo.

El desarrollo de la resistencia especial se lleva a cabo con ejercicios de índole anaeróbica, lo cual quiere decir que la asimilación de oxígeno no cubre las necesidades de oxígeno del organismo en movimientos rápidos y se produce un déficit de oxígeno. Esta deuda de oxígeno puede ser compensada en las así llamadas pausas "útiles". Las condiciones previas para un entrenamiento intensivo son la mejora de la capacidad de asimilación de oxígeno o bien la mejora de la capacidad de poder compensar una elevada deuda de oxígeno. Esto se puede conseguir a través de un entrenamiento adecuado.

En el entrenamiento con niños se tiene que tener muy en cuenta que el objetivo didáctico siempre corresponda al desarrollo de las condiciones físicas para jugar al fútbol y a la formación de una buena relación hacia el fútbol. No es correcto exponer el organismo a unas cargas de esfuerzo muy altas e intensivas, con la única intención de cosechar éxitos rápidos con las categorías de edad en cuestión.

– Con menos de 10 años de edad no hay ninguna necesidad de desarrollar la resistencia especial. Son suficientes los esfuerzos que se hacen en las competiciones y partidos.

– A la edad de 10 a 12 años sigue dominando el juego. El niño es capaz de jugar horas y horas. También se puede empezar a llevar paulatinamente a los niños hacia estímulos de esfuerzos más específicos, por medio de juegos de carrera más intensivos.

– A la edad de 12 a 14 años –teniendo en cuenta el principio de la progresión– se comienza a desarrollar más sistemáticamente las bases de la resistencia especial.

La resistencia especial puede ser desarrollada a través de diversos medios y métodos, como por ejemplo:

– juegos de balón ejecutados de forma competitiva, salidas, esprints, cambios de ritmo y de dirección;
– carreras de distintas intensidades (50%, 75%, etc.);
– ejercicios motrices técnico-tácticos y juegos;
– ejercicios de disputa uno contra uno;
– entrenamiento en circuito con formas de ejercicios técnico-tácticos y juegos;
– partidos de entrenamiento con carácter de competición.

### *Partidos de entrenamiento con carácter de competición*

Los esfuerzos con carácter de competición corresponden desde el punto de vista de ritmo e intensidad a un partido de fútbol. La recuperación en las pausas no es completa. Las proporciones entre esfuerzo y recuperación son importantes. Tienen que ser dirigidas por variables para factores de esfuerzo como la duración del esfuerzo, la intensidad del esfuerzo, el número de repeticiones, el intervalo de tiempo y el contenido de las pausas de recuperación. Cada uno de los factores mencionados puede también por sí solo aumentar la carga del esfuerzo.

### *Algunos juegos de entrenamiento para las cargas de esfuerzo con carácter de competición*

310. 3:3 y 4:4 con capitán. En ambos equipos se denomina un capitán. Solo el balón que pudo ser pasado al capitán cuenta como punto. El juego es apropiado para un aumento individual de esfuerzo.

311. 3:3 con dos porterías. Dos grupos juegan lateralmente a través del campo o entre ambas áreas de penalti, prolongando las líneas hasta la línea lateral o bien en un campo de tamaño parecido. Los jugadores solamente pueden meter goles si pasan el balón a un compañero de juego para que este lo tire directamente a puerta, después de haber pasado una línea trazada a más o menos cinco metros delante de cada portería.
312. 4:4 o 5:5 con dos porterías. Dos equipos juegan en un campo de juego como descrito en el ejercicio 311. Cuando el balón pasa la linea media, todos los jugadores la tienen que haber pasado también dentro de 10 segundos, sino el otro equipo recibe un golpe franco.
313. Juego de ida y vuelta con dos porterías. El objetivo del juego es el de aumentar la carga de esfuerzo.

**Desarrollo de las cualidades coordinativas**

Hábil o diestro se llama a aquel jugador, que fácilmente asimila los gestos técnicos del fútbol y que es capaz de elegir de sus ricas experiencias motrices las resoluciones más útiles en las distintas situaciones de juego y de ejecutarlas rápida y económicamente con y sin balón. La coordinación motriz se basa en la cooperación entre el sistema nervioso y el aparato de locomoción. El desarrollo de las cualidades de coordinación es una condición previa para la formación de la agilidad. Nuestro objetivo es la formación polifacética de las habilidades motrices básicas, las cuales tenemos que elevar a su nivel más alto, ya que la capacidad de juego (en el sentido de habilidad de juego) del jugador se construye sobre ello.

## *EL DESARROLLO POLIFACÉTICO DE LA AGILIDAD*

En el ámbito de base hay que prestar mucha atención a un desarrollo variado de la agilidad. Resulta importante que los niños asimilen movimientos cada vez más nuevos y complicados. El grado de dificultad de las exigencias motrices tiene que ser aumentado constantemente y el principio de entrenamiento tiene que tenerse en cuenta bajo unas condiciones cambiantes. Ésta es una condición esencial para mejorar el nivel de la coordinación motriz. Los gestos

técnicos aprendidos pueden ser empleados de un modo más variado. Con el desarrollo de la agilidad general hay que empezar ya muy
temprano para que los niños puedan ejecutar también movimientos
más difíciles. Cuanto más variadas sean las cualidades de coordinación, tanto más amplias son las bases sobre las cuales se pueden
desarrollar las habilidades específicas de juego.

– Con menos de 10 años se puede empezar ya con la formación de
las cualidades coordinativas. El niño debe jugar con el balón tantas veces como sea posible (no importa si es con las manos o con
los pies). Debe conocer las características del balón.

– A la edad de 10 a 12 años se eleva el nivel de la destreza motriz
por medio del empleo de formas de ejercicios más complejos y
variados. Cambiando las exigencias con respecto a la ejecución
motriz no solamente se motiva a los niños que se ejerciten de forma más variada, sino que piensen y elijan las resoluciones más
oportunas. Cuanto más variadas sean las distintas combinaciones
de ejercicios, tanto más eficazmente puede ser desarrollada la agilidad.

– A la edad de 12 a 14 años se puede ampliar lo hasta ahora conseguido por medio de ejercicios y tareas, en las que las cualidades
físicas desempeñan también un papel importante. Estos ejercicios
requieren resoluciones rápidas, útiles e inteligentes. Para llevar a
cabo el principio de la multilateralidad en el marco del entrenamiento de la agilidad se ofrecen varios medios y métodos.

### Ejercicios de gimnasia (suelo y plinto)

Estos ejercicios sirven sobre todo para que el deportista aprenda
a dominar su motricidad. Ligados a distintos planteamientos, estos
ejercicios sirven para perfeccionar secuencias motrices variadas bajo unas condiciones continuamente cambiantes.

– Agilidad en el suelo: Voltereta hacia adelante y hacia atrás, con
salto vertical desde cuclillas, con giros, voltereta lanzada por el aire, equilibrio de brazos invertido, rueda lateral;

– ejercicios divertidos de agilidad en el suelo, voltereta hacia adelante tres veces seguidas, varias ruedas laterales seguidas;

– ejercicios de destreza en el plinto de saltos: voltereta hacia adelante y hacia atrás, salto al plinto con las piernas encogidas y salto

del plinto hacia abajo, salto exterior, salto interior, toreras, saltar por encima del plinto colocado a lo largo.

### Ejercicios atléticos

Estos ejercicios son, ante todo, de riqueza motriz sin balón.

– Distintos cambios de dirección y de ritmo con tareas adicionales, saltar por encima de vallas, deslizarse por debajo de obstáculos con tareas adicionales en combinación con ejercicios gimnásticos.

### Deportes complementarios

Los deportes complementarios representan unas exigencias físicas y psicológicas elevadas y completan el repertorio motriz del futbolista:

– Deportes colectivos: balonmano, baloncesto, voleibol, tenis de mesa y tenis;
– otros deportes complementarios: esquiar, correr, natación, ciclismo y gimnasia deportiva.

### • FORMAS DE COMPETICIONES Y JUEGOS

Las formas de competiciones y juegos elegidas deben satisfacer un alto grado de dificultad. A través de ellas se induce a los niños que piensen y encuentren variantes de resoluciones originales y desarrollen la capacidad de improvisación y las cualidades físicas.

314. Relevo de camareros. Los jugadores se colocan en fila y tras una señal el primer jugador corre con tres o cuatro balones de distinto tamaño y peso alrededor de un obstáculo y los pasa después al siguiente. Si en el camino pierde los balones, tiene que cogerlos otra vez. En la entrega y en la recepción de los balones los otros jugadores no pueden ayudar. El juego termina cuando todos han recuperado otra vez sus posiciones iniciales.
315. Relevo de balones desplazandose como los cangrejos. Los jugadores están sentados en fila uno detrás del otro y con las piernas cruzadas. El primer jugador rueda el balón delante de

sí, empujandolo con las piernas y desplazandose como un cangrejo a cuatro patas, pasa alrededor de un obstáculo y entrega el balón al siguiente jugador. Las nalgas del jugador no pueden tocar el suelo.

316. Relevo de balones desplazandose como los cangrejos – transporte del balón con el vientre. Los jugadores están sentados en fila uno detrás del otro y con las piernas cruzadas. El primer jugador se mueve como un cangrejo transportando el balón sobre el vientre, alrededor de un obstáculo, para entregarlo al siguiente de la fila. Si pierde el balón, tiene que meterlo otra vez y seguir desde donde lo perdió.

317. Relevos con distintos planteamientos de tareas. Los jugadores se colocan en fila. Enfrente del equipo se colocan diversos obstáculos, que los jugadores tienen que allanar (saltar por encima del listón de un saltómetro, pasar arrastrandose por un cajón del plinto, correr sobre una barra de equilibrio, etc.). El juego termina cuando todos los jugadores han alcanzado otra vez sus posiciones originales.

### DESARROLLO DE LA AGILIDAD ESPECIAL

Un deportista tiene que reunir la agilidad que es necesaria en su disciplina deportiva, a la cual corresponde una riqueza motriz técnico-táctica concreta. En el caso de un futbolista se muestra la agilidad especial en la rápida asimilación de los elementos técnicos, en la capacidad de reacción en las distintas situaciones de juego, en la elección de la resolución más oportuna y con ello en la aplicación eficaz de los elementos técnico-tácticos. Pero no es suficiente si los elementos técnico-tácticos son ejecutados sólo unilateralmente, porque las condiciones para las acciones motrices cambian constantemente. Por eso resulta importante practicarlas en múltiples variantes y con carácter de competición. El desarrollo de las cualidades coordinativas especiales se efectúa paralelamente al desarrollo de la agilidad general. Representa una tarea permanente.

– Con menos de 10 años el desarrollo de cualidades especiales no es el punto esencial en la formación del niño, ya que aún no está preparado para resolver tareas complejas.
– A la edad de 10 a 12 años se forma la agilidad especial junto con el entrenamiento de los elementos técnico-tácticos. En esto, ante

todo los ejercicios con balón desempeñan un papel importante en el desarrollo de la agilidad especial.

– A ello se suman a la edad de 12 a 14 años ejercicios para el desarrollo de la agilidad especial y ejercicios para la aplicación variada y atractiva de la técnica y táctica.

### Ejercicios con balón para el desarrollo de la agilidad especial

Son ejercicios técnicos obligatorios, que pertenecen a la riqueza motriz del juego del fútbol, pero que vienen en cierto modo también de otros deportes, ya que además contienen exigencias especiales con respecto a las cualidades coordinativas y prescriben de forma predeterminada la práctica de distintos elementos técnicos a efectuar con balón.

### Juegos para el desarrollo de la agilidad especial

Con su ayuda se puede poner en juego los planteamientos técnico-tácticos individuales de forma variada y garantizar la asimilación de unas cualidades motrices de nivel elevado y versátil. A ello se prestan muy bien los siguientes juegos:

– tareas variadas con la inclusión de defensas y porteros;
– ejercitar la capacidad de improvisación;
– formas elementales del juego en conjunto con pequeños números de jugadores, con restricciones metodológicas o con variantes de resolución libre y útil;
– juegos de fútbol-tenis;
– partidos de entrenamiento con planteamiento de tareas;
– juegos complementarios.

### • FORMAS DE EJERCICIOS

318. El jugador tira o lanza el balón al aire o contra una pared. Antes de que lo reciba o pare otra vez, tiene que resolver distintas tareas, por ejemplo: Ponerse en cuclillas, sentarse, tenderse boca abajo, voltereta hacia adelante, etc. (Fig. 226).
319. El jugador tira, lanza o cabecea el balón por encima de un obstáculo; luego salta él mismo también por encima del obstáculo,

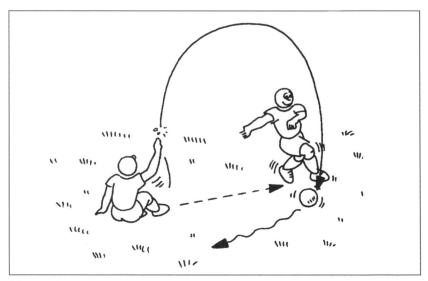

**Figura 107a**

pasa alrededor o por debajo de él, según cada tarea. Después recibir o parar el balón (Fig. 227).

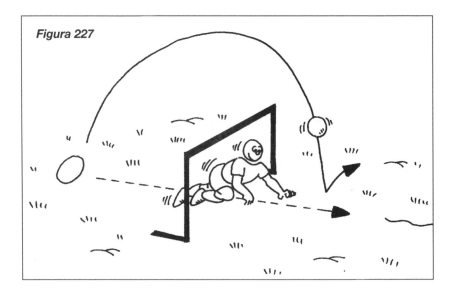

**Figura 227**

320. Dos jugadores juegan con dos balones. Un jugador envía pases a ras del suelo, y el otro recibe el balón con las manos, lo lanza (tira o cabecea) de vuelta a su compañero, quien lo recibe. El juego se juega con ambas manos todo seguido (Figura 228).

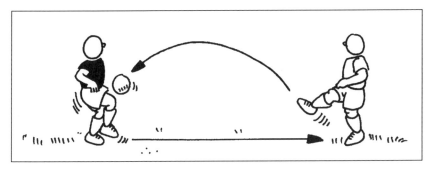

*Figura 228*

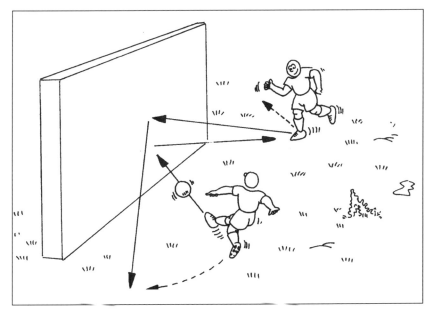

*Figura 229*

321. Dos jugadores se ejercitan con dos balones. Cada uno devuelve el lanzamiento contra la pared del otro, después de haber botado el balón de la pared (Fig. 229).

322. Dos jugadores se pasan el balón por alto y corren después alrededor de un obstáculo, que se encuentra detrás o al lado de ellos. Una vez llegados de vuelta a la posición de salida, se pasan el balón de nuevo por alto (Fig. 230).

**Figura 230**

# CAPÍTULO 6

# MÉTODOS, PRINCIPIOS E INDICACIONES PARA EL ENTRENAMIENTO DE BASE

El entrenador solamente puede realizar un trabajo eficaz, si dispone de buenos conocimientos pedagógicos y metodológicos así como de un arsenal de ejercicios y formas de juego. Para el entrenamiento en el ámbito técnico-táctico y para el desarrollo de la condición física hay métodos específicos. Pero al mismo tiempo hay que emplear también métodos generales que promueven las enseñanzas de fútbol en su conjunto.

En el entrenamiento de base, la aplicación de métodos de entrenamiento específicos y generales, en función de cada edad, recibe una especial importancia.

– Hasta los 10 años de edad y metodológicamente diferenciado, el niño llega a conocer el juego del fútbol en su totalidad, es decir los elementos básicos de la técnica y táctica del fútbol. Se trata de consolidar lo aprendido y de prepararlo para su aplicación en el juego.

– Con el empleo de métodos de entrenamiento específicos de la competición (método de modelo según Benedek) existe la posibilidad, tanto de entrenar esencialmente en el ámbito técnico-táctico, como de dosificar las cargas de esfuerzo.

– El empleo del método de juego o de competición es muy eficaz en el entrenamiento con niños, ya que a ellos, con su alegría de juego, les hace mucha ilusión vencer a los otros.

– El entrenamiento en circuito tiene la ventaja de poder llevar a cabo la sesión de entrenamiento de una manera variada y bajo condiciones de poco espacio. Por eso este método puede emplearse también de noche con alumbrado artificial al aire libre o en el entrenamiento dentro de pabellones deportivos o en casa.

– El entrenamiento individual es un método más eficaz tanto para los niños que entrenan en clubes, como para alumnos que entrenan en el colegio o en casa. Con tests se puede evaluar el rendimiento actual, la capacidad y el grado de desarrollo de determinadas cualidades en forma de resultados concretos.

## EL MÉTODO DE JUEGO

En el eslogan tantas veces oído "El mejor entrenador es el juego" hay mucho de verdad. El principio "Aprender jugando" puede ser realizado fácilmente, porque el juego del fútbol puede ser practicado ya en la infancia sin tener una especial formación previa, debido a su idea y sus reglas de juego sencillas. Las reglas de juego más importantes las entienden también los niños con 10 años de edad. Ejercicios sencillos, adaptados a la edad, les facilitan muchas experiencias de éxito.

El método de juego es muy importante para el entrenamiento de fútbol con niños. Incluso se puede hacer la experiencia que los niños organicen el juego libre ellos mismos. Estas condiciones se pueden utilizar muy bien a la hora de enseñar.

Además, lo aprendido se puede poner en juego en diversos partidos de entrenamiento. Las exigencias se elevan; ya no basta con regatear al contrario o robarle el balón, sino que también hay que saber combinar y seguir una jugada, saber qué otras variantes de resolución hay para realizar la jugada.

El fútbol es un juego variado, atractivo y caprichoso. Cada jugador participa activamente en el juego. En base a una elevada capacidad de juego desarrollan iniciativas creativas y según sus dotes y talento ayudan a construir y dirigir activamente el transcurso del partido. El juego favorece sistemáticamente el perfeccionamiento de las habilidades aprendidas.

Vivir conjuntamente el juego es algo que provoca efectos estimulantes en el niño, que motiva al niño a emplear lo recientemente aprendido, desarrolla sus capacidades de decisión y riesgo e influye positivamente en el desarrollo de la personalidad y en la formación de las cualidades individuales. Las situaciones permanentemente cambiantes requieren resoluciones rápidas e incalculables de antemano, las cuales a su vez fomentan la creatividad y capacidad de improvisación.

Las formas jugadas pueden ser empleadas en el proceso de entrenamiento de forma dirigida y variada, teniendo en cuenta que tienen que ser combinadas con tareas y planteamientos didácticos en el ámbito técnico-táctico o de condición física.

El desarrollo de las habilidades y destrezas se realiza por medio de una multitud de situaciones que se repiten constantemente, sin que a causa de ello el entrenamiento se caracterice por la monotonía. Los niños reconocen en el juego ellos mismos las variantes de resolución poco oportunas y los errores, pero al mismo tiempo se ofrecen al entrenador numerosas ocasiones de corrección.

Las formas de juego, por regla general, están muy cercanas a situaciones de partido reales. Casi cada situación de partido se encuentra otra vez en estos juegos o puede ser construida a propósito para instruir los distintos elementos de juego. Las formas de juego contienen todos los elementos del fútbol. Esto hace posible destacar la práctica de determinadas habilidades y destrezas, para entrenar los distintos elementos de juego y consolidar la ejecución motriz. En cada partido se manifiestan completamente la técnica, la táctica y la condición física. No pueden ser separadas una de la otra, pero el desarrollo de uno u otro componente puede ser puesto de relieve y destacado.

Las formas de juego son fácilmente comprensibles y pueden ser explicadas con pocas palabras. Son sencillas y se dejan adaptar fácilmente a las condiciones cambiantes (campo de juego, número de jugadores, nuevas reglas de juego, restricciones, etc.). El juego puede ser limitado a determinadas acciones por medio de un menor número de jugadores, marcando campos de juego apropiados y planteando limitaciones metodológicas. Así se puede abarcar con la vista y controlar fácilmente la correcta ejecución. Al juego "grande" se llega a través de los juegos "pequeños". Pero esto solamente se puede realizar si se emplea cada forma de juego con su objetivo didáctico al cual está dedicado, o sea si se sabe qué es lo que hay que entrenar y por qué se emplea este medio de entrenamiento.

## CONTRIBUCIÓN AL EMPLEO DE MEDIOS DE ENTRENAMIENTO ESPECÍFICOS DE LA COMPETICIÓN

En el fútbol moderno han aumentado las exigencias a variantes de resolución técnico-tácticas originales, debido al aumento de la rapidez y de la dureza en las disputas por el balón. Para ello hay que prepararse en el proceso de entrenamiento, o sea, la metodología del entrenamiento tiene que ser adaptada a esas condiciones cambiantes. Buenos resultados ha dado el empleo intensificado de medios de entrenamiento con carácter de competición. En el marco de estas formas de ejercicios, competiciones y juegos se entrenan de modo complejo los elementos técnico-tácticos y la condición física. El empleo de estos medios de entrenamiento permite, en función de la edad, una orientación destacada hacia determinados puntos esenciales de formación (técnica, táctica, condición física, entrenamiento de aprendizaje, progresión en la dinámica de esfuerzos, etc.). Con todo ello resulta importante que las formas de ejercicios puestas en juego se ejecuten al ritmo de partido (con carácter de competición).

### Acentuación de la técnica

El objetivo consiste en acentuar la técnica bajo unas condiciones parecidas a la competición. Pero para ello el niño ya tiene que dominar las bases de la técnica y poder aplicar lo ya aprendido con velocidad y en presencia del adversario. Resulta importante la temprana adaptación a la utilización de ambas piernas. Hay que ayudar a los niños a desarrollar sus cualidades individuales y su capacidad de improvisación.

### Acentuación de la táctica

El objetivo consiste en acentuar el desarrollo de los medios de la táctica individual y colectiva de ataque y defensa bajo unas condiciones parecidas a la competición. Cuando se cometen con frecuencia errores tácticos graves, se puede recomendar parar el juego y corregir las resoluciones erróneas. La resolución correcta tiene que ser explicada a los niños. Pero hay que dejar un espacio amplio a las capacidades individuales, no limitarlas a través de restricciones metodológicas exageradas. Hay que elogiar a los jugadores que destacan por acciones técnico-tácticas originales y creativas. Destacar la formación táctica solamente tiene éxito si se entrena al ritmo de competición y en presencia del contrario, o sea, en las condiciones de la competición.

## Acentuación de la preparación física

El aprendizaje motor está influido de manera decisiva por el nivel de las cualidades físicas. Las cualidades físicas bien desarrolladas provocan por regla general una reducción del tiempo de aprendizaje, o sea la eficacia del entrenamiento puede ser aumentada. Hay que destacar enérgicamente que las cualidades atléticas son la condición previa para el empleo eficaz de los medios técnico-tácticos. En el marco del empleo de medios de entrenamiento específicos de competición se pueden entrenar las distintas cualidades (velocidad, resistencia, fuerza, etc.) en función del objetivo didáctico de forma acentuada.

Primacía tiene el desarrollo de la fuerza velocidad y de la resistencia; y más tarde es necesaria también velocidad resistencia. Especialmente importante es que los niños aprendan también el cambio de ritmo como un factor cada vez más importante y determinante del fútbol moderno.

La fuerza velocidad la necesitan los niños sobre todo en el juego sin balón (paradas, salidas rápidas, cambios de ritmo y de dirección), así como en el golpeo de cabeza en salto.

La fuerza de disputa uno contra uno hay que destacarla y entrenarla particularmente. Las reglas de juego permiten el empleo del cuerpo. Diversas acciones técnico-tácticas tienen que ser entrenadas bajo el acoso activo del contrario y con un número alto de repeticiones. El entrenamiento con carácter de competición no puede renunciar a ello.

### Contribución a la dinámica de esfuerzos

El empleo intensificado de los medios de entrenamiento con carácter de competición requiere una dinámica de esfuerzos bien dosificada. Plantear restricciones metodológicas, incluir obstáculos, aumentar el campo de juego, disminuir el número de jugadores, etc. favorecen una dinámica de esfuerzos orientada hacia determinados objetivos. Con ello el cansancio debería alcanzar el mismo grado que en una competición. La carga de esfuerzos de los jugadores puede ser dirigida por los siguientes factores:

– Elevar la intensidad entrenando a ritmos elevados, como de costumbre en la competición;

– El aumento de la duración de los ejercicios requiere una variación en la intensidad; las dos tienen que encontrarse en un equilibrio;
– El aumento del número de repeticiones influye en la intensidad de ejecución del ejercicio;
– El intervalo de recuperación, el cual depende o es determinado por la carga de esfuerzo precedente y el tipo de recuperación.

Estos factores tienen efectos recíprocos. Para aumentar la carga debe ser variado sólo uno de los factores. El tener en cuenta dos o más factores acarrea por regla general un aumento demasiado elevado de la carga de esfuerzos.

**Aumento del grado de dificultad**

Por medio del empleo de medios de entrenamiento específicos de la competición se puede aumentar o bajar también el grado de dificultad del ejercicio. El grado de dificultad puede ser variado libremente según el objetivo del entrenamiento y puede ser adaptado a las exigencias del nivel de rendimiento de los jugadores.

## A) EL NÚMERO DE JUGADORES

La reducción del número de jugadores produce:

– un aumento de la carga física y del rendimiento individual con respecto a los metros recorridos;
– más contactos de balón, importante para la aplicación técnica dirigida a determinados objetivos;
– una mejor vista de conjunto del juego y más facilidades en la aplicación de planteamientos tácticos;
– mejores posibilidades para llevar a cabo el ataque. La elevación del número de jugadores produce:
  • reducidas cargas de esfuerzo físico, menos contactos de balón, resoluciones técnicas más finas;
  • más posibilidades de variación en el empleo de acciones tácticas; se requiere espíritu de equipo, la colaboración y el trabajo en conjunto ocupan el primer plano, más que las acciones individuales;
– condiciones facilitadas en el trabajo defensivo. La superioridad numérica de los atacantes acarrea:

• condiciones facilitadas para el juego de ataque, aceleración , aumento del ritmo del juego de ataque;
– ejecución de tareas defensivas bajo unas condiciones más difíciles. La superioridad numérica de los defensas trae consigo:
• condiciones facilitadas para la defensa, estrecho marcaje al hombre;
– las tareas de ataque se llevan a cabo bajo unas condiciones más difíciles. Un igual número de jugadores fomenta:
• una instrucción dirigida hacia determinados medios tácticos individuales y colectivos de ataque y defensa así como
• jugar como en la competición.

## B) EL CAMPO DE JUEGO

Un campo de juego más grande trae como consecuencia:

– más tiempo para el manejo del balón;
– más espacio para las acciones de juego;
– un juego más claro y transparente;
– más variabilidad en el empleo de acciones tácticas;
– el juego sin balón es más abarcable;
– una elevación de la carga física a través de las trayectorias de carrera prolongadas; Un campo de juego más pequeño provoca:
• menos tiempo para el manejo del balón;
• manejo del balón en espacios más reducidos;
• menos claridad en el juego;
• una variabilidad limitada en el empleo de acciones tácticas;
• el juego sin balón es menos abarcable, elevadas exigencias a planteamientos táctico-colectivos, acciones de espacio reducido y rápidas;
• según cada tarea una disminución de las cargas de esfuerzo físico.

## C) REGLAS PARA LAS FORMAS DE JUEGO

En cada juego y en cada competición se pueden –dentro de las reglas del juego– facilitar o dificultar las condiciones. De todos modos hay que decirles a los niños el porque del cambio de reglas. El ritmo de juego puede ser aumentado (un toque de balón) o ralentizado (controlar el balón). Las ordenes pueden ser un marcaje al hombre o una defensa en zona. La orientación de los objetivos puede basarse en la intensificación de la carga de trabajo (esfuerzos de carrera más elevados), en el tiro directo a portería, en el contraataque o en el juego de ataque combinado, etc. Los objetivos de las modificaciones en las reglas son los siguientes:

– aumento del ritmo de evolución (progresión de esfuerzos);
– realización específica de determinadas tareas para cada equipo;
– estimación de la evolución del equipo en su conjunto (resoluciones útiles y eficaces);
– control de la progresión de esfuerzos.

Cuando los jugadores han resuelto con satisfacción las distintas tareas fijadas por las modificaciones o limitaciones de reglas, aplicarán sus conocimientos y capacidades con consciencia también en la competición.

## ENTRENAMIENTO EN CIRCUITO

El método del entrenamiento en circuito es apropiado en el entrenamiento de base tanto para mejorar las cualidades físicas básicas como para practicar elementos técnico-tácticos. Las ventajas de este método son que los ejercicios pueden ser combinados de una manera variada, en función de las cualidades individuales, y que los progresos de rendimiento pueden ser controlados muy bien. Por eso tiene un efecto motivante. En espacios pequeños los ejercicios pueden ser realizados por muchos alumnos a la vez. Las ventajas no solamente consisten en las medidas de la superficie de entrenamiento, sino también en la posibilidad de entrenar por la noche, porque los alumnos pueden entrenar también en espacios pequeños iluminados. El aprovechamiento del tiempo también es económico. Además de eso, el entrenador puede controlar la ejecución exacta y concienzuda de los ejercicios.

Un programa de entrenamiento en circuito se compone de ejercicios sencillos, fáciles y adecuados al objetivo de entrenamiento. Un circuito se compone en la mayoría de los casos de 7 a 10 ejercicios con una duración de 1 a 3 minutos por estación (ejercicio). El cambio de una estación a la siguiente debe efectuarse siempre en un determinado sentido. Si es necesario se pueden fijar también el número de repeticiones y su ritmo de ejecución. Si se utiliza este método con regularidad, los niños notan después de un cierto tiempo sus efectos ellos mismos. Se dan cuenta de los progresos de rendimiento, por ejemplo el aumento de fuerza. Esto influye, por regla general, positivamente en su actitud subsiguiente hacia el entrenamiento. Luego se pueden modificar los programas, incluir nuevos ejercicios, aumentar el número de repeticiones, elevar la velocidad de ejecución o bien aumentar el número de estaciones.

## DOS EJEMPLOS PARA PROGRAMAS DE ENTRENAMIENTO EN CIRCUITO

### Ejemplo para el desarrollo de las cualidades físicas

Doce jugadores trabajan por parejas en las distintas estaciones del circuito, cambiando de estación cada dos o tres minutos.

1. Saltar la comba (con una o ambas piernas o en carrera hacia adelante);
2. Flexiones de brazos (en una rama de un árbol, en el larguero de una portería) o fondos de brazos;
3. Carrera continua a un ritmo moderado alrededor del campo de entrenamiento;
4. Flexiones de rodillas con pesos (pesas, balones medicinales u otros), que tienen que ser empujados para arriba;
5. Decasalto con una o ambas piernas o cambiandolas rigurosamente;
6. Carrera en zigzag alrededor de 4 a 6 banderolas (todo seguido);

El resultado puede ser medido de la siguiente manera:

– Cada uno cuenta por sí solo las repeticiones en cada estación (el que ha conseguido más repeticiones en una estación, ha ganado);
– ¿Qué pareja ha conseguido mejores resultados?;
– ¿Quién o qué pareja son los vencedores en las distintas estaciones?, ¿Quién ha conseguido qué puestos?;
– El resultado debe ser fijado por escrito, para posibilitar la comparación individual o por grupos dentro del promedio de rendimiento.

Observación: Los ejercicios pueden ser realizados también individualmente en caso o con uno o varios compañeros de juego.

### *Ejemplo para el desarrollo complejo de las cualidades técnico-tácticas y físicas*

Pueden participar de 12 a 24 jugadores. En cada estación compiten dos parejas. El cambio de estación se lleva a cabo después de tres a cinco minutos, en el sentido de las manecillas del reloj.

1. En el medio se marca un recorrido de 10 a 16 metros. Los jugadores cabecean el balón hacia la línea media, corren detrás de el, y después de la recepción del balón lo conducen hacia el otro lado, lo paran y lo conducen de vuelta a la posición de partida. Luego, otro jugador continúa el juego. El relevo se efectúa todo seguido.
2. Tiro a puerta (clase de toque y distancia previamente fijadas) a puerta vacía (con el balón parado, sobre pase y sobre bote del balón). Los goles solamente son válidos, si el balón antes de entrar no ha tocado el suelo.
3. 1:1 con dos porterías pequeñas, fútbol de cambio, el cual se lleva a cabo después de un minuto o libremente.
4. Malabarismo con el balón de una manera prescrita.
5. Devoluciones con golpeo de cabeza bajo el acoso activo del adversario. Dos parejas enfrentados (las parejas se forman entre adversarios). Uno de los jugadores lanza o tira el balón por alto a la pareja. ¿Quién puede devolver el balón mediante golpe de cabeza? Cinco repeticiones y luego cambio de papeles.
6. 2:2 con cuatro porterías pequeñas. Resultado: ¿Qué pareja pudo realizar más veces estos ejercicios o bien qué pareja pudo conseguir más puntos o goles?

## EL MÉTODO DE COMPETICIÓN

Este método es uno de los más eficaces en el sentido del aumento de rendimiento; de ahí también el método más empleado. Las posibilidades de variación son inagotables.

Los relevos y las formas de competición y de juego desarrollan tanto las cualidades físicas como las cualidades relativas. Están ligados a la meta de ganar la competición o de conseguir un buen puesto. Por eso los niños se emplean normalmente a fondo tanto física como psíquicamente. Quieren ganar por todos los medios. Para ello luchan con todas sus fuerzas y tratan de alcanzar el máximo de sus capacidades físicas.

En la mayoría de las formas de juego técnico-tácticas se puede averiguar al ganador o el puesto alcanzado más o menos fácilmente. La eficacia puede ser aumentada, intensificando la carga del esfuerzo individualmente o para todo el equipo, a través de interacciones fomentadas.

Los resultados de competición y de juego motivan a los niños a rendir todavía más. A través de una dirección pedagógica inteligente de las competiciones se pueden incluso transformar los fracasos en motivaciones positivas (p. ej. por medio de animaciones).

Los niños compiten por alcanzar mejores resultados que sus compañeros, para vencer unos a otros. La evaluación de los resultados no debe faltar. El vencedor siempre debe ser aquel jugador que ha conseguido sus resultados acatando las reglas. Reclamaciones en la averiguación del ganador y de los puestos conseguidos no deben ser toleradas. A los niños hay que acostumbrarlos ya temprano a aceptar las decisiones sin protesta, aun cuando las pongan en duda. Por eso es importante que las decisiones siempre se tomen con prudencia y justicia.

## EL ENTRENAMIENTO INDIVIDUAL

El entrenamiento individual, que se deja realizar también en casa, contribuye a una mejor utilización del tiempo de entrenamiento y a una evolución más rápida de los jugadores. Las tareas a ejecutar pueden ser planteadas también como deberes. se determinan en función del objetivo de entrenamiento, pero también dependiendo de las posibilidades de entrenamiento en casa. Los deberes deberían ser variados, p. ej. tareas técnico-tácticas individuales o ejercicios que contribuyen al desarrollo de las cualidades físicas.

### La técnica

El dominio de balón no se puede dejar de entrenar. Muchas veces es suficiente un pequeño espacio libre en el que se puede entrenar toda la técnica. Los ejercicios de carácter técnico pueden realizarse individualmente o por parejas con un compañero de juego. A continuación se citan algunos ejemplos de formas de ejercicios para la práctica de importantes elementos técnicos, separados según las distintas edades.

## • 100 "DEBERES"
## FORMAS DE EJERCICIOS, COMPETICIONES Y JUEGOS

### De 4 a 6 años
### Ejercicios de balón con la mano

*Lanzamientos con dos manos desde abajo.* Las piernas separadas, sujetar el balón delante del cuerpo, rodillas ligeramente separadas, y se lanza el balón de abajo hacia arriba (Figura 231).

**Figura 231**

*Lanzamientos de saque de banda.* Las piernas separadas, el balón es sujetado con ambas manos por encima de la cabeza, ligera extensión del cuerpo hacia atrás. Se lanza el balón con los brazos extendidos y un movimiento explosivo hacia adelante (Figura 232).

*Lanzamientos en apoyo.* Posición de paso con la pierna izquierda adelantada (Figura 233). El balón es sujetado por el brazo derecho y lanzado con empuje (de un golpe) hacia adelante. Se puede utilizar también el otro brazo como ayuda de apoyo para llevar el balón arriba antes del lanzamiento.

*Recepción del balón.* Los brazos van al encuentro del balón, los codos están ligeramente flexionados, las manos forman una copa. Se frena la velocidad que lleva el balón, yendo con las manos a su

**Figura 232**

**Figura 233**

encuentro, para llevarlas (frenando) después con el balón al pecho (Figura 234).

*Bote de balón.* El balón que bota es empujado hacia adelante al suelo con ligeros movimientos de la mano y con el codo flexionado, andando y corriendo. Se puede aumentar el ritmo de ejecución botando el balón más hacia adelante (Figura 235).

**Figura 234**

**Figura 235**

*Lanzamiento y recepción del balón*

323. Atrapar el balón que bota del suelo.
324. Lanzamientos con dos manos desde abajo hacia arriba y atrapar el balón.
325. Lanzamientos con dos manos desde abajo hacia arriba hasta uno o dos metros de altura y atrapar el balón en salto.
326. Como los ejercicios 323, 324, 325, pero andando y corriendo suavemente.
327. Brincar al ritmo del bote repetido al suelo de un balón.
328. Lanzar el balón contra la pared y atraparlo con distintas tareas adicionales (palmotear antes, ejecutar giros, etc.). Lanzar con las tres variantes de lanzamiento.

329. Ejercicio por parejas. Lanzamiento y recepción del balón con las tres variantes de lanzamiento.
330. Ejercicio por parejas. Un niño lanza el balón al suelo con el lanzamiento en apoyo o desde abajo con las dos manos, y el otro niño tiene que coger el rebote del balón.
331. Dos niños andan o corren suavemente uno al lado del otro pasándose el balón con las manos.
332. Los ejercicios anteriores se realizan en forma de competición. ¿Qué jugador o que pareja ha ejecutado más veces la tarea sin cometer ningún error?

*Concursos de lanzamiento*

333. ¿Quién lanza más lejos mediante saque de banda?
334. ¿Quién da más veces en la meta (cubo, cesta, caja de cartón, marcas en el suelo)? Lanzamientos de precisión con los tres tipos de lanzamiento.
335. ¿Quién acierta más veces en una meta en la pared o en el vallado (ejecución del ejercicio con los tres tipos de lanzamiento)?

*Bote - dribling del balón*

336. Bote continuo con ambas manos sin desplazamiento y andando.
337. Bote continuo con una mano sin desplazamiento.
338. Bote del balón trotando.
339. Bote del balón con tareas adicionales (sentarse, girar, cambios de ritmo, arrancar y parar, cambios de dirección, correr en zig-zag, correr en círculo, saltando, subiendo la grada, etc.), con la mano derecha y con la mano izquierda así como cambiando las manos. Ejecución en forma de competición de los ejercicios citados:
    – ¿Quién llega primero a la meta?
    – ¿Quién comete menos errores?

## Ejercicios de balón con el pie

*Ejercicios de pase y recepción*

340. Dos jugadores se colocan uno enfrente del otro, se pasan y paran el balón con el lado interior.

341. Tres jugadores compiten entre sí. Un jugador se coloca entre ambos jugadores con las piernas separadas y forma así una portería. Los otros se pasan el balón por entre la portería. Cada tentativa acertada vale como gol. Cambio de papeles después de 10 tentativas. ¿Quién mete más goles?

342. Los niños, colocados detrás de una línea, tiran el balón contra una pared. Paran el balón rebotado de la pared y vuelven a tirarlo contra la pared o efectúan la devolución directamente sin recepción del balón. Como competición: ¿Quién logra más veces devolver el balón sin cometer ningún error?

343. Los niños lanzan el balón con ambas manos desde abajo al aire y paran el balón con la suela después de haber botado una a tres veces al suelo. Como competición: ¿Quién lo logra más veces?

344. Un jugador tira el balón de volea a un compañero, soltándolo de la mano o a bote pronto. Su tarea es de atrapar el balón. Como competición: ¿Qué pareja comete menos errores?

*Pases y envíos largos*

345. ¿Quién golpea el balón más lejos (balón parado, de volea, a bote pronto)?

346. ¿Quién tira el balón más alto?

347. Disparar al fuerte. Latas de conservas se colocan en forma de pirámide. Los niños pueden tirar desde una distancia predeterminada a las latas. ¿Quién acierta más veces?

348. Concurso de bolos. Botellas de plástico vacías se colocan una detrás de la otra. Desde una determinada distancia cada jugador tiene tres tentativas para derribar las botellas. ¿Quién consigue más aciertos?

*Formas de competición para el desarrollo del juego de cabeza.*

349. Los niños lanzan el balón al aire, lo cabecean con la frente hacia arriba y cogen otra vez el balón con la mano o lo cabecean después del lanzamiento al aire contra una pared o a un compañero de juego quien lo atrapa.

350. Las parejas compiten entre sí. Uno cabecea y el otro atrapa el balón. ¿Qué pareja consigue esto más veces?

351. Los niños cabecean el balón, tras autopase con la mano, a un círculo marcado en la pared o sobre el campo de entrenamiento. ¿Quién consigue más aciertos?

*Conducción de balón*

352. Conducción de balón en línea recta.
353. Conducción y parada con la suela en puntos marcados.
354. Conducción de balón alrededor de obstáculos.
355. Los ejercicios citados en forma de competición.
356. Conducción libre de balón con cambios de dirección y de ritmo.

**Edades comprendidas entre 6 a 8 años**
**Ejercicios para el desarrollo del dominio de balón**

357. Los niños sueltan el balón de la mano y lo tiran directamente a un metro de altura y tratan de atraparlo después.
358. Los niños sueltan el balón de la mano y lo tiran directamente o tras un bote en el suelo a dos o tres metros de altura y luego lo atrapan otra vez.
359. Un jugador lanza el balón a su compañero con bote intermedio, para que éste pueda golpearlo ligeramente hacia arriba y atraparlo después.
360. Dos a cinco niños compiten entre sí, cada uno con un balón. Sueltan el balón de la mano y lo tiran directamente a cinco o seis metros de altura y lo atrapan en el aire, antes de que toque el suelo. El que no consigue aquello, queda eliminado o recibe un punto negativo. ¿Quién se mantiene más tiempo en el juego o quien tiene menos puntos negativos?
361. El jugador lanza el balón al aire, lo cabecea hacia arriba y lo atrapa otra vez.
362. Un jugador, tras autopase hacia arriba, lo cabecea otra vez hacia arriba y luego lo envía de cabeza a su compañero.
363. Un niño lanza el balón a su compañero, el cual devuelve el balón mediante golpe de cabeza.

*Conducción de balón*

364. Conducción de balón en línea recta, con un pie o cambiando continuamente de pie. El ejercicio puede ser realizado también en forma de competición.

365. Parar el balón con la suela, seguir con conducción de balón, pararlo otra vez, etc.
366. Conducción de balón alrededor de dos compañeros o de dos marcas. El ejercicio puede ser realizado también en forma de competición.
367. Conducción libre de balón con cambios de dirección y de ritmo, parada de balón y empezar de nuevo con lo mismo.

**Ejercicios para el entrenamiento de las clases de toque y recepción de balón**

368. El balón es jugado con el lado interior del pie contra una pared, parada del rebote con el lado interior o con la suela.
369. Juego de tiros directos contra la pared. Tirar el balón continuamente contra una pared.
370. Dos jugadores se colocan a cinco metros uno del otro y se pasan el balón directamente o tras una recepción. Se pueden aumentar las exigencias en la precisión, si tienen que pasar el balón por entre una portería pequeña.
371. Tiros de precisión desde una distancia de cinco a diez metros a una portería de un metro de anchura.
372. Tiro a puerta sobre conducción de balón, con portero.
373. Ejercicio de tiro a porterías pequeñas, 1:1.
374. Ejercicios de tiro a portería con recepción de balón, directamente, sin portero y con portero. También por parejas como competición: ¿Quién mete más goles?
375. Dos jugadores se pasan el balón andando y en carrera suave. Como competición: Cual de las parejas recorre más rápidamente la trayectoria fijada?

**Edades comprendidas entre 8 a 10 años**
**Desarrollo del dominio de balón**

376. Tras bote en el suelo, tirar el balón alto (dos a tres metros) con el empeine total, también turnándose.
377. Tirar el balón contra una pared con la mano y acto seguido golpearla raso tras el rebote del balón.
378. Tras autopase, tirar el balón alto - primero un metro, luego tres. Después atrapar el balón.

379. Un jugador tira el balón con el empeine total dos o tres metros de altura, luego lo cabecea hacia arriba y lo atrapa. El ejercicio puede ser realizado también de modo que el balón no es atrapado, si no tras el rebote del suelo otra vez tirado hacia arriba y cabeceado de nuevo. Como competición: ¿Quién consigue realizar el ejercicio varias veces sin cometer ningún error?

*Ejercicios para la práctica del juego de cabeza*

380. Dos jugadores están sentados uno enfrente del otro, con las piernas separadas; un jugador lanza el balón al otro, quien lo devuelve mediante golpe de cabeza. Luego cambio de papeles. 381. Dos jugadores se colocan uno enfrente del otro. Uno de ellos, tras un autopase, cabecea el balón al otro como balón aéreo o lo cabecea al suelo o bien devuelve el balón, lanzado por su compañero, mediante golpeo de cabeza. 382. Cabezazos de precisión a una marca en el suelo o contra la pared, con un autopase o con un pase del compañero.

*Entrenamiento de la conducción de balón*

383. Conducción de balón en eslalom.
384. Dos a tres jugadores compiten entre sí. Conducen el balón en línea recta. ¿Quién llega primero a la meta?

*Ejercicios para el entrenamiento de las clases de toque*

385. Tirar el balón desde cinco metros de distancia contra una pared, continuamente. Se puede aumentar el grado de dificultad del ejercicio, si el balón tiene que ser tirado contra una marca en la pared de aproximadamente un metro de diámetro.
386. Dos jugadores pasan el balón continuamente por entre una portería de un metro de anchura, desde unas posiciones de partida previamente marcadas. Como competición: ¿Quién comete menos errores?
387. El jugador suelta el balón de la mano y lo tira directamente contra una pared, para atrapar después el rebote o para tirarlo de nuevo directamente contra la pared.
388. Los jugadores tiran el balón que rebota de la pared otra vez a la pared, tras dos o tres botes en el suelo. Como competición: ¿Quién consigue el mayor número de repeticiones sin cometer ningún error?

389. El jugador lanza o tira el balón, después de haberlo soltado de la mano, a su compañero y después de uno a tres botes en el suelo, éste devuelve directamente el balón con el lado interior del pie.
390. Un jugador lanza el balón hacia arriba y lo pasa directamente a su compañero de juego o lo tira contra una pared o a portería.

### Edades comprendidas entre diez a doce años
### Desarrollo del dominio de balón

391. Malabarismo con el empeine total
392. Malabarismo con la cabeza.
393. Malabarismo con el muslo.
394. Malabarismo libre con el empeine total, con la cabeza o con el muslo.
395. ¿Quién sabe mantener el balón más tiempo en el aire, haciendo malabarismo?
396. Malabarismo combinado con planteamiento de tarea (de dos a tres veces con el empeine total, luego dos a tres veces con la cabeza y otra vez con el empeine, etc.).
397. Un jugador suelta el balón de la mano y lo tira hacia arriba, lo recibe con la cabeza, lo deja botar en el suelo y tras el rebote del suelo lo tira otra vez con el empeine total hacia arriba, para recibirlo de nuevo con la cabeza, etc.
398. Un jugador suelta el balón de la mano y lo pasa directamente a su compañero de juego, quien lo recibe con el muslo o con el empeine, para devolver el pase sin que el balón caiga al suelo, todo seguido.
399. Un jugador envía un balón aéreo a su compañero de juego, quien lo tira hacia arriba con el empeine total y con mucho tacto, para poder devolverlo mediante golpeo de cabeza. ¿Quién consigue jugar más veces el balón sin cometer ningún error?

### *Ejercicios para el entrenamiento del juego de cabeza*

400. Un jugador tira con el empeine total el balón alto a su compañero, variando tanto la distancia (más largo, más corto) como la dirección (hacia adelante o hacia el lateral). El compañero devuelve el balón en carrera mediante golpeo de cabeza, como balón aéreo o raso.

401. Dos jugadores recorren lentamente juntos, a una distancia de tres a diez metros uno del otro, un trayecto de ida y vuelta previamente fijado. En el recorrido uno lanza el balón a su compañero quien lo devuelve mediante golpeo de cabeza, como balón aéreo o raso. Luego cambio de papeles. El ejercicio puede ser realizado también por dos parejas en forma de competición.

## Conducción de balón

402. Un jugador conduce el balón y dos o tres jugadores le siguen imitando sus movimientos, también conduciendo un balón.
403. Conducen el balón alrededor de dos marcas describiendo un ocho. Como competición: ¿Quién alcanza al otro?
404. Conducción de balón sobre una superficie limitada, protegiéndolo de otro jugador. El otro jugador trata de robar el balón o de apartarlo de él (arrebatárselo de un puntapié).
405. Dos a cinco niños compiten entre sí. Conducen el balón sobre una línea marcada, en cuyo extremo paran el balón y lo conducen de vuelta al punto de partida.

## Ejercicios para el entrenamiento de las clases de toque y de la recepción del balón

406. Dos jugadores se pasan el balón continuamente tras bote con el empeine total o lo reciben solamente con el empeine total antes de devolverlo.
407. Un jugador lanza el balón a otro quien lo devuelve directamente.
408. Dos niños tiran el balón como balón aéreo contra una pared, turnándose continuamente. El que comete un error recibe un punto negativo.
409. El jugador conduce el balón paralelamente a una pared, luego lo tira contra la pared, recibe de nuevo el rebote y sigue conduciéndolo un poco más, da la vuelta y repite el ejercicio. Si no hay ninguna pared, esta función la adopta un compañero.
410. Recepción o control orientado de un balón que rebota de la pared (lanzado antes por el mismo jugador o por un compañero), con la pierna diestra y con la zurda y con medio giro.
411. Recepción o control orientado de un balón aéreo que rebota de la pared o que viene de un compañero, con el pecho, con la cabeza, con el muslo, o devolución directa con el empeine total, con el lado interior o con el lado exterior.

412. Tiro de precisión a un cuadrado desde parado contra una pared o bien marcado en el suelo.

## Edades comprendidas entre 12 a 14 años
## Desarrollo del dominio de balón

413. Malabarismo sólo con la pierna derecha o sólo con la izquierda.
414. Malabarismo andando. ¿Quién llega más lejos?
415. Malabarismo con la cabeza.
416. Malabarismo andando, dejando botar los balones del pie más o menos alto (según la tarea); cambiando la cabeza con el pie.
417. Malabarismo con la cabeza andando, hacia adelante, hacia atrás, hacia el lateral, con giros.
418. Malabarismo sin desplazamiento o con desplazamiento hacia adelante con el siguiente orden: Con el empeine, con la cabeza, luego con el mismo orden pero al revés o cada vez tres veces con el empeine y tres veces con la cabeza o solamente a la derecha según el siguiente turno: Cabeza, muslo, empeine, y a la izquierda: Empeine, muslo, cabeza.
419. Un jugador tira el balón a su compañero como balón aéreo. Su pareja lo recibe en el aire con el empeine, con la cabeza, con el muslo, o con el pecho y lo devuelve. Este ejercicio también puede realizarse como competición.

### Ejercicios para el entrenamiento del juego de cabeza

420. Uno envía al otro un balón aéreo impreciso (delante de el, por el lateral). La pareja tiene que ir al encuentro del balón y devolverlo mediante golpeo de cabeza.
421. Devolver de salto de cabeza un balón, lanzado por un compañero, a una meta marcada en la pared o en el suelo.
422. Golpeo de cabeza tras una disputa por el balón. Un jugador envía el balón a otros dos jugadores, que se disputan el balón y tratan de devolverlo mediante golpeo de cabeza. ¿Quién consigue más veces devolver el balón con golpeo de cabeza?

### Conducción de balón

423. Conducción de balón en un cuadrado. Se marcan cuatro puntos, alrededor de las cuales hay que conducir el balón en ambas direcciones, primero en una y luego en la otra.

424. Conducción de balón en eslalom. El balón es conducido alrededor de cuatro o seis puntos marcados. También se puede hacer en círculo.
425. Los ejercicios anteriormente citados también pueden ser ejecutados en forma de juegos de persecución. El perseguidor sale a una determinada distancia del perseguido. Si lo alcanza, se efectúa un cambio de papeles.
426. Conducción de balón con fintas de sombra.
427. Conducción de balón con fintas e interceptación de balón, por parejas.

*Ejercicios para el entrenamiento de las clases de toque y recepción de balón*

428. Los jugadores tiran continuamente balones aéreos contra la pared. ¿Quién consigue el récord?
429. Recepción de un balón aéreo (rebote de la pared o lanzamiento de un compañero), a la derecha, a la izquierda y con medio giro.
430. Tiros de precisión después de haber soltado el balón de la mano. Tras haber botado dos o tres veces en el suelo, como balón aéreo o raso a una meta marcada o como competición de tiros a distancia.
431. Recepción de balones aéreos con el pecho, con la cabeza, con el muslo, con el empeine total, desde delante, desde la derecha, desde la izquierda, y desde atrás.
432. Recepción del balón en movimiento, por delante, por la derecha, por la izquierda, y por atrás.
433. Competición de tiros de precisión contra la pared de tiro: Balón parado, sobre conducción de balón, a bote pronto, como balón aéreo (directamente).
434. Tiros de precisión a marcas en el suelo. Variantes de ejecución como en el ejercicio 433.

**La táctica**

El desarrollo de las cualidades tácticas y el entrenamiento de los comportamientos tácticos básicos pueden realizarse en parte también en casa. Las formas de juego tácticas tienen que elegirse en función de la superficie disponible, del número de jugadores y del

objetivo didáctico. Estas pueden ser por ejemplo los diversos juegos de gatos (rondos), ejercicios de pase, juegos con una o dos porterías y las competiciones. En el capítulo 4 se han citado múltiples
formas de ejercicios y juegos, de modo que se puede renunciar a
ello en este capítulo.

## La condición física

El desarrollo de las cualidades físicas básicas es una tarea permanente, que hay que llevar a efecto en todas las edades en base a
los objetivos de los diseños curriculares para la enseñanza de la
educación física. Las bases de las cualidades físicas especiales
pueden desarrollarse, fuera de los entrenamientos en los clubes,
también a través de programas de ejercicios a realizar en casa. Desarrollo de la fuerza velocidad: Ejercicios gimnásticos para el estiramiento de la musculatura, salidas desde diferentes posiciones iniciales con y sin balón, juegos de persecución para la mejora de la
agilidad, competiciones de carreras sobre distintas distancias, etc.
– Ejercicios para el desarrollo de la fuerza: ejercicios gimnásticos
  con materiales de mano (pesas, piedras, varas de hierro, cuerda
  de goma elástica, etc.), ejercicios con la comba, multisaltos en las
  gradas, etc.
– Desarrollo de la resistencia: Circuitos de fuerza resistencia, jugar
  al fútbol sobre períodos de tiempo prolongados, carreras conti-
  nuas o de duración.
– Desarrollo de la agilidad: Carreras de obstáculo, ejercicios técnicos obligatorios con balón, trepar árboles, etc. El capítulo 5, la
  condición física, contiene extensos ejemplos para formas de ejercicios a emplear, dirigidas a los distintos objetivos de entrenamiento, de modo que se puede renunciar a más ejemplos.

## LAS FORMAS DE TEST Y CONTROL

Los distintos tests sirven para el control del rendimiento. Se recomienda controlar las cualidades técnicas y físicas en intervalos de
tiempo regulares por medio del empleo de formas de test. Pero los
resultados de los tests solamente tienen un sentido, si el jugador
participa con regularidad en los entrenamientos y si está dispuesto a

someterse a una progresión continua de las cargas de esfuerzo y a un entrenamiento individual adicional. Los tests sirven para que los niños se den cuenta de su propia evolución, por medio de los resultados concretos. Pueden convencerse a ellos mismos de su nivel de rendimiento comparado al de otros jugadores del equipo; y mejores resultados motivan ya por sí solos a seguir entrenando para conseguir nuevos progresos.

Ha resultado ser un buen método, él de elegir los tests de esfuerzo con el objetivo de averiguar con exactitud el grado de eficacia del entrenamiento, el ritmo del progreso en el rendimiento. Midiendo el rendimiento inicial, se puede seguir bastante bien la evolución del progreso, si los tests se aplican en intervalos de tiempo regulares.

De la multitud de ejercicios expuestos en este libro se pueden componer sin mayores esfuerzos las pruebas de test y control. Por ejemplo conducción de balón alrededor de banderolas, tiros de precisión, recepción de balón con tareas adicionales, malabarismo con tareas adicionales, etc. De la misma manera se dejan medir también las cualidades físicas. Por ejemplo carreras cronometradas sobre distancias cortas, en línea recta o en eslalom, pruebas de fuerza de los brazos, de las piernas o de la musculatura abdominal, carreras de duración cronometradas, contínuas o según el sistema de intervalos sin pausas, etc.

Otro método es trabajar con estándares referidos a la norma, o sea trabajar en función de un producto previamente elaborado, lo cual implica una clasificación del rendimiento. Los siguientes diez tests de habilidad técnica y cinco pruebas físicas sirven para evaluar la universalidad y son formas de evaluación probadas desde hace muchos años para cumplir las condiciones del certificado de rendimiento de la federación húngara de fútbol. El certificado de rendimiento se entrega en los niveles de bronce, plata y oro.

**Formas de tests técnicas**

### 1. MALABARISMO CON EL EMPEINE TOTAL

La prueba debe ser ejecutada con ambas piernas. De tres tentativas es válida la mejor de las tres. Se suma el mejor resultado con el pie izquierdo al mejor resultado conseguido con el pie derecho. Solamente se puede alcanzar un nivel de clasificación, si el resultado se obtuvo con ambas piernas. Por ejemplo bronce (B) = 12(8+4), o sea, con la pierna más hábil 8 y con la otra por lo menos 4.

|  | **Bronce** | **Plata** | **Oro** |
|---|---|---|---|
| De 10 a 12 años | 12 (8,4) | 25 (18,7) | 40 (30, 10) |
| De 12 a 14 años | 20 (13,7) | 35 (23,12) | 50 (30,20) |

## 2. MALABARISMO CON EL EMPEINE TOTAL ANDANDO

La ejecución se efectúa como en la prueba 1, pero no cuenta el malabarismo, sino los metros recorridos.

|  | **Bronce** | **Plata** | **Oro** |
|---|---|---|---|
| De 10 a 12 años | 8 m (5,3) | 12 m (8,4) | 16 m (10,6) |
| De 12 a 14 años | 12 m (8,4) | 16 m (10,6) | 30 m (20,10) |

## 3. MALABARISMO CON LA CABEZA

Vale la mejor de tres tentativas.

|  | **Bronce** | **Plata** | **Oro** |
|---|---|---|---|
| De 10 a 12 años | 7 | 20 | 30 |
| De 12 a 14 años | 15 | 30 | 40 |

## 4. TIROS DE PRECISIÓN (A RAS DEL SUELO)

Tiros a ras del suelo a una portería de un metro de ancho y un metro de alto. Cinco tentativas con cada pierna. ¿Cuántos aciertos se consiguen en total?

|  | Bronce | Plata | Oro |
|---|---|---|---|
| De 10 a 12 años (distancia: 11 m) | 4 | 6 | 8 |
| De 12 a 14 años (distancia: 16 m) | 4 | 6 | 8 |

## 5. TIROS DE PRECISIÓN COM BALÓN AÉREO

A balón parado, tiro de precisión com balón aéreo a un objetivo de 5,5 x 5,5 m (Trazar una línea a la altura del palo de la portería hacia adelante hasta la esquina del área de 5 metros). Cinco tentativas con cada pierna. ¿Cuántos aciertos se consiguen en total?

|  | Bronce | Plata | Oro |
|---|---|---|---|
| De 10 a 12 años (distancia: 16 m) | 4 | 6 | 8 |
| De 12 a 14 años (distancia: 20 m) | 4 | 6 | 8 |

## 6. TIROS DE PRECISIÓN COM BALÓN AÉREO A LA PORTERÍA O CONTRA UNA PARED

La portería es dividida en cinco partes (con combas u otros utensilios o bien trazar marcas de meta en una pared o un vallado alto. El balón tiene que ser tirado como balón aéreo a bote pronto directamente a la primera marca de meta y luego a las siguientes y al revés. Sólo los balones que cruzan la línea de portería en el aire cuentan como aciertos o bien los balones que dan directamente en la meta de la pared. Cinco tentativas con cada pierna. ¿Cuántos aciertos se consiguen en total?

|  | Bronce | Plata | Oro |
|---|---|---|---|
| De 10 a 12 años (distancia: 11 m) | 4 | 6 | 8 |
| De 12 a 14 años (distancia: 16 m) | 4 | 6 | 8 |

## 7. GOLPEO DE PRECISIÓN CON LA CABEZA A LA PORTERÍA O CONTRA UNA PARED

La portería es dividida en cinco partes como en la prueba 6. El balón tiene que ser cabeceado seguidamente en las cinco partes y al revés. El balón no puede tocar el suelo antes de la línea. Los niños de 10 a 12 años se colocan en el medio delante de la portería, se lanzan ellos mismos el balón al aire y cabecean a las distintas partes. Los niños de 12 a 14 años tienen que cabecear un balón lanzado por otro a cada una de las metas. Si el lanzamiento es impreciso, puede ser repetido. ¿Cuántos aciertos se consiguen con un total de diez tentativas?

|  | Bronce | Plata | Oro |
|---|---|---|---|
| De 10 a 12 años (desde la línea de 5 m) | 4 | 6 | 8 |
| De 12 a 14 años (desde el punto de penalty) | 4 | 6 | 8 |

## 8. CONDUCCIÓN DE BALÓN

Se traza un eslalom de 10 m de longitud, colocando cada 2 m una banderola o un jugador. Los jugadores tienen que recorrer el eslalom ida y vuelta. En la salida tienen que parar y empezar de nuevo (en total (4 x10 m). Vale la mejor de tres tentativas.

|  | Bronce | Plata | Oro |
|---|---|---|---|
| De 10 a 12 años | 33 s | 28 s | 23 s |
| De 12 a 14 años | 30 s | 25 s | 20 s |

## 9. COMPETICIÓN DE TIRO A DISTANCIA

Tirar un balón parado con el pie derecho e izquierdo. De tres tentativas cuenta el más largo. Se suman las distancias conseguidas con las dos piernas y se divide por dos, p. ej.: 20 + 12 = 32:2 = 16.

|  | Bronce | Plata | Oro |
|---|---|---|---|
| De 10 a 12 años | 16 m | 20 m | 25 m |
| De 12 a 14 años | 20 m | 25 m | 30 m |

## 10. TIROS DE PRECISIÓN SOBRE RECEPCIÓN DE BALÓN

Un balón lanzado desde una distancia de 5 a 8 metros tiene que ser recibido en una zona marcada y lanzado a una portería que se encuentra a una distancia de 10 m. La portería tiene 1 metro de anchura y altura. Se conceden cinco tentativas con la pierna izquierda y cinco tentativas con la derecha. Si el jugador no logra recibir y tirar el balón en la zona determinada o si no da en la portería, la tentativa se cuenta como fracasada. Si el lanzamiento es impreciso se le concede al jugador otro lanzamiento. Los niños de 10 a 12 años de edad pueden recibir el balón libremente en un cuadrado de 2 x 2 m. Los niños de 12 a 14 años de edad reciben el balón en un espacio de 1,5 x 1,5 metros, cinco veces con el pie derecho y cinco veces con el izquierdo (se conceden solamente dos toques: Recepción y tiro).

|  | Bronce | Plata | Oro |
|---|---|---|---|
| De 10 a 12 años | 4 | 6 | 8 |
| De 12 a 14 años | 4 | 6 | 8 |

## Tests de condición física

## 11. CARRERA CRONOMETRADA DE 60 METROS

|  | Bronce | Plata | Oro |
|---|---|---|---|
| De 10 a 12 años | 10,1 a 11,0 s | 9,6 a 10,0 s | 9,5 s |
| De12 a 14 años | 9,6 a 10,0 | s 9,1 a 9,5 s | 9,0 s |

## 12. CARRERA CRONOMETRADA EN ESLÁLOM DE 40 M

El trayecto de eslalom se marca colocando sobre una distancia de 10 m cada dos metros una marca. La primera marca está a dos metros de la línea de salida. En el trayecto de vuelta hay que correr otra vez hasta la línea de salida (4 x 10m). En total dos veces (4 x 10 m).

|                   | Bronce          | Plata           | Oro             |
|-------------------|-----------------|-----------------|-----------------|
| De 10 a 12 años   | 18,1 a 19,0 s   | 17,1 a 18,0 s   | 16,0 a 17,0 s   |
| De12 a 14 años    | 15,1 a 16,0s    | 14,1 a 15,0 s   | 13,0 a 14,0 s   |

## 13. PENTASALTO Y DECASALTO

Los niños de 10 a 12 años realizan un pentasalto, teniendo que empezar a saltar con ambas piernas, y luego con la izquierda, derecha e izquierda para estacionarse otra vez con ambas piernas. Los niños de 12 a 14 años realizan un decasalto. Batida inicial y estacionamiento como en el pentasalto, y saltar por el medio mutuamente con la pierna izquierda y derecha.

|                   | Bronce        | Plata           | Oro             |
|-------------------|---------------|-----------------|-----------------|
| De 10 a 12 años   | 6,5 a 7,5 m   | 7,6 a 9,0 m     | más de 9,1 m    |
| De 12 a 14 años   | 21 a 22,5 m   | 22,6 a 24,0 m   | más de 24,0 m   |

## 14. TEST DE COOPER

¿Cuántos metros pueden los niños recorrer dentro de un período de 12 minutos?

|                   | Bronce          | Plata             | Oro               |
|-------------------|-----------------|-------------------|-------------------|
| De 10 a 12 años   | 1.500-2.000 m   | 2.000 m-2.500 m   | más de 2.500 m    |
| De 12 a 14 años   | 1.800-2.300 m   | 2.300 m-2.800 m   | más de 2.800 m    |

## 15. TEST DE FUERZA RESISTENCIA

Los jugadores tienen que realizar cuatro pruebas. En cada estación se trabaja un minuto. Luego el jugador tiene una pausa de un minuto. Desplazamiento a la siguiente estación, un minuto de esfuerzo, etc. El resultado final se encuentra a partir de los resultados parciales.

*Primera estación:* Fondos de brazos (un minuto). Un fondo = 1 punto, luego una pausa de un minuto;

*Segunda estación:* Multisaltos con ambas piernas juntas por encima del compañero (un minuto). En la prueba de los niños de 10 a 12 años el compañero está tendido boca abajo, y en la prueba de los niños de 12 a 14 años está tendido boca arriba y tiene las piernas flexionadas, por encima de las cuales tienen que saltar: Cada salto = 1 punto, luego una pausa de un minuto;

*Tercera estación:* Abdominales desde la posición de tendido boca arriba, con las manos entrelazados detrás de la cabeza. En los levantamientos del tronco el codo derecho tiene que tocar la rodilla izquierda y al revés. Cada levantamiento = 1 punto, luego un minuto de pausa;

*Cuarta estación:* Cada dos metros se coloca una de cinco marcas en total. Alrededor de estas marcas se corre en eslalom, saliendo desde la posición de tendido boca abajo. Se corre durante un minuto, una vez ida y vuelta cuenta 10 puntos.

Resultado total de las cuatro estaciones:

| | Bronce | Plata | Oro |
|---|---|---|---|
| De 10 a 12 años | 140-170 ptos. | 171-200 ptos. | más de 200 ptos. |
| De 12 a 14 años | 170-200 ptos. | 201-230 ptos. | más de 230 ptos. |

Computación del resultado final
Bronce = 1 punto; plata = 2 puntos y oro = 3 puntos. El resultado final es la suma de los puntos conseguidos en los 15 tests, como sigue: 15 a 20 puntos = bronce, 21 a 30 puntos = plata, 31 a 45 puntos = oro.

# APÉNDICE

## PREPARACIÓN DEL ENTRENAMIENTO

### La selección de jugadores y la elección de equipo

Para el entrenamiento en forma de competición y de juego se divide a los niños en grupos y equipos, cuya composición sin embargo no es constante. Hay que tener en cuenta que los equipos deben ser más o menos igual de fuertes, sino el juego se hace poco interesante y desequilibrado y no alcanza su objetivo. Los más hábiles, los buenos jugadores frecuentemente quieren estar juntos en un equipo. Esto no debería permitirse. La elección y selección de equipos pueden llevarse a cabo de modo distinto. Lo más fácil es colocar a los niños en fila y darles por turno y orden sucesivo los números 1 y 2, de modo que los jugadores con el número 1 forman un equipo y los jugadores con el número dos otro equipo. Aunque de esta manera la división se lleva rápidamente a efecto, puede suceder que los equipos no son aproximadamente igual de fuertes.

El entrenador también puede denominar determinados jugadores para un equipo, los cuales a continuación eligen los restantes jugadores. Pero hay que prestar atención a que no siempre elijan equipo los mismos jugadores. Esto también quiere decir que no siempre los mejores puedan elegir. De esta forma, la agrupación en equipos también se efectúa relativamente rápido y los equipos tienen aproximadamente el mismo potencial. Pero para los jugadores más débiles, esta manera de elegir resulta ser desagradable, ya que muchas veces tienen que esperar hasta el final para ser escogidos, y esto frecuentemente de mala gana. Este método puede variarse como sigue: La mitad de los jugadores se determina antes y los otros se numeran de uno a dos, para distribuirlos así a los equipos, que tendrán de este modo aproximadamente el mismo potencial. Esta forma de escoger tiene la ventaja de no ser tan ofensiva con respecto a los jugadores más débiles.

También ocurre frecuentemente que el entrenador o monitor compone enteramente el equipo, porque es el que mejor conoce las cualidades de los distintos jugadores. Eso es necesario, sobre todo cuando se trata de compenetrar las distintas partes del equipo, o cuando hay que considerar otros aspectos de la táctica colectiva en la formación del equipo.

En jugadores más veteranos ha dado buenos resultados hacer jugar a los delanteros contra los defensas. En esta agrupación los colectivos ya están acostumbrados y quieren demostrar que su parte del equipo es más fuerte y mejor que el otro.

También sucede que los niños ya han formado sus equipos de antemano (muchas veces según barrios, etc.). Aquellos ya son colectivos bastante consolidados, que pugnan ya con mucho entusiasmo por la victoria de su equipo. De ahí que vale la pena tomar en consideración esta manera de formar equipo y no desestimar o limitarla.

Estas variantes de formar equipo deben ser empleadas alternativamente por el entrenador o monitor. Con todo ello, el aspecto prevalecente debe ser que los equipos se formen rápida y sencillamente, que tengan más o menos el mismo potencial y que a todo el mundo le guste participar en el entrenamiento. Pero muchas veces no se consigue formar equipos más o menos iguales.

En este caso, no se debe permitir que el equipo más débil pierda el ánimo después de poco tiempo. Hay que tomar en consideración que también en los partidos de competición (partidos de liga, de copa, etc.) un equipo puede ser más fuerte que el otro, sin embargo, no se puede renunciar a luchar por la victoria, sino hay que entregarse todavía mucho más a fondo. Hay muchos ejemplos de victorias por parte de equipos más débiles, en base a su elevada moral y su mejor espíritu de lucha.

## El número de jugadores dentro del equipo

El número de jugadores depende de los objetivos metodológicos, del tamaño del campo de juego y del número total de jugadores del que se compone el grupo de entrenamiento. Ocurre que el número de jugadores del equipo es desigual en el entrenamiento. Aún así se debería jugar y no dejar a ningún niño fuera. Hay juegos de grupo en los que la superioridad numérica de un equipo no es decisiva. En la mayoría de las formas jugadas y de competición, donde los equipos luchan uno contra el otro (por ejemplo, juegos con porterías pequeñas), la relación de superioridad numérica de un jugador en la mayoría de los casos sólo tiene una desventaja limitada. En este caso, se recomienda repartir los equipos de modo que el equipo en inferioridad numérica se componga de mejores jugadores con respecto a su rendimiento deportivo. Otra posibilidad consiste en formar dos equipos de igual número de jugadores y el jugador excedente, más débil, juega por períodos de tiempo limitados tanto en uno como en el otro equipo. Esta variante de resolver el problema se ofrece, cuando el objetivo de entrenamiento preve el desarrollo de acciones de táctica colectiva en superioridad o inferioridad numérica de un equipo.

En los relevos, naturalmente, es muy importante que los equipos tengan el mismo número de jugadores cada uno. Si el número no es igual, se elige en el equipo que tiene un jugador menos a uno de cualidades medianas, que tiene que realizar la tarea una vez como primer jugador del grupo y una segunda vez como último. Si se realizan varias vueltas en una competición de relevos, se recomienda encomendar esta tarea siempre a otro jugador. Lo que sucede sobre todo en los pabellones deportivos o en superficies de entrenamiento limitados o bien a causa de la dosificación de esfuerzos u otros planteamientos didáctico-metodológicos es que no todos los jugadores pueden ser ocupados al mismo tiempo. En este caso los equipos se turnan en intervalos de tiempo iguales. A los equipos se les dan números, de modo que primero juega equipo 1 contra equipo 2 y luego 3 contra 4, etc. También se pueden sumar los goles conseguidos por los equipos que normalmente forman un equipo en conjunto (por ejemplo de 1 y 3). Esta organización por turnos es una forma que gusta a los jugadores y equipos que están descansando, porque siguen con interés el transcurso de los otros partidos.

## La distinción de los equipos

La experiencia nos enseña que en el empleo de formas jugadas resulta ser favorable, si los jugadores de los distintos equipos pueden ser distinguidos por fuera unos de otros, para que los jugadores del propio equipo y los del equipo contrario se reconozcan más fácilmente. Para ello hay varios métodos:

– Los jugadores de un equipo se suben las mangas de la camiseta.
– Los jugadores de un equipo llevan una cinta por encima de hombros y cintura.
– Los jugadores de un equipo se ponen una camiseta de otro color.
– Si hace buen tiempo, los jugadores de un equipo juegan desnudos de cintura para arriba.

## La alineación de los jugadores

Después de haber elegido los equipos y delimitado el campo de juego, los equipos tienen que alinearse. En el entrenamiento es importante que la alineación y la ocupación de las posiciones tengan lugar lo más rápidamente posible. Por eso, las instrucciones necesarias para ello tienen que ser concisas. Desde el punto de vista del aprovechamiento del tiempo y de la mayor comprensión del objetivo es correcto si los jugadores ya se posicionan tal como van a jugar. Los niños ya están acostumbrados a organizarse según las posiciones; aquello lo han aprendido jugando en su barrio.

## El balón, el equipamiento y el campo de juego

### EL BALÓN

Ya se sabe que en fútbol el material de juego es el balón. Aunque en fútbol el jugador más hábil es el mejor, el niño no obstante toca pocas veces el balón en un partido. Por ello resulta muy importante que en los entrenamientos se disponga de muchos balones. Antiguamente el balón estaba rellenado con restos de tela, y aún así surgieron muchos jugadores de clase mundial. Hoy en día los balones de cuero y material sintético valen para el mismo fin. Por eso, si es posible, cada niño debería tener su propio balón, en casa y en las clases de educación física. Cada uno debe aprender a manejar un balón. Debe hacerse ya muy temprano el amigo permanente del niño. En la mayoría de los casos, el balón sintético es más elástico y puede ser dominado mejor por el niño. Cuanto más pequeño sea un balón, tanto más dominio de balón exige. ¡El correcto y mejor, naturalmente, es el balón de cuero! Las formas jugadas y juegos con dos porterías como también los partidos de competición deberían siempre jugarse con un balón de cuero. Hay que prestar atención que los niños siempre jueguen con un balón que corresponde en su tamaño y peso a su categoría.

## EL CALZADO

Para adquirir el sentimiento de balón, los elementos técnicos básicos, el dominio de balón, lo más apropiado es un calzado deportivo ligero. Luego se puede jugar con calzado de material sintético y al final con las botas de fútbol. Hay que prestar atención a que los niños siempre, si es posible, jueguen con un calzado uniforme, en los partidos de entrenamiento y sobre todo en los de competición. Por un lado para evitar lesiones y por otro lado, porque los niños que juegan con suelas lisas tienen una clara desventaja, sobre césped seco y sobre todo en césped mojado.

## EL CAMPO DE JUEGO

Para jugar solamente se necesita un campo de juego pequeño y ya se puede empezar. En los parques de juego de los polígonos urbanos, en parques y campos libres o en la calle, los niños siempre encuentran un espacio apropiado. También en el patio del colegio se puede jugar al fútbol, a veces en los recreos, al acabar las clases o en las clases de educación física. Naturalmente, los clubs de fútbol necesitan campos de fútbol auténticos.

Dado que en el campo de fútbol y en otros campos no existen marcas especiales, hay que trazar antes las líneas laterales y de fondo y marcar las porterías.

Las delimitaciones de la cancha, anchura del campo, altura de las porterías, siempre hay que fijarlas y marcarlas bien visibles, para evitar discusiones y malentendidos durante el juego. El trazado de las líneas puede hacerse con tiza (gimnasio, campos de superficie dura), con palos y zapatos sobre superficies de juego arenosas, con la ropa y otros utensilios sobre el césped. Muchas veces se pueden utilizar también las marcas fijas del campo de fútbol.

## LAS PORTERÍAS

Como porterías se pueden utilizar una portería grande, una portería portátil (de pie o tumbada), una portería de balonmano, porterías pequeñas (vallas, bancos), otros utensilios (barras que se pueden poner de pie o clavar en la tierra, ropas, etc.). En otras superficies apropiadas para jugar al fútbol pueden usarse porterías de distintas medidas hechas de madera y barras de acero, porterías de balonmano, barras puestas de pie o clavadas, ropas, árboles, arbustos.

Si en una portería provisional, por ejemplo, falta el larguero, hay que fijar antes la altura hasta la cual vale el gol. Dado el caso, la altura también se puede marcar con una cuerda. Si en parques o sitios al aire libre se puede utilizar constantemente un campo de juego, vale la pena colocar porterías. Para realizar partidos de competición hacen falta superficies de juego de distintos tamaños, campos de juego reducidos de distintas medidas y una cancha grande.

## LAS REGLAS DE JUEGO MÁS IMPORTANTES

Sin conocer las reglas de juego los niños no deberían jugar, ya que sólo se producen discusiones y malentendidos. Naturalmente los niños pequeños no es necesario que conozcan enseguida todas las reglas de juego. Por lo pronto, se les dicen las más importantes: cómo conseguir un gol, cuándo está el balón fuera de juego, qué es una interceptación de balón reglamentaria, cuándo se efectúa el saque de portería, cuándo hay saque de esquina, saque de banda y cuándo existe una infracción intencionada o no intencionada de las reglas.

A los 10 años de edad deben conocer también la regla del fuera de juego, la carga reglamentaria, nociones y reglas de las disputas fuertes, deportivas y antideportivas. Sin estos conocimientos no se puede proceder a un desarrollo sistemático y dirigido hacia los determinados objetivos de aprendizaje.

### Las reglas de juego de campo grande

#### EL TERRENO DE JUEGO

La longitud puede ser de 90 a 120 metros y la anchura de 45 a 90 metros. El área pequeña está a 5,5 metros y el área grande a 16,5 metros de la línea de portería. El punto de penalty está a una distancia de 11 metros de la línea de portería. En la línea media se encuentra el círculo de saque inicial con un radio de 9,15 metros. Las medidas de la portería son 7,32 por 2,44 metros.

*Número de jugadores:* 11, uno de ellos es el portero.

*Duración del partido:* 2 x 45 minutos, con un descanso de 10 minutos.

*Comienzo del partido:* Al comienzo del partido se sortean la elección de campos y el saque inicial. El saque se efectúa al comienzo del partido, después de haber marcado un gol y tras el descanso desde el centro del terreno.

*Balón en juego o fuera de juego:* El balón está en juego mientras el árbitro no detiene el juego. El balón está fuera de juego, cuando ha traspasado completamente una línea de banda o de fondo, ya sea por tierra o por el aire, o bien cuando el juego ha sido detenido por el árbitro.

*Tanto marcado:* Cuando el balón haya traspasado totalmente la línea de meta entre los postes y por debajo del larguero.

*Fuera de juego:* Un jugador está fuera de juego, si se encuentra en el campo contrario delante del balón en el momento en que éste sea jugado y si queda solamente un defensa delante de él.

El jugador no se encuentra en fuera de juego si se encuentra en su propia mitad de terreno, si recibe el balón directamente de un saque de portería, de un saque de esquina, de un saque de banda o de una pelota a tierra del árbitro. La sanción del fuera de juego es un saque libre indirecto al equipo contrario, en el sitio en que se encontró el jugador en fuera de juego.

## FALTAS Y COMPORTAMIENTO INCORRECTO

Con un golpe franco directo es castigado aquel jugador que haya cometido intencionadamente una de las siguientes faltas:

– Quien da o intenta dar una patada a un adversario.
– Quien escupe, golpea o intenta golpear a un adversario.
– Quien carga, empuja o carga por detrás violenta o peligrosamente a un adversario.
– Quien sujeta al adversario.
– Quien juega el balón con la mano.
– Quien salta sobre el adversario.

Estas faltas se castigan con golpe franco directo desde el sitio donde se cometió la falta. Si las faltas anteriormente indicadas se cometieron en el área de penalty, serán castigadas con un penalty. El jugador que ejecuta el penalty no podrá volver a jugar el balón hasta después que haya sido tocado por otro jugador.

Del tiro libre directo se puede ganar un tanto, sin que otro jugador tenga que tocar antes el balón.

Con un golpe franco indirecto se castiga:
– a aquel jugador que juega de una forma peligrosa.
– cualquier retención del balón con el cuerpo tumbado en el suelo, cargar con el pecho, juego de cabeza demasiado bajo, golpe de tijera demasiado cerca del contrario, pie demasiado alto, intentar dar una patada al balón cuando éste está en poder del portero.

De un tiro libre indirecto puede lograrse un tanto sólo si antes de traspasar la meta el balón ha sido tocado por un jugador distinto de aquel que efectuó el tiro.

En ambos tipos de tiros libres el adversario debe estar distanciado por lo menos 9,15 metros del balón (del lugar donde se provocó el tiro libre).

Un jugador será expulsado del terreno de juego:
– si se muestra culpable de conducta violenta o de brutalidad;
– si utiliza expresiones injuriosas o groseras;
– si, después de haber recibido una amonestación, se muestra nuevamente culpable de conducta incorrecta.

## SITUACIONES ESTÁNDAR DE LA REGLA

*Saque de portería:* Cuando el balón en su totalidad haya traspasado la línea de portería, excluida la parte comprendida entre los postes de la portería, habiendo sido jugado en último término por un jugador del equipo atacante, se efectúa un saque de portería.

*Saque de esquina:* Como descrito antes, pero el balón ha sido tocado en último término por el equipo defensor.

*Saque de banda:* Cuando el balón en su totalidad haya traspasado la línea de banda, ya sea por tierra o por aire, será puesto nuevamente en juego lanzándolo al interior del campo, desde el punto por el que franqueó la línea, por un jugador del equipo contrario al del que tocó el balón en último lugar.

El jugador que hace el saque debe:
– estar de frente al campo de juego;
– estar con ambos pies en contacto con el suelo;
– lanzar el balón de detrás con ambas manos por encima de su cabeza.

El jugador que ejecutó el saque de banda, no puede volver a tocar el balón hasta que otro jugador lo haya tocado. No puede ganarse un tanto directamente de un saque de banda.

*Cargar:* Cargar a un contrario está permitido en la disputa por el balón dentro del marco de la regla de juego y de ahí un elemento importante para el juego.

La carga se efectúa reglamentariamente:
– Cuando se carga a un contrario hombro contra hombro (bajo hombro se entiende ambos hombros, la parte superior del brazo pegada al cuerpo, una cierta parte del tórax y del omóplato cercana al brazo);
– cuando la carga no es grosera, violenta o se efectúa de otra forma peligrosa;
– cuando se efectúa con la intención de jugar el balón;
– cuando un jugador acosa al otro con las mismas partes del cuerpo.

## El juego en campo reducido con equipos de 7 jugadores

Las reglas de juego son idénticas a las del juego en el campo grande, teniendo en cuenta las siguientes excepciones:

*Terreno de juego:* Longitud de unos 70 metros y anchura de unos 50 metros o la mitad del campo grande. El área de penalty está a 12 metros de la línea de portería, el área de portería a 4 metros y el punto de penalty a 8 metros de la línea de portería. La portería tiene un tamaño de 5 x 2 metros, el círculo de saque inicial tiene un diámetro de 7 metros. En el tiro libre el contrario tiene que estar por lo menos a una distancia de 7 metros del balón.

*Número de jugadores:* 7 jugadores, uno de ellos portero, y además 3 suplentes.

*Tiempo de juego:* 2 períodos de 20 minutos con cinco minutos de descanso.

*Balón:* Perímetro de 62 a 65 centímetros, peso entre 300 a 350 gramos.

## El juego en campo reducido con equipos de 6 jugadores

Esta forma de juego es una de las más conocidas y se aplica frecuentemente en la práctica.

*Terreno de juego:* Longitud de 30 a 50 metros, anchura de 15 a 25 metros; las proporciones entre las líneas de banda y de fondo deben ser, si es posible, 2:1. La mayoría de las veces, este juego se disputa en canchas de balonmano. La portería tiene una altura de 2 metros y una anchura de 3 metros (portería de balonmano). El area de penalty es un semicírculo con un radio de 6 metros, el punto de penalty está situado a 7 metros de la línea de portería. El terreno es dividido por una línea media en dos campos de juego.

*Número de jugadores:* 6 jugadores, incluido un portero, además de ellos tres suplentes. Los suplentes pueden ser empleados permanente y repetidamente. Esto siempre se lleva a cabo en el punto de cruce de la línea media con la línea lateral.

*Tiempo de juego:* Dos períodos de 20 minutos o dos períodos de 15 minutos o bien dos períodos de 10 minutos, con 5 minutos de descanso respectivamente.

*Balón:* De 62 a 65 centímetros de perímetro, con un peso de 300 a 350 gramos. Saque de esquina: Como en el juego en el campo grande, pero, si el portero ha tocado el balón en último lugar antes de que éste haya traspasado la línea de fondo, el juego se continúa con saque de portería. Tampoco es posible ganar un tanto directo.

*Tiro libre:* Los jugadores del equipo contrario tienen que estar por lo menos a tres metros del balón. Fuera de juego: Está anulado en el juego en campo reducido. Observación: Todas las demás reglas son idénticas a las reglas del juego en campo grande.

### El fútbol-sala

La superficie de juego depende del tamaño de la sala. En la mayoría de los casos se juega de pared a pared. Está anulada la línea de fondo, o sea, se puede seguir jugando después de que el balón haya rebotado de la pared. No existen los saques de esquina. El número de jugadores se fija entre cuatro y seis, incluido un portero, en función del tamaño de las salas. Los tiros libres pueden ser ejecutados sólo indirectamente. No existen los penaltis. Todas las demás reglas son idénticas a las del juego en campo reducido.

## Las leyes no escritas del fútbol

Las reglas del juego internacionalmente válidas prescriben exactamente lo que se debe y no se debe hacer, pero no fijan la conducta en el juego. Esto se debe y se tiene que generar desde el propio espíritu de las reglas del juego. Los niños deben ser educados ya desde el principio hacia un comportamiento ético-moral intachable, hacia el acatamiento de las normas "no escritas". Ésta es la tarea y el deber de los mayores, de los adultos, de los entrenadores, de los pedagogos y, no en último término, de los padres así como de todo el colectivo del equipo.

Aunque el fútbol es un juego de lucha y una de sus características especiales la lucha hombre contra hombre (cuerpo contra cuerpo), no se le puede considerar otra cosa que un juego de competición, aun cuando se trata de luchar por los puntos del campeonato de liga. En el fútbol casi siempre gana el más hábil, el mejor; tanto en la disputa equipo contra equipo como en la disputa individual. A este objetivo solamente se debe aspirar con medios legales. El contenido de la famosa formulación inglesa "fairplay" no quiere decir otra cosa que juego limpio, deportivo, el cual se cumple según las reglas, las leyes escritas y no escritas de este deporte y determina el comportamiento del deportista. El comportamiento grosero, la brutalidad, el proporcionar ventajas de forma antirreglamentaria tienen que ser erradicados ya desde el primer momento. Las pasiones que se desatan y se desbordan durante el juego han de ser encauzadas hacia el camino de la razón. El objetivo del deporte –y con ello también del fútbol– consiste en la educación hacia propósitos de conducta limpia, sincera, franca y honrada. Cada jugador de fútbol debe aspirar a ser mejor y más hábil que el adversario. Debe luchar con todas sus fuerzas por la victoria, pero siempre limpiamente. Nunca se debe olvidar: El fútbol es sólo un juego.

## ORGANIZACIÓN Y REALIZACIÓN DE PARTIDOS DE FÚTBOL

Según los intereses, los objetivos, el número de equipos, la disposición de tiempo y fecha apropiada se pueden organizar las siguientes competiciones de fútbol:

– liga de otoño y primavera (partidos de liga);
– organizar torneos una o dos veces al año (todos contra todos);

– torneos de un día, con un número pequeño de equipos (todos contra todos) y con más equipos (sistema copa). Los equipos se sortean.

En base a razonamientos objetivos algunos equipos también pueden ser puestos a la cabeza de los grupos.

Ejemplos para los torneos (todos contra todos):
Con tres equipos: 1-2, 3-1, 2-3.
Con cuatro equipos: 1-4, 2-3, 4-2, 3-1, 1-2, 4-3.
Se puede jugar al mismo tiempo en dos campos de juego.
Ejemplo para un torneo relámpago (sistema de eliminación):
Con cuatro equipos: A, B, C, D.
Los ganadores, por ejemplo A y D, juegan por el primer puesto.
Los perdedores, por ejemplo B y C, juegan por el tercer puesto.
Con seis equipos:
A contra B, C contra D, E contra F F
Ganadores: B conra C, B contra F, C contra F.

Los tres ganadores juegan por el primer, segundo y tercer puesto (todos contra todos).

# BIBLIOGRAFÍA

BECSYNÉ-BERTALAN, Sarolta/Kunos, Andrásné: *Bewegungssystem und Körpererziehung im Kindergarten*, Tankönykiadó, Budapest 1975 (Manuscripte).

BECSYNÉ-BERTALAN, Sarolta/Kunos, Andrásné: *Methodik der Körpererziehung im Kindergarten*, Tankönyvkiadó, Budapest 1975 (manuscripte).

BENEDEK, Endre: *Trainingsspiele im Fußball*, Sport. Lapés Könykiadó, Budapest 1957.

BENEDEK, Endre: *Praktische Methoden der physichen Vorbereitung der fußballer der Kinder– und Juniorenklasse*, Budapest 1963.

BENEDDEK, Endre: *Zweikämpfe im fußball*, Sport, Budapest, 1972.

BENEDEK, Endre: *Methodik und Übungsformen zur Zhulung des Torschusses. Wettkampfnahes Üben des Torschusses*. Torchußspiele. Labdarúgó Edzö, Nr. 3, 4, 5/1973.

BENEDEK, Endre; PÁLFAI, János: *600 Spiele für das Fußballtraining*, Sport, Budapest 1978.

BIRÓNÉ, Dr. Edit Nagy: *Sportpädagogik*, Sport. Budapest 1977.

BRUGGERMANN, D.; ALBERCHT, D.: *Meinbester Freund, der Fußball*, Falken-Verlag, Niederhausen 1980.

BUSCH, W.: *Fußball in der Schule*, Limpertverlag, Frankfurt/M, 1978.

CRAMER, D.: *Alle verzaubert der Ball*. Deutscher Fußball-Bund, Frankfurt am Main, o.J.

Dr. CSANÁDI, Arpád: *Fußball I-III* Sport. Budapest, 1978.

CSILLAG, Béla: *Fußball, Lehrbücher der Hochsschule für Pädagogik, Band II* (Das Spiel, Redakteur Lajos Szigeti); Partie II, Tankönyvkiadó, Budapest, 1980.

DIETRICH, K.: *Fußball spielgemäß lernen – spielgemäß üben*. Verlag, Karl Hofmann, Schondorf 1968.

GRINDLER, K.; PAHLKE, H.; HEMMO, H.: *Fußballpraxis, 1. Teil, Teknik und Taktik, Württembergischer Fußballverband*, Stuttgart 1978.

HARGITAY, György: *Modernes Torwartspiel*, Sport, Budapest 1975.

KUNZE, Alfre: *Fußball*, SportVerlag, Berlin 1981.

MAJOR, Istán; PEIRI, Sándor; SZILÁGYI, Györgi (Dr.): *Fußball, Wettkampf- und Spielregeln*, Sport, Budapest 1980.

*Fútbol infantil*

MÄNNLE, W.; ARNOLD, H. : *Spiel Fußball,* Limpertverlag, Frankfurt and Main, 1979.
*Mit kelinen Spielen zum großen Spiel.* Limpertverlag, Frankfut am Main, o. J.
NÁDORI, Lazlo (Dr.): *Theorie und Methodik des Trainings,* Sport Budapest 1981.
PÁLFAI, János: *Aktuelle Fragen des Fußballspiels,* Sport, Budapest 1968 – Medizina i Fiskultura, Sofia 1968.
ROGALSKI, N.; DEGEL, E. G.: *Schülersport-Fußball,* Sportverlag, Berlin 1975.
SCHILLER, János: *Einige Fragen der Sport-soziologie,* Sportpropaganda, Budapest, o.
VARGA, Gyula: *Einheitliches Regelwerk des Kleinfeldfußballs,* Sportpropaganda, Budapest, o.j.
WITMANN, F.; MAIER, W.; PFEIFFER, F.: *Fußballopraxis, 3. Teil: Jugendtraining, I.* Württembergischer Fußballverband, Stuttgart, 1982.
ZALKA, András: *Vorbereitung von Fußballspielen,* Sport, Budapest 1975.
ZIEGLER, János: *Training von Junioren- und Kinderfußballern,* Sportpropaganda, Budapest.